ブラジル黒人運動とアフリカ

ブラック・ディアスポラが父祖の地に向けてきたまなざし

矢澤達宏
Yazawa Tatsuhiro

慶應義塾大学出版会

ブラジル黒人運動とアフリカ

目次

目次

〈凡例〉

一　本書においてその一部を引用もしくはその内容を参照した文献・資料については、適宜（　）により著者の姓と刊行年および該当ページを本文中に示した。文献・資料名の完全表記は、巻末の引用・参照資料一覧にて確認することができる。

一　引用・参照資料の刊行年については、筆者が実際に引用もしくは参照した版の刊行年にくわえ、［　］により別の年が並記されている場合がある。これは、当該文献が第二版以降の場合には初版の刊行年を、訳書の場合はオリジナルの初版の刊行年を、博士論文の出版の場合には同論文の提出年を示している。

一　引用文中の［……］は「前略」、「中略」、「後略」を示している。また、（　）は引用者による補足、〔　〕は引用者による注釈である。

一　本文中に示してある原語表記および引用・参照文献一覧における表記は、現在は用いられない古い綴りの場合も、そのままにしてある。また、黒人新聞のなかには紙名の表記が時期あるいは号によって若干、変わる場合があるが、それも原資料に忠実な表記とした。（例　*O Clarim da Alvorada* と *O Clarim d'Alvorada*）

一　研究者名の原語表記については、その専門とする分野において同人の著作や主張等が頻繁に引用・参照されるような存在である場合にかぎり、初出時に付記することとした。

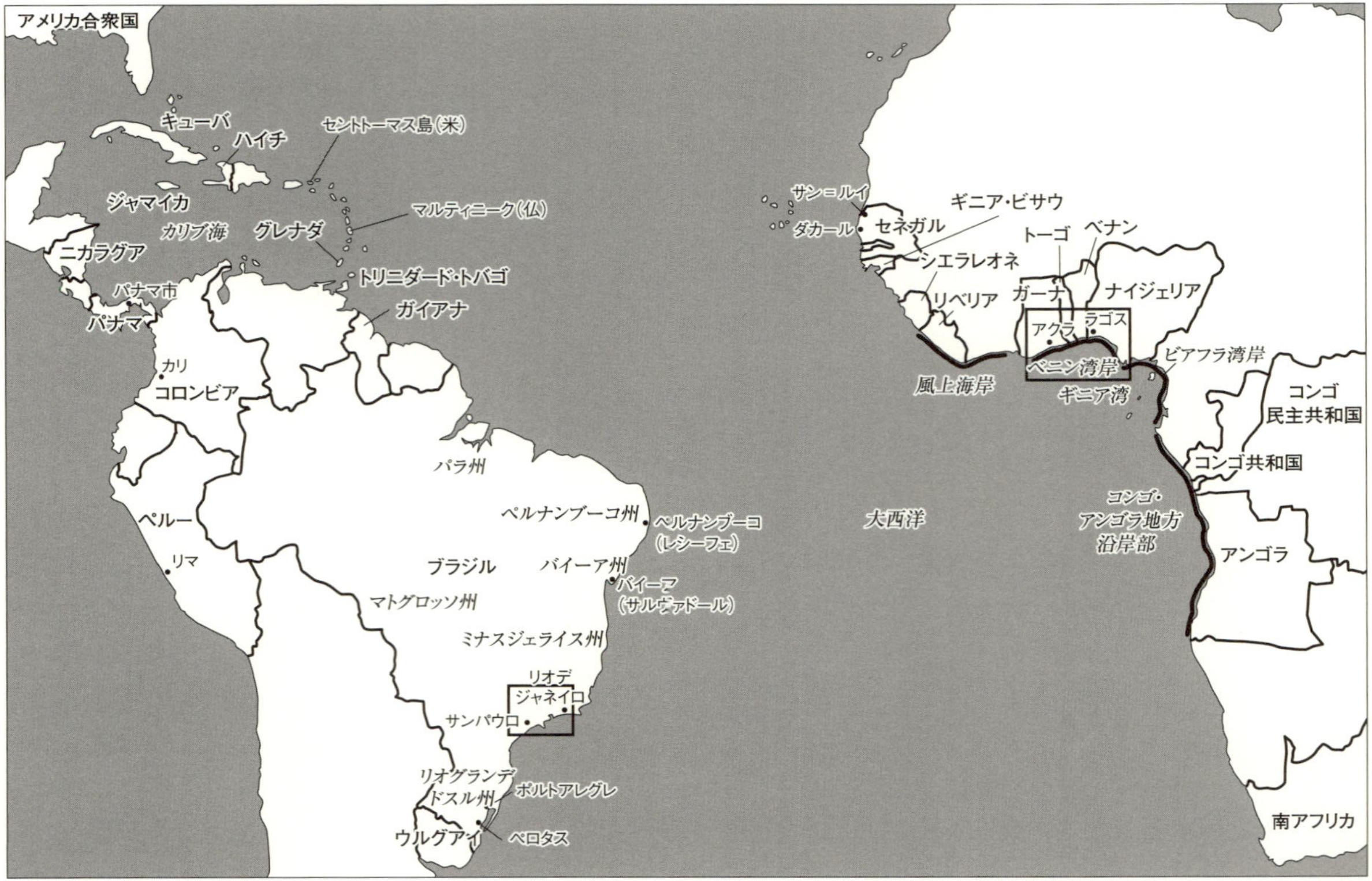
アメリカ合衆国
キューバ
ハイチ
セントトーマス島(米)
ジャマイカ
カリブ海
グレナダ
マルティニーク(仏)
ニカラグア
トリニダード・トバゴ
パナマ市
パナマ
ガイアナ
カリ
コロンビア
パラ州
ペルー
ペルナンブーコ州
ペルナンブーコ
(レシーフェ)
リマ
ブラジル
バイーア州
バイーア
(サルヴァドール)
マトグロッソ州
ミナスジェライス州
リオデ
ジャネイロ
サンパウロ
リオグランデ
ドスル州
ポルトアレグレ
ウルグアイ
ペロタス
大西洋
サン＝ルイ
ダカール
セネガル
ギニア・ビサウ
シエラレオネ
トーゴ
ベナン
リベリア
ガーナ
ナイジェリア
アクラ
ラゴス
ベニン湾岸
ビアフラ湾岸
風上海岸
ギニア湾
コンゴ
民主共和国
コンゴ共和国
コンゴ・
アンゴラ地方
沿岸部
アンゴラ
南アフリカ

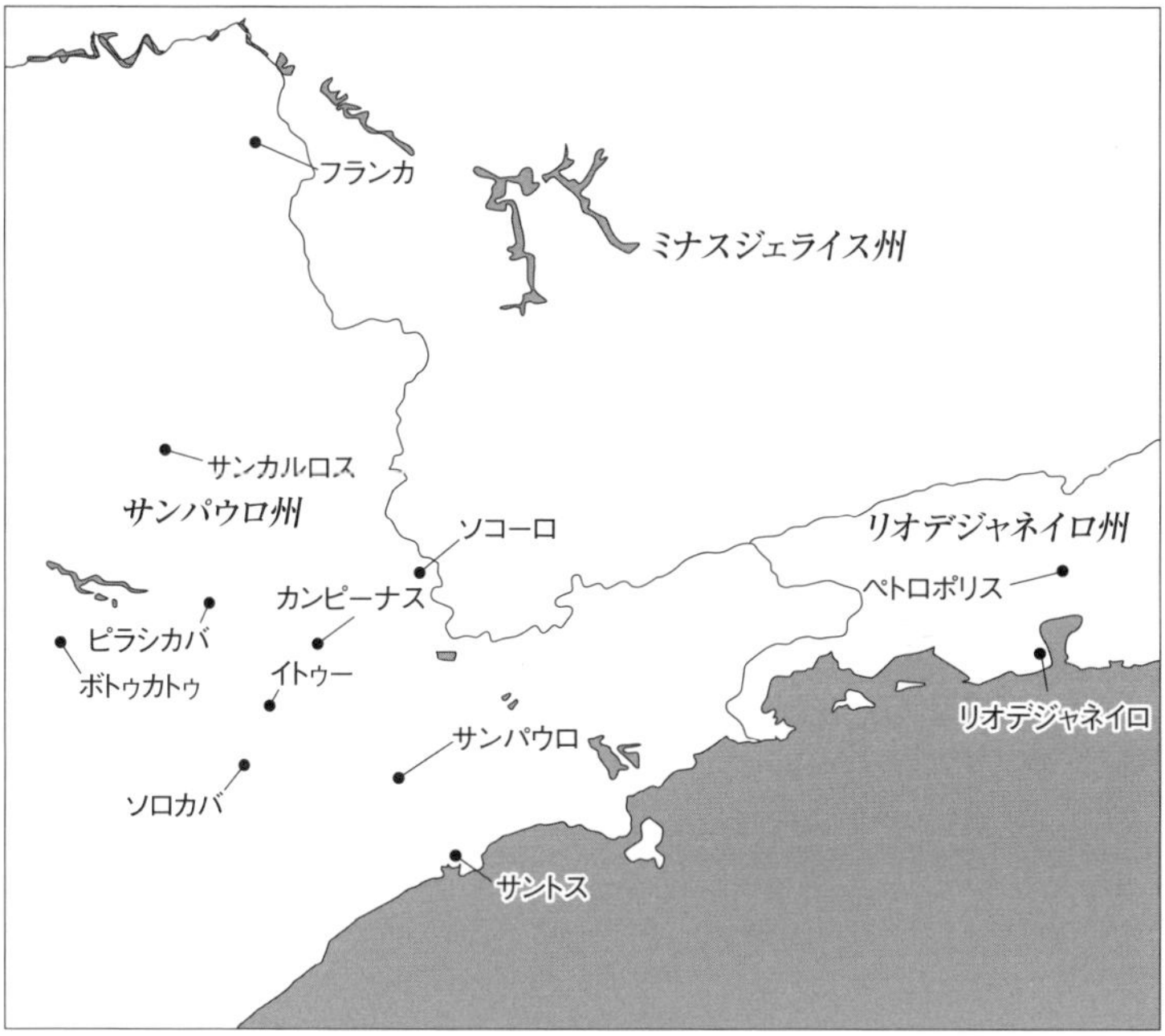

ブラジル南東部詳細図

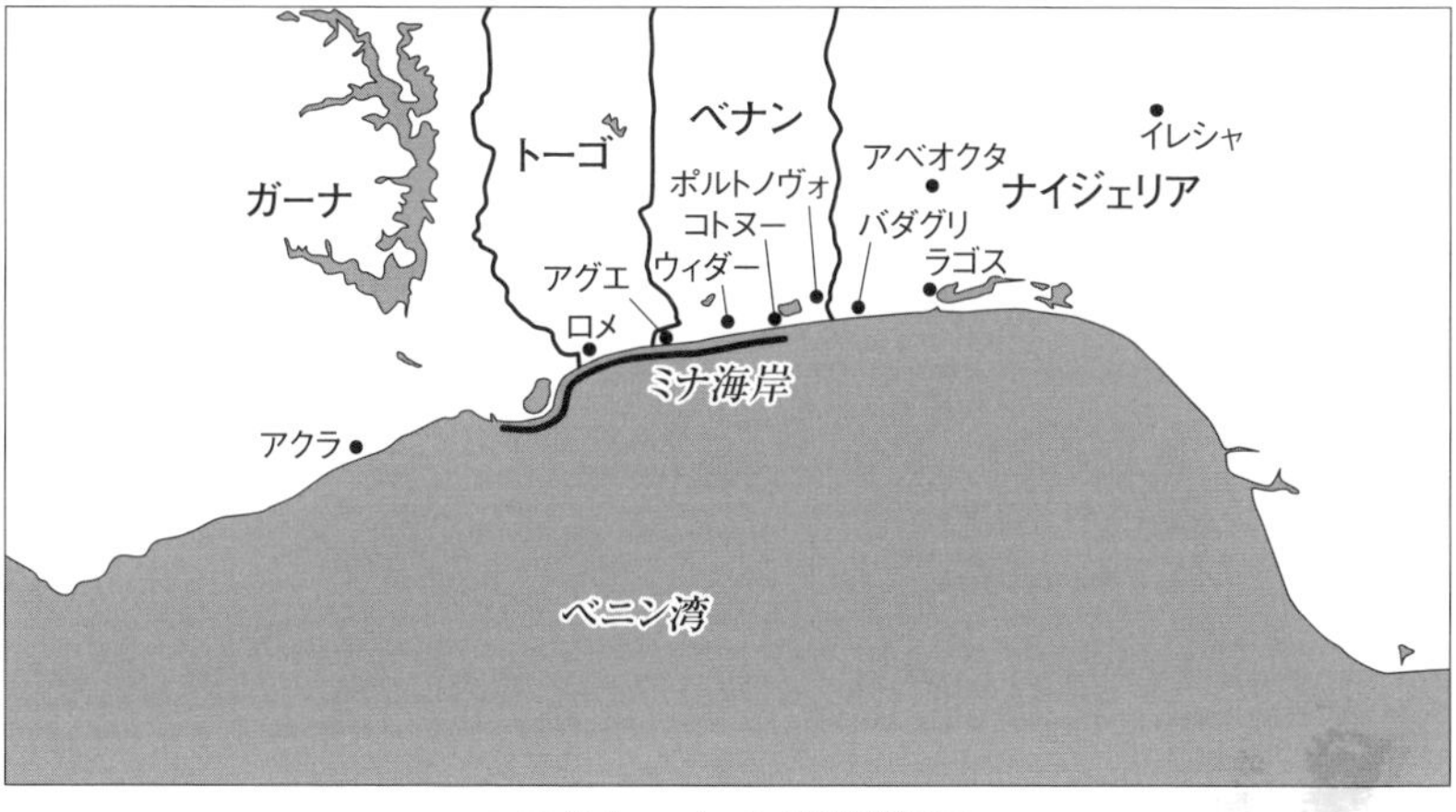

アフリカ・ベニン湾岸詳細図

序章

ブラック・ディアスポラ研究とブラジル

「お母さん、私たちブラジル人なの、それともアフリカ人なの？」
「そのどちらでもあるのよ」

——『水屋敷』（一九世紀にブラジルからアフリカに帰還した黒人たちを題材にした小説）（Olinto 1975［1968］: 86）

われらはアフリカ人ではなく、生粋のブラジル人なのだ。

——黒人新聞『バンデイランテ』第三号（D'Alencastro 1918a）

南のために闘う　偉大なる黒人　イレ・アイエは　アフリカの一部なんだ［……］
アフリカ　われらの名誉は回復されなきゃならないんだ

——黒人文化団体イレ・アイエの曲「傷つけられた民」（De Neves e Evangelista 1996）

一　米州の「黒人大国」はアフリカをどうみてきたか

ブラック・ディアスポラと父祖の地アフリカ

古くより世界の歴史は、人びとが自身の民族的故地から引き離される悲劇にはことかかない。しかし、「商品」として無数のアフリカ人をはるか大海を隔てた異郷の地へと連れ去った大西洋奴隷貿易は、その性格、規模において他に類をみない歴史的惨劇であった。単に離郷を強いられたというだけでなく、行く先やその後の運命についてさえ当のアフリカ人には選択の余地がまったく与えられていなかったのである。もっとも、こうした悲痛な体験の鮮烈さは世代が替わるにつれ薄れてはいったかもしれない。ただ、少なくともアメリカ州（南北アメリカ大陸およびカリブ海など周辺海域の島嶼。以後、米州と略記）のアフリカ（系）人の行く手には、望むと望まざると、そして意識するとしないとにかかわらず、つねに父祖の地アフリカの存在が見え隠れしてきたことだけはたしかであろう。ディアスポラ（diaspora; 次節参照）という語によって彼らを形容するのも、アフリカとのあいだに世代をこえた関係が存在すればこそである。

では、このブラック・ディアスポラと故地アフリカとのあいだには、具体的にどのような関係がみられてきたのだろうか。広く考えるなら、奴隷船がアフリカ人を米州に「陸揚げ」してからこんにちに至るまで、有形無形のじつにさまざまな関わり方がみてとれる。たとえば、故郷への悲痛な思いや民族的ルーツに対する憧憬の念は、民話や歌などのかたちで綿々と世代をこえて語り継がれてきたし、[*1]「異郷」にあって数々の制約を課されながらも、アフリカの神々への祈りは途絶えてしまうことがなかった。逃亡奴隷はみずから形成したコミュニティでアフリカ社会の再現をこころみたなどともいわれるし、なかには実際にアフリカへの帰還を果たした者さえいた。ただ、奴隷貿易が廃止され、現地生まれの黒人の割合が増えていくにつれ、こうしたアフリカ志向の源泉も、原初的な感情や本能といったものに代わって徐々に別の要因が支配的になっていった。一九世紀末にアメリカ合衆国（以後、米国と略記）やカリブ海地域の黒人のあいだから浮上してきたパン・アフリカニズム（Pan-Africanism）などは、こうした変化を象徴するものだといってよい。アフリカにアイデンティティを求め、同じルーツを持つ世界中の黒人たちの連帯を通じ、アフリカの独立・統一を目指すこの思想・運動の推進力となっていたのは、父祖の地に対する単なる愛着やノスタルジーなどではない。むしろ、それぞれ生まれ育った国や地域で差別や偏見により疎外され、貧困にあえぐ黒人たちの窮状を根本的に打開するには、ルーツであるアフリカの名誉回復が不可欠であるとの認識であった。[*2] [*3]

だが、ブラック・ディアスポラであるなら誰でも等しく、必然的にそうしたアフリカへの志向を有してきたのであろうか。否である。たしかに一九六〇年代後半以降は、「ブラック・イズ・ビューティフル（Black is beautiful）」という標語に象徴されるように、アフリカへの強いメッセージの込められたジャマイカ生まれの音楽レゲエや、何かと物議をかもすことの多いアフロセントリズム（Afrocentrism）など、ルーツ回帰に熱心な印象が強い。アフリカが植民地支配から脱し、希望の大陸に生まれ変わったことが転機となり（Skinner 1993［1982］: 33）、その後は多文化主義的な価値観が浸透していったことも背景としては大きかったと考えられる。それでもなお、アフリカ志向はブラック・ディアスポラ全体に一般化できるものだとはいいがたい。それどころか、逆にアフリカというルーツを封印しようとする態度さえ珍しくはない。一九六〇年代前半まではとりわけそうである。白人と同じ偏見のまなざしでアフリカをとらえ、そこから自身を切り離すことで「文明化」の証しを立てることこそ、それぞれの国においてみずからの運命を切り開くことにつながる――そうした認識の方がむしろ通例であったといってよい。

何がブラック・ディアスポラのアフリカに対する姿勢の如何を規定してきたのだろうか。その人の資質や生まれ育った環境、受けた教育の程度やそのときの社会的立場など、個人レベルの要因に帰すべき部分はむろんあろう。だが、それだけではあるまい。時代状況や地域性といった要因が影響を与えてきた部分も確実にある。個人レベルの要因の因果は検証が難しくとも、そうした時代的・地域的要因ならば、ルーツ（起源）に対する意識が国・地域によってどのように異なり、時代を追ってどう変わっていく傾向にあるのかをつぶさにみていくことにより、浮かび上がらせることができるのではないだろうか。

ブラジルの「アフリカ性」をめぐる相克

アフリカに対する姿勢の変化に影響を与えたと考えられる時代状況については、断片的にではあるが前項で簡単に言及した。では、地域的要因の方はどうか。ブラック・ディアスポラのアフリカ志向の代表例として挙げられることの多い、パン・アフリカニズムやネグリチュード（négritude）[*4]のような思想・運動の展開に目を向けると、その主要な担い手として名が挙がるのは、米国と英語圏・フランス語（以後、仏語）圏のカリブ海地域出身の黒人ばかりであることに気づく。一九〇〇年に最初のパン・アフリカ会議（First Pan-African Conference）を組織したヘンリー・シルヴェスター＝ウィリアムズ（Henry Sylvester-Williams）はイギリス領（以後、英領と略記）トリニダードの、その後の二〇世紀前半における一連のパン・アフリカ会議（Pan-African Congress）で中心的な役割を果たしたウィリアム・エドワード・バーガート・デュボイス（William Edward Burghardt Du Bois）は米国の、「アフリカに帰れ」を合い言葉に一九二〇年代前半に黒人大衆運動を展開したマーカス・ガーヴィー（Marcus Mosiah Garvey Jr.）は英領ジャマイカの、そしてネグリチュードの主唱者のひとりエメ・セゼール（Aimé Fernand David Césaire）はフランス領（以後、仏領と略記）マルティニークの、それぞれ出身であった。

ところが、米国や英領および仏領のカリブ地域に黒人がとりわけ多かったわけではない。エモリー大学（Emory University）が提供するオンラインデータベース「航海――大西洋奴隷貿易データベース（*Voyages: The Trans-Atlantic Slave Trade Database*）」の推計値によれば、これらの地域よりもブラジルやスペイン領アメリカ（カリブを含むラテンアメリカの旧スペイン領地域）を中心とする残りの地域の方がアフリカ人奴隷受け入れ数はあきらかに多かった。*5 とりわけブラジルは、ポルトガルに植民地化された一六世紀以降、一八二二年の独立を経たあとの一九世紀後半に至るまで、大西洋奴隷貿易が米州に運んだアフリカ人奴隷の総数のじつに四六％あまりを飲み込んだ圧倒的な奴隷受け入れ国であった。こうした歴史的経緯を持ち出すまでもなく、私たちは日頃からブラジルとアフリカとのつながりの深さを感覚的に知っている。世界で活躍するブラジル人サッカー選手のなかには黒人がたくさんいるし、真冬の日本に向けて地球の反対側から送られてくるカーニバルの映像にも、サンバを踊る黒人たちの姿が映し出される。もちろん、両地域の交わりの所産は、なにもブラジルにおける黒人の存在のみにかぎられない。彼らの祖先が故郷から持ち込んだアフリカ的要素は、現在のブラジルの文化・宗教や食生活に大きな影響を与えた。かつてポルトガル出身の宣教師にして作家のヴィエイラ神父（Padre António Vieira）が「ブラジルは、その身体をアメリカに、その魂をアフリカに持つ」*6 と評したように、ブラジルは米州のなかでも文化面におけるアフリカの影響をもっとも強く受けた地域のひとつに数えられている。ブラジルやキューバは、アフリカ系文化の豊饒さでも米国を寄せつけず、英・仏語圏カリブさえもしのぐほどである。*7

それなのになぜ、ポルトガル語圏、スペイン語圏のラテンアメリカ地域の黒人たちは、アフリカを志向する運動において「蚊帳の外」だったのであろうか。パン・アフリカ会議もその熱気がもはや下り坂にあった感の否めない第六回（一九七四年）になってようやく、この地域から初の参加者となったブラジルの黒人運動家アブディアス・ド・ナシメント（Abdias do Nascimento; 以後、アブディアスと略記）は、こう説明する。「前回までのパン・アフリカ会議にアフリカ系ブラジル人が不在であったおもな理由」は、「パン・アフリカニズム運動の国際会議が使用言語を英語と仏語のみに限定している」ことだと（A. do Nascimento 1980a [1974]: 48)。つまり、総じて貧しく外国語など学ぶ余裕のないブラジルの黒人に対し、言語の壁がパン・アフリカニズム運動への参加を阻んだというわけである。だが、はたして理由はそれだけだったのであろうか。そして、それは本質的な理由だったといえるのだろうか。

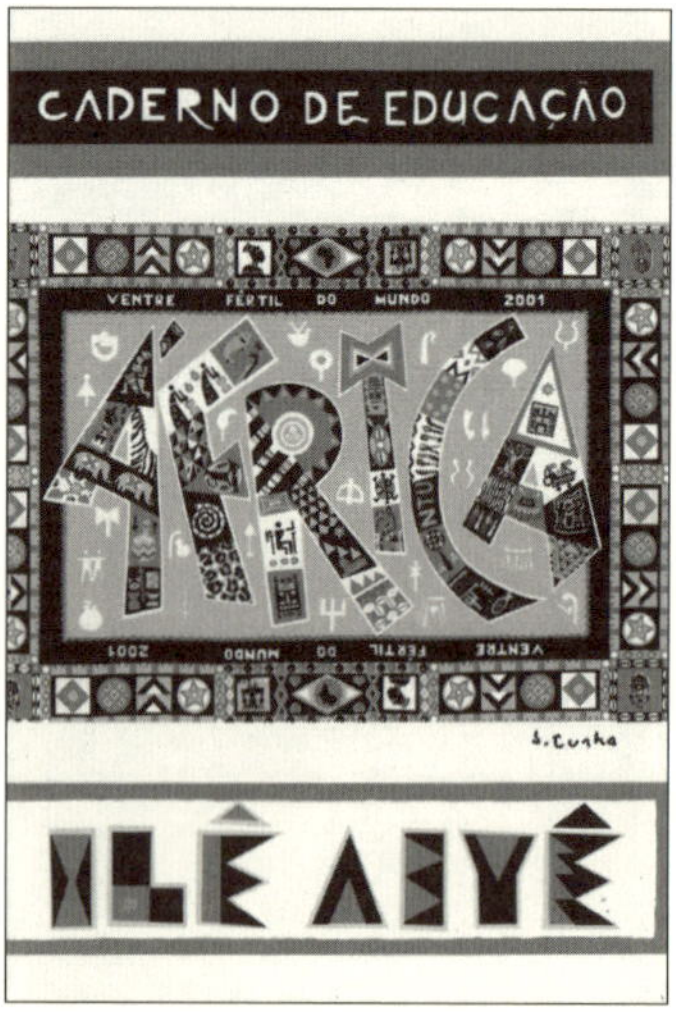

図序-1　アフリカをパレードのテーマにしたイレ・アイェのカーニバル向け冊子（2001年）

アブディアスはブラジルを「世界で二番目の黒人大国」だと称した（A. do Nascimento 1980a [1974]: 69)。国別の絶対数でみるなら、ブラジルの擁する黒人（混血を含む）人口は、サハラ以南のアフリカ諸国を含めたとしてもナイジェリアについで世界で二番目に多いことをもっての表現である。しかも、本章冒頭に引用したイレ・アイェ（Ilê Aiyê）の歌詞にみいだせるようなアフリカ志向のメッセージは、こんにちのブラジルにおいてであれば違和感を感じさせぬほど一般的になってきている。だからこそなおさら、一九七〇年代までは対照的にアフリカとの関わりが希薄であったことは意外で、逆説的にすら思えるのである。みずからパン・アフリカニズム運動にも関与した黒人の社会学者ドレイクは、「アフリカ性」をめぐるブラジルの相克をつぎのように述べている。

ブラジルにはあきらかにアフリカ系である人びとが合衆国と同じように多数存在することを考えるなら、黒人の世界に対してこれらの人びとが及ぼしてきた影響は、比較してなぜかくも小さいのだろうか。ジャック・ジョンソ

> ン（Jack Johnson）[*8]に並び立つ存在ならペレ（Pelé）[*9]がいるが、デュボイスに釣り合う者となると誰もいない。［……］ブラジルの黒人は政治的な意味においては、自身をアフリカと強く結びつける必要性を感じてこなかった。しかし逆説的に、文化的次元におけるアフリカ性の意識は北アメリカにおいてよりも、はるかに強いままである。
>
> （Drake 1993［1982］: 500-502）

だが一方で、米州に広がるブラック・ディアスポラにではなく、ブラジルという国に関心を寄せ、注目してきた人びとの多くは、おそらくこのような問題意識に行きあたることはない。というのは、ブラジルでは長らく、異なる人種間の関係が調和的であるとされ、それが「人種民主主義（democracia racial）」という呼称とともにブラジル社会の標準的なとらえ方として定着していたからである。こんにち、その妥当性は否定されているものの、ブラジルにおける人種間関係のありようは、しばしば対立を顕在化させる米国のような事例とは少なくとも異なるという認識はいまなお根強い。いずれにせよ、この「人種民主主義」の神話が一九七〇年代までは大いに信奉されていたことはたしかなだけに、ブラジル黒人のアフリカに対する姿勢にも何らかのかたちで影響を及ぼしたのではないかという仮説は、かなり現実味を帯びたものだといえよう。

このようにみてくると、ブラック・ディアスポラのアフリカ志向に関する標準的な事例として位置づけられてきた米国と対置させるのに、ブラジルは格好の存在であることが確認できる。文化面におけるアフリカからの影響の濃密さ、そして分断や対立のみえにくい人種間関係という点は、スペイン語圏ラテンアメリカでアフリカ人奴隷を多数導入した地域ともある程度は共通しているものの、ブラジルほどそれらがクローズアップされるかたちで認識されてきたところはない。米国の事例を相対化しつつ、アフリカに対するブラック・ディアスポラの姿勢がどのような要因に左右されるのかについて考察を深めていくうえで、ブラジルはもっとも成果の期待できる研究対象であるといえよう。

アフリカ系文化の実践を通じた象徴的な意味でのアフリカ志向は別にして、ブラジル黒人の場合、自身の地位向上、境遇改善に向けた行動・言論・思想等において、父祖の地を意識的なかたちでどのように位置づけてきたのか。そして、その位置づけ方はどのような要因により規定されてきたのだろうか。これが本書の依って立つ問題意識である。

二 「ふるさとの地」アフリカへのさまざまな意識と「いまいる場所」ブラジルの影響

このような問題意識を出発点とする場合、分析の道しるべとなるような先行研究はどの程度存在するのだろうか。ブラジルの黒人を題材にした、アフリカに対する姿勢とその背景の考察は、断片的なものならあっても、包括的なものは見当たらない。個別の局面ごとの先行研究については、つづく各章に譲るとして、ここではつぎの二つに該当するものをとりあげたい。ひとつは、ブラジルの黒人に限定したものではなく、ブラック・ディアスポラ全体を視野に入れた父祖の地アフリカとの関係をどのようにとらえるかの一般論である。そしてもうひとつは、ブラジル黒人とアフリカの関係性について、十分に包括的とはいえないまでも、個別の局面はこえた視野で論じているものである。

ブラック・ディアスポラについての分析枠組みの変遷

まずは、ディアスポラの黒人とアフリカとを結びつけて考える枠組みがどのように生成され、のちにどう変わっていったのかを概観してみたい。[*10]

学問のうえでは、大西洋を取り巻くように広がった黒人たちを全体としてとらえ分析しようというとりくみは、不思議なことに二〇世紀なかばになるまであまりみられなかった。実態としてはそれまでに、黒人のアフリカへの「帰還」を唱えた黒人知識人が複数いたし、パン・アフリカニズム運動やネグリチュード運動のような動きもあったというのにである。そこには政治的な事情も絡んでいたが、そのことを指摘したのはほかでもない、米州の黒人たちとアフリカとの文化的連続性を主張したパイオニア、米国の人類学者メルヴィル・ハースコヴィッツ（Melville Jean Herskovits）であった。

一九四一年、彼は『黒人の過去についての神話』を著し、米国を含む米州各地の黒人たちのあいだにアフリカ的文化要素が残存していることを、綿密な調査によりアフリカ大西洋岸の諸文化と対照させながら実証してみせた（Herskovits 1941）。ハースコヴィッツはユダヤ系米国人であったが、米国の黒人知識人が自分たちとアフリカとの関係性を一貫して否定してきたのは、アフリカ文化を劣ったものとみなす白人のエスノセントリズムと同じ土俵に乗っかってしまっていたからだとする。つまり、少なくとも米国黒人運動の主流は、自身をアフリカからいかに切り離すかこそが一人前の米国市民として認めさせる鍵だと考えていたというのである。それに対し、ハースコヴィッツは黒人たちが歴史なき民とみなされていることが人種偏見を生みだしているのであり、アフリカ文化への評価を正当なものに改めたうえで、それを受け継いでいることに誇りを持つことこそ偏見解消への道なのだと説いた（Herskovits 1941: 1-32）。

しかし、その後もしばらくはハースコヴィッツのような見方は学界においてけっして勢いを得るには至らなかった。ただ、時代状況が変われば政治のベクトルも変わる。一九五〇年代後半から六〇年代にかけて、アフリカでは多くの植民地が独立を達成してアフリカの一応の名誉回復・復権が実現した。また同じ時期、米国では公民権運動が高まりをみせ、六〇年代なかばにはジムクロウ法（Jim Crow laws）と称された南部の人種差別的な諸法が廃止されるというひとまずの成果をみた。それぞれの目標に向け闘っていくなかで、アフリカの政治的指導者たちと米州の黒人運動指導者たちはしばしば直接交流を持ったり、あるいはそうでなくとも互いに刺激し合った。六〇年代後半になると、米州の黒人たちのあいだではアフリカというルーツをむしろ肯定的にとらえ、それを積極的に追求する指向が顕著になっていく。こうした変化をふまえるなら、六〇年代あたりから大西洋をまたぐような視点で黒人たちの問題を考える研究が徐々に増えてきたのは単なる偶然とはいえまい。

黒人研究においてみられはじめた新たな方向性を象徴していたのが、「ディアスポラ」という語の導入であった。これは「散乱」や「離散」を意味するギリシャ語に由来し、もともとはパレスチナを離れ世界各地へ散り散りになったユダヤ人あるいは彼らの状態を指すものとして使われていた語であった。そこには、「ふるさとの地(homeland)」を追われるきっかけとなったトラウマ的事件、行く先々での迫害や疎外、民族的故地との絆の保持といったユダヤ人全体が共有していると想像されるいくつかの要素が内包されていた。[*11] これらを奴隷貿易によるアフリカからの強制連行、米州での奴隷制や人種差別といった厄災、精神的支えとしてのアフリカへの思いに重ね合わせ、アフリカ外の黒人たちをブラック・ディアスポラとして、「ふるさとの地」アフリカを結節点に一体的にとらえていこうというこころみが出てきたというわけである。ハースコヴィッツが着目したのは文化におけるアフリカから米州各地へというベクトルであったが、ブラック・ディアスポラというとらえ方により、黒人たちによるアフリカへの「帰還」運動やパン・アフリカニズム運動など、政治や社会等を含む逆向きの事象も研究の射程に収めることとなった。

黒人への適用をきっかけのひとつにして、一九八〇年代頃から、原形であるユダヤ人の事例を相対化しつつ、さらなる他の移動諸集団への適用可能性を見据えてディアスポラ概念の一般化がさかんに模索されるようになった。ディアスポラを定義づける諸要件の特定や、いくつかのタイプへの類型化がこころみられたが、少なくともブラック・ディアスポラ研究に関するかぎり、実態は各研究者が思い思いにアフリカとの関係性を論じているだけであったり、米州の各国ごとの事例研究を体系的な比較もなしにただ並べ立てているだけであった。しかも、その事例研究も米国を中心にせいぜい英語圏を対象としたものが主体で、ブラジルやスペイン語圏のラテンアメリカ地域の事例は、あったとしても「おまけ」程度の扱いでしかないことがほとんどだった。[*12]

数少ない例外を挙げるとすれば、そのひとつはハリスが編者となった、この分野の古典的著作『アフリカン・ディアスポラのグローバルな次元』(Harris 1993a［1982］) であろう。「概念・方法論としてのディアスポラ」と題された冒頭のパートに収められた四篇の論稿のうち最初の二篇 (Skinner 1993［1982］およびShepperson 1993［1982］)、そして結論にあたる最終章 (Drake 1993［1982］) はブラック・ディアスポラ研究の理論化を意識したものとなっている。そこで今後の課題のひとつとして挙げられているのが、英語圏以外の地域を対象とした研究の進展である (Shepperson 1993［1982］: 44)。とりわけブラジルを対象とした研究の必要性については、最終章の「パン・アフリカ的な諸目的に関連した今後ありうる研究」なる節が、そのほとんどの紙数を割いて訴えている (Drake 1993［1982］: 498-507)。それだけに、この著作の事例研究パートの方も英語圏に偏らないようにとの配慮がうかがえるラインナップとなっている。

こうしたこころみが一部ではみられたものの、ブラック・ディアスポラは分析的な枠組みとしてはまだまだ未成熟で、十分に練られたものというにはほど遠かった。しかし一九九〇年代に入ると、そうした状況に一石を投じる著作が世に出た。ポール・ギルロイ (Paul Gilroy) の『ブラック・アトランティック』(ギルロイ 2006［1993］) である。彼はディアスポラの表層をめぐる議論には目もくれず、いきなりその深層へと切り込んでいく。ディアスポラを「ふるさとの地」と単純に結びつけ、あたかも疑似ネイションかのごとく構想するような近年の風潮に対し、彼は警鐘を鳴らす。ブラック・ディアスポラの例でいうなら、神話化されたアフリカの地と、その「伝統」たる黒人性を共有する均質な黒人共同体というような発想は、そもそも米州やヨーロッパの地で自分たち自身を排除してきた論理の単なる裏返しにすぎないのだと。要するに、土地・文化・ネイションという三位一体、すなわち、ある土地に根ざし、固有の文化を共有する排他的なネイションというありようは普遍的なものなどではなく、西洋近代の生みだした産物にすぎないのであり、そうした思考そのものこそ黒人たちに困難な状況を強いてきた原因のひとつなのだとギルロイは主張するのである。アフロセントリズムに象徴されるそうした方向性は、米州やヨーロッパの黒人たちの状況を根本的なかたちでは改善しえないばかりか、ブラック・ディアスポラ内部のさまざまな多様性の問題にもとりくむことができないというのが彼の立場である。さらにいえば、アフリカへの「帰還」やそこでの国家建設などをかならずしも志向しない多数の黒人たちについても十分にとらえることができないのである。

そこでギルロイは、近代性への対抗を意図しつつ、ディアスポラのアイデンティティのありようを、起源（roots）だけでなく経路（routes）にも同様に依拠するものとして提起した。黒人種を劣った存在とみなす人種主義が存在する以上、起源（民族的故地たるアフリカ）を捨象することはできないが、経路（民族的故地からどこに移動し、いまどこにいるのか）もそれと同程度にディアスポラを規定しているのだとする考え方である。なるほど、これであれば共通性と差異の両方を同時にひとつの概念のなかに織り込むことが可能である。このようなディアスポラをギルロイは「変わってゆく同じもの（changing same）」と形容し、いずれかの地に「根づく」ことを回避し、移動によってこそ形づくられるものとして描きだした。ディアスポラ黒人全体からすれば、ものの見方や考え方に影響を与えるような移動を積み重ねるケースはけっして多いとはいえず、やや偏ったディアスポラ像ではあるかもしれない。しかし二〇世紀に入ってからは、カリブから米国やヨーロッパへ労働者や留学生として、アフリカからヨーロッパへ留学生や兵士として、米国からヨーロッパへ兵士として、また第二次大戦後はアフリカ、カリブからヨーロッパ、米国へ労働者として等々、まとまった数の黒人たちの移動が少なからず生じてきたこともまた事実である。ギルロイも、自身は英国生まれであるが、母は英領だったガイアナから移り住んできた黒人であった。

ギルロイのこうした出自は、彼が訴えたもうひとつの革新とも深く関わっている。彼はブラック・ディアスポラ研究について、米国黒人偏重の状況から脱却すべきことを主張したのである。従来より米国黒人たちは、研究者としても研究対象としても特権的な地位を占めてきたが、英国の黒人たちとて米国の黒人たちに劣らぬ知や文化の担い手であることをギルロイは強調する。その延長に彼が提起したものこそブラック・アトランティックの概念であった。すなわち、米国、ヨーロッパ、カリブ、アフリカの黒人たちが行き交い、彼らの生みだした思想や書籍、レコードなどが流通することで、大西洋というトランスナショナルな空間に知と文化のネットワークが維持されてきたという見方である。こうして、米国黒人を相対化し、それ以外の黒人たちも対等な構成要素として位置づけるフラットな視座があらためて提示されたのである。

ただ、著作『ブラック・アトランティック』にはさまざまな批判もある。おもなもののひとつが、ギルロイの示せている具体例は米国、英国、そして英語圏カリブの思想、文学、音楽にほぼ限られており、ブラック・アトランティックの概念とは大きな隔たりがあるというものである。たしかに同書では、アフリカやラテンアメリカ、英国以外のヨーロッパの影は薄く、文化でいうならば音楽以外にも、本来なら俎上に載せられてもおかしくない宗教や言語、食文化などについてもほとんど触れられていない。しかしながら、こうした点はブラック・アトランティック概念自体の欠陥を意味するわけではない。『ブラック・アトランティック』全体を読めばわかるが、それはむしろ、ギルロイがもっとも強調したい側面に議論を絞り込んだ結果とみるべきだろう。この著作以降、少なくともトランスナショナルな視点からの黒人研究においては、同調的にであれ批判的にであれ、ブラック・アトランティックの概念に言及することはもはや避けては通れぬほどである。ブラック・アトランティックが大西洋世界の黒人たちをとらえる視座として万能なわけではけっしてないが、従来のディアスポラ論における問題点の認識と、それに基づいた発想の根幹については、その多くの部分が広く共感を得たからこそではないだろうか。

本書の視座

これまで概観してきたような、ブラック・ディアスポラとアフリカを結びつけて考える枠組みの変遷をふまえたうえで、本書の問題意識にひきよせて、どのような分析の視角を設定しうるか考えてみよう。ギルロイが『ブラック・

アトランティック』で指摘している、従来のディアスポラ論のいくつかの問題点は大いに参考になる。まず第一に、ディアスポラの「ふるさとの地」に対する志向を単純化したり、絶対視したりしないよう、注意すべきだという点である。ブラック・ディアスポラならみな、いつでもアフリカに対する何らかの志向を有しているという前提で対象について考えていくなら、問題の本質を見誤ってしまう危険性がある。本書がブラジルの黒人を研究対象に選んだ根拠のひとつに、彼らが一九七〇年代までのパン・アフリカニズムの舞台に関わってこなかったことを挙げた。アフリカ志向のあることを出発点にしてしまえば、ブラジル黒人の参与の障害となった別の要因を過大視することになりかねない。そもそも、場合によってはディアスポラは「ふるさとの地」に対し、後ろ向きの姿勢をとる可能性も十分にありうることを織り込んだ視座が必要となる。ブラック・ディアスポラとアフリカの関係という主題にとりくんだこれまでの研究は、ほぼ例外なく、アフリカ志向の何らかの発現とみなされる事象について、その要因などを考察するものであった。逆にいえば、なぜアフリカ志向がみられなかったのかについては議論されてこなかったといってよい。ここに本書のひとつの意義があると筆者は考えている。

　つぎに、「経路」にも「起源」と同等の比重を置くべきだという点である。換言するなら、アフリカという故地だけではなく、いまいる国や地域もブラック・ディアスポラの規定要因として重要だということである。アフリカという同一の起源を有するディアスポラなら、本質はみな同じであるはずだという前提は、過度の一般化を招く恐れがある。本書の問題関心であるブラック・ディアスポラのアフリカに対する姿勢に関していえば、これを主題とするこれまでの研究の対象が米州の英語圏の事例に著しく偏っていることを考えあわせるなら、ことに留意すべきである。英語圏の事例から導き出された見方が、そのまま無意識のうちに標準として、他の事例を評価する尺度にされてしまいかねないからである。ギルロイの考え方に従うなら、ブラジル黒人のアフリカに対する姿勢のありようにも、父祖の地だけではなく、いまいる場所であるブラジルという要因が何らかの影響を及ぼしうるはずである。ブラジルという国が与える要因をあきらかにすることにより、この問題における英語圏の事例の相対化につなげていくことも、本書がその意義として意図していることのひとつである。

ブラジル黒人のアフリカに対する姿勢をめぐる先行研究

すでに述べたように、局面ごとであれば十分とはいえないまでも、考察の道しるべとなる程度の先行研究は存在する。これらについては、それぞれの章においてとりあげることにする。ある程度、通時的なものとなると、研究成果は乏しいといわざるをえない。欧文文献では、タイトルからすれば本来なら、エリーザ・ナシメントの『南アメリカにおけるパン・アフリカニズム』(E. Nascimento 1981) がまっさきに挙げられてしかるべきであろう。彼女は本書第五章でとりあげるブラジルの黒人運動家アブディアスの妻であり、その見方は基本的に夫のものと同一である。ただ、筆者の目には、前項で指摘したひとつ目の陥穽に陥ってしまっている面があるようにみえる。たとえば、本書がひとつの重点として分析している二〇世紀前半のサンパウロ州における黒人運動については、明確なアフリカ志向がみられないだけに、一部の断片を除いてはごくあっさりと言及しているにすぎない。ただ、「南アメリカ」に光をあててブラック・ディアスポラ研究の英語圏偏重に一石投じようという、本書にも共通する問題意識がかいまみえる点は評価できよう。ちなみに、「南アメリカ」と謳ってはいるものの、議論の大半はブラジルに割かれている。小論ではあるが、ザンパローニの「ブラジルにおけるアフリカのイメージ」(Zamparoni 2011) は参考になる。というのも、アフリカ志向を前提とはせずに、ブラジルにおいてアフリカの存在感が時代により大きくなったり、小さくなったりしてきた移り変わりを要領よくまとめているからである。

邦文文献となると、もはや皆無に等しいといわざるをえない。わずかに古谷 (2001) の第二章「奴隷と黒人の近代——帰還と回復の神話をこえて」が該当するであろうか。ギルロイの『ブラック・アトランティック』に依拠しながら、黒人のルーツ志向のとらえ方を批判的に論じており興味深い。ブラジルの複数の事例にも少しずつ言及してはいるが、全体としてはむしろ方法論に関する研究という色彩の方が濃い。最後に『アフリカ・ラテンアメリカ関係の史的展開』（矢内原・小田編 1989）を挙げておきたい。「ラテンアメリカ」といいながら、ここでも英語圏への傾斜を感じざるをえないが、ブラジルの事例は複数の章にまたがって少しずつとりあげられている。それ以上に、少なくとも日本においては結びつけて論じられることのほとんどない二つの地域の関係という問題にとりくもうという野心には大いに共感を覚える。その後、四半世紀以上経つが、同様のこころみが現れてこなかったのは残念としかいいようがない。

三　アフリカに対する姿勢を何に、どのようにみいだすか

前々節で確認した問題意識、そして前節で示した分析の視座と先行研究の状況をふまえたうえで、以下では本書の分析対象を特定して問題設定をおこない、構成を提示することにしたい。

ブラジルにおける黒人と人種間関係

まずはブラジルにおける黒人の位置づけ、および人種間関係の変遷について、簡単に概観しておきたい。こんにちブラジルでは、社会通念上あるいは統計において、混血に相当する中間的人種カテゴリー（表序-1では「褐色」）を設けることが一般的である。褐色（pardo）とは黒色と白色の混血とみなされるが、黒色（preto）と合わせてアフリカ系（afro-descendente）もしくは単に黒人（negro）と称される場合もある。ただ、黒人運動の主張において、アフリカ系の混血を除外するかたちで黒人の範囲を想定することは基本的になかったし、混血が黒人運動の実際の担い手と

表序-1　ブラジルの人種別人口構成比と人種間格差（2010年）

	白色	褐色	黒色	黄色	先住民	無申告	合計
人口［万人］	9,105	8,228	1,452	208	82	0.7	19,076
比率［%］	47.7	43.1	7.6	1.1	0.4	0.0	100.0
平均月収［レアル］a)	1,019.7	495.6	539.3	995.2	345.0		
非識字率［%］	7.2	14.2	15.0	10.0	26.3		

出所）2010年の国勢調査（Instituto Brasileiro de Geografia e Estatística 2011）より筆者作成。
注）a）1レアル＝約30円（2019年3月現在）

はならなかったわけでもない。よって本書においては、アフリカ系人全体（表序-1では「黒色」と「褐色」を合わせたもの）を包括する概念として「黒人」という言葉を用いる。ブラジルはこの黒人と白人（白色）とがほぼ半々の社会ということになるが、前者の平均月収は後者の半分にも満たない。国民を二分する二つの人種間に明白な格差が存在する、著しい不平等社会なのである。

ところが、よく知られているように、この国は人種差別のない（あるいは少ない）国とも長らく信じられてきた。「人種の天国」との異名は、ブラジルがまだポルトガルの植民地だった時代にまでさかのぼる。混血の人びとの多さ、そして奴隷に対する主人の温情ある接し方など、おもに米国との対比で訪問者たちに与えたそうした印象が、ブラジルは人種偏見が希薄だという認識につながったようである。ただ、こうした評価が決定的なものとなったのは、二〇世紀に入り新進気鋭の学者ジルベルト・フレイレ（Gilberto de Mello Freyre）が『大邸宅と奴隷小屋』（*Casa grande e senzala*）（フレイレ 2005［1933］）を著し、学術的な議論へと洗練させたのを機としている。奴隷制下のブラジル北東部の地域社会のなかに白人、黒人、先住民それぞれの文化の混淆、人種間の調和的な関係をみてとるフレイレは、これをブラジル人の特質として一般化し、称えたのである。

フレイレの特筆すべき点は異文化間・異人種間の混淆を肯定的価値を持つものへと転換させたところにあった。当時はまだ白人種の優越、混血種の堕落といった人種主義的思考が根強く、混血社会として名の知られていたブラジルはしたがって「汚染された劣等社会」との烙印を押されていた。だが彼は人間を規定するものとして、人種という遺伝的な要因よりも環境や文化の方が重要であるとしたうえで、ブラジルの社会や文化に対し、基調はヨーロッパ由来ながらも先住民や黒人の果たした貢献も肯定的に評価した。ほかには類をみない混血文化と米国にも優る人種間の調和的関係は、もともと人種に対する意識の低いポルトガル人であればこそなせるわざだったのであり、混血層の拡大はさらにそれをあとおししたとフレイレは説く。こうして三つの人種に由来する混血文化、人種間の調和を共有する国民というかたちで、ネイションとしてのブラジル人を描きだしたのである。

フレイレの論は時代の要請に見事にはまった。もはや奴隷でなくなった黒人、世界各地から大挙して押し寄せる移民を包摂しつつ、いかなるかたちでネイションとしての統合を実現すべきか模索していた知識人・エリート、そして西洋的規範への追従に飽きたらなくなっていた文化人・芸術家ともに、ブラジル人の誇りと求心力の源泉となるような「ブラジリダーデ（brasilidade: ブラジルらしさ）」を希求していたのである。

時を同じくして成立したジェトゥーリオ・ヴァルガス（Getúlio Dornelles Vargas）の独裁体制も、機に乗ずるに抜かりはなかった。同化にあらがって孤立化する移民集団に対して母語の使用を規制するなど国民統合を強制的に推し進める一方で、報道宣伝局を創設して文化活動への統制をおこない、ナショナル・アイデンティティの形成に寄与するものとなるよう仕向けたりもした。

また、人種間の調和的関係というテーゼは、やがて「人種民主主義」と名づけられ、こちらも国の内外を問わずあまたの信奉者を生みだした。その浸透ぶりは、ユネスコが人種間・民族間の協調の鍵となる要因をブラジルにみいだそうと調査を企画するほどであった。だが、第二次世界大戦の反省に立ち一九五〇年代前半に実施されたこの調査の結論は、皮肉にも当初の想定に反し、ブラジルにもさまざまなかたちで人種偏見や差別が存在するというものであった。実際、典型的な例を挙げれば、高級なホテルやレストラン、スポーツクラブなどが黒人を門前払いしたり、求人広告に「容姿端麗（boa aparência）」といった条件を掲げ、暗に黒人不可と告知したりすることは日常的におこなわれていた。それでも、同時期の米国南部や南アフリカと違って、法制化されていない隠然とした人種差別はとらえどころがなく、問題化したケースでも例外として片づけられてしまうのがおちであった。人種間の経済社会的格差についても、奴隷解放とともにいわば丸腰で世間に放り出されたハンディキャップの影響や下層民一般に対する偏見などに原因が求められ、人種主義が問題とされることはなかったのである。おまけに一九六四年に軍事政権が誕生すると、「人種民主主義」は自国に関する政府の公式見解とされ、一部の黒人活動家や学者の異論を封じ込めた。ここに至り、「人種民主主義」は人種主義を隠蔽するイデオロギーと化したのであった。

図序-2　黒人統一運動創設時のデモンストレーション（1978年）

絶大な影響力を誇った神話も、軍政による抑圧の緩和とともに大きく揺らぎ始めた。その象徴が一九七八年の黒人統一運動（Movimento Negro Unificado: MNU）の旗揚げであった。この組織の呼びかけに応じ、およそ二〇〇〇人がサンパウロ市の中心部に集結し、街頭で人種差別を告発する叫び声を上げたのである。これ以降、「人種民主主義」の欺瞞性を曝く声が徐々に高まっていった。

一方、体制側のスタンスもしばらくすると変わり始めた。その一端は民政移管後の一九八八年に公布された新憲法にみてとることができる。同憲法の第二一五条は、民衆文化とともに先住民文化とアフロ・ブラジル文化をブラジルの文化形成に寄与したものと位置づけ、それぞれの表明を保護すると謳っている。一見、フレイレの唱えた混血文化論と変わらないようにもみえるが、力点の置きどころが異なる。フレイレ流の議論が混淆を通じた統合の側面を強調するのに対し、新憲法は国民の多様性そのものを肯定する。いってみれば公式なネイション観が、混淆を媒介にした同質的なものから多元的なものへと転換したということである。それまではタブー視されていたが、黒人など特定の人種・民族集団をブラジル人全体から切り離して個別に扱い、政策立案などを検討する道が開かれることにもなった。

一九九〇年代に至り、人種間関係に対する社会の一般的認識は本格的に変容したといってよい。民主主義の空気が社会に浸透し、黒人運動や市民社会の訴えが受容されていった結果といえよう。一九九五年実施の調査会社ダータフォーリャ（Datafolha）の調査によると、対象者のおよそ九割が白人は黒人に対し人種偏見を持っていると回答している。また、政府見解の転換もより明確に示されるに至った。九六年、「黒人の地位向上のための省庁間作業部会（Grupo de Trabalho Interministerial para Valorização da População Negra）」設置に寄せてフェルナンド・エンリケ・カルドーゾ（Fernando Henrique Cardoso）大統領は、かつて偏見の存在について語ることは国への背信であったが、いまや過ちを認め正すことこそ国の威信につながるとして、「ブラジルには偏見が存在するのだ」とかなり直截に述べたのである。

人種間の格差や差別の問題に対し具体的な方策が実施されるようになったのは、二一世紀に入ってからのことである。折からの情勢変化にくわえ、二つのことが追い風となった。ひとつは二〇〇一年のいわゆる反人種主義世界会議（ダーバン会議）へのブラジルの参加である。その準備のためのさまざまな国際会合の場で、黒人活動家たちはブラジルの人種問題をアピールし、自国の政府高官たちに本腰を入れてとりくむ必要性を認識させることに成功したという。もうひとつが〇三年の労働者党政権の誕生である。低所得者層を重要な支持基盤のひとつとする同党が、そのなかで大きな割合を占める黒人を意識した政策を掲げるのは不思議なことではない。この政権により、一部ですでに始められていたアファーマティブ・アクションなど、社会経済面も含むより実質的な平等に向けた方策の立案、実施が進められていった。

三つの局面——アフリカへの「帰還」、黒人新聞の論調、アブディアスの思想

黒人奴隷にせよ、アフロ・ブラジル文化にせよ、アフリカからブラジルにもたらされたものがさまざまに論じられてきたわりに、ブラジルの黒人が「故郷」アフリカに向けたまなざしの方は、ほとんど知られてはこなかった。ブラジル黒人は、その地位向上、境遇改善に向けたとりくみのなかで、アフリカに対しどのような姿勢をとってきたのだろうか。それを史資料により検証しうる局面として、どういったものが挙げられるだろうか。アフリカに対する姿勢の相異や変容の分析までも視野に入れることを可能にするような複数の局面が、はたしてあるのだろうか。

まっさきに挙げられるのは、ブラジルの黒人がまだ明確なアフリカ志向を示していなかった一九六〇年代後半から七〇年代にかけて、ブラジルの黒人としては唯一、国際的な黒人、アフリカ人の運動に関わりを持った黒人運動家アブディアスの活動と思想である。彼に関しては、その活動について扱った二次的資料にくわえ、自伝、さらにはその主張、思想に直接触れることのできる、彼自身の執筆した論稿や講演原稿がある程度の数、残されている。孤高のブラジル人パン・アフリカニストとでもいうべき彼の思想はどのようなものであったのか、そして何がその思想形成に影響を与えたのか、あきらかにするというのがひとつ目の局面に関して設定しうる問題である。

では、それ以前の時期についてはどうだろうか。ブラジルにおける黒人運動は、もっとも早いところで一九世紀の末頃から、複数の地域で断続的にみられはじめ、とくにサンパウロ州では一九二〇年代から三〇年代にかけて、かなり活発な運動が展開された。しかし、三七年のヴァルガスによる独裁体制樹立は、その勢いを完全に止め、以後しばらく空白の時代を迎える。四五年に独裁体制に終止符が打たれると、黒人運動は細々と復活するものの、往時の輝きを取り戻すことのできぬまま、六四年に軍政に突入すると再び沈黙の時代を迎えている。

ところで、一九二〇年代、三〇年代のサンパウロ州を舞台にした黄金時代に、黒人運動が頻繁に用いた活動の形態が黒人新聞の発行であった。巻末の付録にもまとめてあるが、この時期の紙面は合計で二三紙、三三三号分とかなり

の分量がマイクロフィルムあるいはデジタル化されて閲覧できる状態となっている。とはいえ、アフリカやブラック・ディアスポラに関するトピックがまったく扱われていないのであれば、アフリカに対する姿勢の分析には使いようがないが、けっして積極的にとりあげられているとはいえないものの、ある程度の関連記事をリストアップすることができる。このほか、おびただしい数の二次的な研究成果以外に、当時の運動家の自伝や回顧録も多少ながら存在する。

これだけの資料を前提にすれば、この局面に関してつぎのような問題設定ができるであろう。まずは、この時期のサンパウロ州における黒人運動について、全般的な性格と内部の動態に着目しつつ、その概要を描きだす作業をおこなう。それをふまえたうえで、黒人新聞におけるアフリカやブラック・ディアスポラについての論調にはどのような特徴があるのかあきらかにする。ここで、本章冒頭に抜粋した『バンデイランテ』紙の短い一節、「われらはアフリカ人ではなく、生粋のブラジル人なのだ」という言明を念頭に置き、つぎのような仮説を立てることにしたい。すなわち、この時期の黒人運動家はどちらかといえばアフリカから距離を置こうとしており、その鍵はブラジル人における人種およびネイションのとらえ方にあるのではないかというものである。この仮説のとおり、アフリカに対する消極的な姿勢が確認できたなら、もうひとつの課題とは、彼らは人種やネイションについてどのような認識を持っていたかを黒人新聞からあきらかにし、それがアフリカへの消極的な姿勢とどう関わっているのか検討することになる。

これら以外に、ブラジル黒人のアフリカに対する姿勢を分析しうる局面はあるだろうか。さらに前の一九世紀に目を転じると、北東部のバイーア（Bahia; 現在のサルヴァドール Salvador）から西アフリカ沿岸部へ数千人という規模の黒人が「帰還」した事実があることに気づく。「帰還」を唱道するような指導者がいた形跡もなく、通常の意味における黒人運動の範疇に入るものではないかもしれない。しかしながら、同時期の米国では黒人のアフリカへの「帰還」は、黒人運動のなかで黒人解放のための方向性のひとつとして位置づけられていたことから、ブラジルの黒人が

「帰還」を（黒人全体でなくとも）自身の命運にとってどのようなものと位置づけていたのかをあきらかにし、米国のリベリアへの「帰還」の事例と比較することには意義があると考える。この局面に関しては、ブラジルからの「帰還」現象そのものについては、先行研究に依拠しながら概要を把握するにとどめ、むしろ米国からの「帰還」のケースとの比較を通じてその意味合いについて吟味することを主眼としたい。

本書の構成

右に示した三つの局面を対象に設定した問題を、本書では時代の古い順に論じていく。まず、つづく第一章を一九世紀におけるアフリカへの「帰還」の考察にあてたあと、二〇世紀前半のサンパウロ州における黒人運動という局面については、三つの章に分けてとりくむこととする。第二章で運動の概要を提示したうえで、黒人新聞を題材にした分析に移る。第三章ではアフリカおよびブラック・ディアスポラに対する姿勢を、第四章ではそれに関係することが想定される人種やネイションにまつわる認識を、それぞれあきらかにする。第五章ではアブディアスの思想をとりあげ、そこにいかなるアフリカ志向をみいだしうるのか、そうした思想の形成に影響を与えた要因は何だったのかを検証する。最後に終章で、本書があきらかにしたことをまとめたうえで、残された課題を示すこととしたい。

＊1　たとえば、ジェンキンズ（1977［1975］）の第一章などを参照。
＊2　パン・アフリカニズムの理念や二〇世紀前半におけるその具体的な展開については、小田（1975［1971］）に詳しい。
＊3　たとえば、Skinner（1993［1982］: 26-27）を参照。
＊4　ネグリチュードとは、アフリカやカリブ海地域のフランス領植民地出身の黒人留学生たちがパリで興した文学運動で、黒人の文化的価値の復権、称賛を志向した。第五章を参照。

＊5　データベース「航海」（「参照・引用資料一覧」のウェブサイトの項目参照）によれば、アフリカ人奴隷の総受け入れ数の推計値は、北アメリカ大陸部（Mainland North America）が約三九万人、英領カリブ（British Caribbean）が約二三二万人、仏領カリブ（French Caribbean）が約一一二万人であわせて約三八三万人となるが、ブラジル（約四八六万人）だけでもこれを大きく上回っている。スペイン領アメリカ（Spanish Aemrica）も約一二九万人と、北アメリカ大陸部や仏領カリブより多い。

＊6　Vieira（1918［??］: 408）. もともとの執筆時期については、一七世紀ではあるものの詳細は不明。

＊7　あくまでも目安でしかないが、たとえばハースコヴィッツが米州各地の経済・社会・文化におけるアフリカ性の度合いの評価をこころみた研究などを参照のこと。Herskovits（1946: 346）.

＊8　二〇世紀初頭に活躍した米国黒人として初のボクシング・ヘビー級世界チャンピオン。本名はジョン・アーサー・ジョンソン（John Arthur Johnson）。

＊9　一九五〇～六〇年代に活躍したブラジル黒人のサッカー選手。ブラジルのＦＩＦＡワールドカップ初優勝（一九五八年）、つぎの大会における連覇（六二年）に大きく貢献し、「サッカーの王様」と呼ばれる。本名エドソン・アランテス・ド・ナシメント（Edson Arantes do Nascimento）。

＊10　米国黒人研究からブラック・ディアスポラ研究が生まれ、発展していく過程については、戴（2009）が参考になる。

＊11　古典的なディアスポラ概念を構成する要素と、その黒人研究への導入については、「ふるさとの地」という訳語も含め、コーエン（2012［2008］）を参照した。

＊12　たとえば、Fontaine（1986: 273）、Walters（1993: 284-285）など。

第一章

一九世紀におけるブラジル黒人のアフリカ「帰還」

──「帰郷か、解放か」をこえて

一　壁を作らなかった「帰還」民？

〔米国から〕この国（リベリア）への私たちの自主的な離脱を引き起こした最初の動機とは、そしていまだ最大の関心を持って注視している対象とは、自由です。〔……〕

私たちの父祖の地に自分たちのコミュニティを形成し、私たちの自由にできるこの国の商業、土地、資源を手にして、私たちはアメリカでまさに肌の色ゆえに私たちに刻み込まれた、あの屈辱的な劣等感をみじんも感じることはありません。〔……〕あの重荷は私たちの肩から消え去り、私たちはいまや自由に呼吸し、行動しています──そして、あなた方の現状に考えを巡らせるにつけ、あなた方のものではない国（米国）であなた方が満足しようとつとめている名ばかりの自由か、あるいはその国であなた方にさらなる権利を望ませる幻想か、どちらに対してあなた方を気の毒に思うべきなのかわかりません。

――「合衆国の自由有色人たちへの入植者からのメッセージ」
（"Address of the Colonists to the Free People of Colour in the U. S." 1827: 301-302）

パン・アフリカニズムが歴史の舞台に登場する以前、ディアスポラにある黒人たちのアフリカとの関わりは「帰還」[*1]という形態で表れることが多かった。英国出身のジャーナリスト、ジェンキンズがまとめたルポ『ブラック・シオニズム』は、右に引用したリベリアに「帰還」した黒人が米国の同胞に宛てたメッセージをはじめ、一八世紀から二〇世紀に至るまで、さまざまな時代にさまざまな場所から、思い思いの動機で「帰還」した黒人たちの考え、思いを収集しており、まことに興味深い（ジェンキンズ 1977［1975］）[*2]。背景や事情はそれぞれ違えど、その多くに共通する要素もいくつか浮かび上がってくる。いまいる国への失望、「故郷」の理想化、そしてときに「帰還」した現実のアフリカを前にした葛藤。二〇世紀初頭まで断続的にみられてきた集団的な「帰還」にはとりわけ、その傾向が顕著である。

では、黒人たちはどこから、アフリカのどこに「戻った」のか。結果としてこんにちのリベリアやシエラレオネの原形を築くことになった「帰還」は比較的よく知られているが、それぞれ米国、英国の黒人が主体であった。集団的「帰還」のうち、より規模の小さいものや計画段階で頓挫してしまったもの、さらには個人的な「帰還」まで含めても、「帰還」者の範囲はせいぜいのところ英語圏のカリブ海地域の黒人がくわわってくる程度である。二〇世紀のパン・アフリカニズム研究のみならず、ここでも非英語圏のブラック・ディアスポラの「影の薄さ」は否定すべくもない。こころみに『ブラック・シオニズム』をみると、かろうじて「ブラジル黒人の帰還」と題された、わずか二ページ半にもみたない節をみいだすことができる。ジェンキンズがガーナで取材した「ブラジル系人の老貴婦人」の発言を以下に引用してみよう。

一〇〇人ぐらいの人が二、三隻の小さい船に乗って帰ってきました。これらの人々は非常に教養があり、井戸掘りなどあらゆることに熟練していたので［……］沿岸地域の人びとに歓迎されました。［……］彼らはりっぱな教師であり通訳者であったので、ガ族（Ga）[*3]はいろいろと便宜を受け、それが両者を隔てる柵を取り払ったのです。やがてブラジル人たちは現地の人たちと結婚するようになって、両者の区別はなおいっそうなくなりました。［……］ブラジル人がどのように同化したかとおっしゃるのですか。彼らは教養があり役に立つ人びとで、ビーズとか、塩、魚、ヤシ油の商いでこの国を所狭しと活躍し、しだいにブラジル人としての社会の枠が取り払われていったのです。今ではアフリカ人のなかに分散してしまい、一つの集団としてまとめることは無理です。

（ジェンキンズ 1977［1975］: 168-169）

これを受け、ジェンキンズはこう評価している。「積極的で貴重な何かをもっている人びと［……］は、クリオール（ママ）のように一定の距離をおいてお高くとまりながらその能力を提供することもあったが、ブラジル系人のように身近にあって提供しながら、事実上なんの痕跡も残さずにアフリカのなかにとけ込んでいけるということである」と（ジェンキンズ 1977［1975］: 169;（ ）内引用者）。クレオール（Creole）とはシエラレオネに「帰還」した黒人とその子孫のことで、彼らやアメリコ・ライベリアンズ（Americo-Liberians: リベリアへの「帰還」民とその子孫）が現地のアフリカ人をみくだし、これらの人びととのあいだに一線を引いたことはよく知られている。それとは対照的に、[*4]ブラジルからの「帰還」民はアフリカ社会に同化していったというのである。

こうした見立ては妥当なのだろうか。ブラジルからの黒人の「帰還」はどのような性格のものだったのであろうか。

ブラック・ディアスポラのアフリカ「帰還」の代表例であるリベリアやシエラレオネのケースとは本質的に異なるところがあったということなのか。

二　解放を主眼とする「帰還」との比較

一九世紀にブラジルの一部の黒人たちが大西洋を渡り返し、アフリカの大地を踏むに至っていたことは、あまりなじみのない事実かもしれない。一九世紀前半から二〇世紀初頭にかけて、おもにブラジル北東部の旧都バイーアから[*5]西アフリカのベニン湾（Bight of Benin; 現在のガーナからナイジェリアにかけての国々が面している大西洋の湾曲部）[*6]へと至る洋上の「復路」を、まとまった数の黒人たちがたどった。

ただ、ジェンキンズの著作のみならず、ブラック・ディアスポラのアフリカ「帰還」全体を扱うなかでブラジルのケースに言及している論稿の場合、ブラジルのどのような黒人たちが、どういった理由で、どのくらいの規模でどのように「帰還」したのかは語っていない。[*7] では、ブラジル黒人研究など別の観点からの研究においてはどうであろうか。ブラジル黒人の「帰還」現象そのものを主たる対象とする研究成果でまとまったものとなると限られてくるが、古典的な位置づけの著作としては以下の三点がある。

まず、フランス出身の歴史学者・人類学者ピエール・ヴェルジェ（Pierre Edouardo Leopold Verger）による先駆的な著作がある（Verger 1987［1968］）。これは膨大な史料を網羅したうえで、奴隷貿易にまでさかのぼってバイーアとベニン湾の関係を丹念に描きだした労作で、つづく二つの研究も史料面では負うところが大きい。[*8] 一方、マヌエラ・ダ・クーニャは、ラゴス（Lagos; ベニン湾に面した現在のナイジェリアの最大都市）の「ブラジル帰り」コミュニティにおけるフィールド・ワークを交え、彼らのアイデンティティの問題に重点をおいた文化人類学の研究を手がけた

(Manuela da Cunha 1985b)。ただし、彼女は「帰還」民の大部分を出したバイーアにおける一九世紀当時の状況についても綿密な分析をおこなっている。最後になるが、ターナーの博士論文は、ベナンやラゴスでのフィールド・ワークをもあわせた、前二者の中間的な内容といえよう (J. Turner 1975)。これらの研究は、ブラジルからの「帰還」の背景や動機、経緯についてある程度、あきらかにしてみせてはいるが、微視的に歴史的事実の再構成をこころみたもの、あるいはバイーアにおけるアフリカ生まれ解放奴隷のアイデンティティ、またアフリカ「帰還」後の彼らのアイデンティティのありようを中心に据えたものであって、ブラジル以外の地域のブラック・ディアスポラとの比較という、よりマクロな視角からの考察をおこなってはいない。

これらの草分け的な著作以降、しばらくめぼしい研究成果はみられなかったが、およそ四半世紀の時を経てようやく、同列に位置づけうるものが現れた。ソウザによる博士論文である (M.L.e Souza 2008)。前述の三作にくわえ、関連するさまざまな先行研究を渉猟したうえで、一次資料を材料にした分析もあらためておこなっており、比較的新しい知見も反映した非常に包括的な内容となっている。しかし、三〇ページたらずの論文ながらそれに勝るとも劣らぬ意義を持つのが、おもにアフロ・ブラジル宗教の発展と「帰還」民の関係性について研究しているカスティーロによる論稿 (Castillo 2016b) であろう。というのも、彼女は従来用いられてきたバイーア当局によるパスポート発行記録や入出港記録などを、洗礼、結婚、遺言や口頭伝承などあらゆるその他の史料と照らし合わせるという革新的なアプローチにより、ソウザのものを含む先行諸研究の解釈に対する批判的検討をおこなっているからである。

一方、ブラジル黒人の解放史という観点からの諸研究においては、「帰還」現象への言及は最小限にとどまっている。[*9] しかしながら、他の事例も視野に入れるなら、ブラック・ディアスポラのアフリカへの「帰還」が黒人の解放という文脈とかならずしも無縁でないことはあきらかである。リベリアやシエラレオネへの「帰還」[*10]は、その発端こそ米国や英国で邪魔になった黒人たちを両国の支配層が厄介払いするという色合いが濃かったものの、やがて一九世紀

図Ⅰ-1　米国からリベリアに渡り、黒人の移住を訴えたアレクサンダー・クランメル（1882年）

後半になると、ともに米国のキリスト教黒人聖職者であるアレクサンダー・クランメル（Alexander Crummell）とヘンリー・ターナー（Henry McNeal Turner）、そしてセントトーマス島（Saint Thomas Island; 当時デンマーク領西インド諸島）出身で、のちにリベリアに渡った黒人の学者エドワード・ブライデン（Edward Wilmot Blyden）などは、米国等の黒人に対しリベリアへの入植を熱心に説いた。[*11] その理由や意義に関してはかならずしも一致していたわけではなかったが、いずれも父祖の地への感傷などではなく、黒人の真の解放と結びつけた訴えであった。その意味では、同時期のアフリカへの「帰還」であるブラジルからの事例も、広い意味でのブラジル黒人運動の一局面と仮定したうえで本書における研究の俎上に載せることはあながち的外れでもあるまい。

　ブラジルの黒人によるアフリカへの「帰還」にも、黒人の真の解放の実現、文明化された黒人が「故郷」に果たすべき使命といった意味づけがなされていたのであろうか。それとも、ジェンキンズが印象論的に述べたように、リベリアへの「帰還」とは本質的に異なる性格のものだったのであろうか。ブラジル黒人のアフリカへの「帰還」現象の経緯や性格を、リベリアの事例と比較しながら、彼らのアフリカに対する意識とその規定要因を探り出そうとするのが本章の主眼である。「帰還」現象の概略については、先行研究が史料をもとに提示している情報に依拠することとし、むしろ「帰還」現象の性質の解釈の方を本章の意義としたい。換言するなら、先行研究が描きだした「帰還」の素描を前提としつつ、その評価に関してはブラック・ディアスポラのアフリカへの「帰還」という全体像のなかに、ブラジルからの事例はどう位置づけられるのかという視点から批判的に検討するのが本章の問題設定ということになる。そこで、つづく三節では先行研究をもとに「帰還」現象の素描を確認し、その後の四節でリベリアの場合との比較からその特質をみいだし、五節においてブラック・ディアスポラの父祖の地アフリカへの「帰還」という文脈のなかで、この現象をどのように位置づけることができるのかについて検討するという順序で論を進めることとする。

三 「帰還」の背景・経緯・帰結

本節では、この「帰還」現象を生みだした背景、「帰還」の実際の経緯、その帰結としてアフリカに形成された「ブラジル帰り」コミュニティについて、順をおってそれぞれの概要を簡潔に提示する。その際、前節で言及した先行研究に依拠しつつも、「帰還」に関連する事象についての研究成果も組み入れるかたちで論を進めていきたい。

奴隷貿易の推移と一九世紀前半のバイーア

「黒いローマ」の異名にたがわず、バイーア州の州都サルヴァドールは、教会の建ちならぶ古都らしい街並みとアフリカ系人口の多さを現在も特徴とする町である。サトウキビの生産地帯を背後にひかえ、植民地時代の二〇〇年以上にわたって首府であり続けたこの港町は、同時に大西洋奴隷貿易の重要な窓口でもあった。「黒人なくして砂糖なし、砂糖なくしてブラジルなし」[*12]とまでいわれた植民地経済にとって、バイーアを通じたアフリカとの絆がどれほどの重みを持っていたかは容易に想像できる。こうしたバイーアとアフリカの親密さを考えれば、アフリカに「帰還」した黒人たちの多くがバイーアの者たちであったこともけっして偶然ではないことが理解されよう。実際、黒人たちによるアフリカへの「帰還」には、一九世紀前半にとりわけ度合いを増したバイーアの「黒さ」が深く関わっていることが指摘されている。「黒さ」とは、単に黒人が多いというだけでなく、彼らの活動が町の経済社会生活の至るところに及び、アフリカ由来の文化や慣習も広まっていることも含めた意味においてである（Reis 2009）。それをもたらしたバイーア向け奴隷貿易の動向から、まずは確認していくことにしよう。

前節で挙げた先行研究の著者のうち、奴隷貿易にさかのぼって本格的に論じているのはヴェルジェのみである。彼は、バイーア向けの奴隷貿易がアフリカ大陸側の奴隷供給の中心地を時代によって変えてきたと指摘する。この供給地の移り変わりにしたがって、彼は時期の早い方から順に、「ギニア期」（一六世紀）、「アンゴラ・コンゴ期」（一七世紀）、「ミナ海岸（Costa da Mina）期」（一八世紀初頭〜第三四半世紀）、「ベニン湾期」（一七七〇年頃〜一八五〇年）という四つのパターンを提示している（Verger 1987［1968］: 9-15）。[*13] このうち第三期と第四期はバイーア特有の奴隷貿易の形態で、これが「帰還」の背景となるバイーアの住民のありようを生みだしたと主張する。ただ、ヴェルジェが「ミナ海岸」という呼称で想定しているのは、ヴォルタ川（Volta River）河口からコトヌー（Cotonou）にかけての沿岸部（つまりおおよそ現在のガーナ南東部からトーゴを経てベナンにかけての沿岸部）であるが、「ミナ海岸」の範囲については諸説あるため注意が必要である。[*14] 同様に、「ベニン湾」についてもコトヌーより東方、ラゴス（Lagos）まで（つまりおおよそ現在のベナン南東部からナイジェリアのラゴスまでの沿岸部）としており、こんにち通常指す範囲と同一ではない（Verger 1987［1968］: 12, 19）。

ところで、ヴェルジェの著作の初版（フランス語）は一九六八年刊行と、大西洋奴隷貿易に関する古典的研究として名高いカーティンの『大西洋奴隷貿易』（Curtin 1969）が発表される前のもので、この成果すら利用できていない。そこで、前章でも言及したが、最新の研究成果まで蓄積されているオンラインデータベース「航海」により妥当性の如何を検証しておきたい。第一期から第四期までそれぞれに該当する期間について、ブラジル向け奴隷貿易の推計値をとってみると、ヴェルジェの提示したパターンとのくい違いも見受けられる。まず第一期について、赤道以北の西アフリカ沿岸といった広い地域を奴隷供給地としていたという意味合いで「ギニア」という呼称を用いたとヴェルジェは述べているが、「航海」の推計では一六世紀にバイーアへと供給された奴隷はすべて赤道以南のコンゴ・アンゴラ地方（「航海」では「中部アフリカ西部」）からのものであり、明白な齟齬がある。また、第四期にあたる時期にバイーアが受け入れた奴隷のうち、もっとも多かったのはヴェルジェのいう「ベニン湾」からではなく、「ミナ海岸」からの奴隷であった。*15

ただ、その他に関してはおおむね妥当であると確認できる。すなわち、第二期にあたる時期にはコンゴ・アンゴラ地方からの奴隷がもっとも多く、第三期になると「ミナ海岸」からが筆頭となる。一方、ブラジルの他の主要な奴隷受け入れ地域であったリオデジャネイロやペルナンブーコ（Pernambuco: 現在のレシーフェ Recife）では、第三期以降もそれまでと同様、コンゴ・アンゴラ地方からの奴隷が首位のままであり、「ミナ海岸」からの奴隷が多いことがバイーアの固有性であったことも裏づけられる。データベース「航海」に基づくかぎり、第三期と第四期の明白な違いは認識できないが、両者をあわせて一八世紀以降、バイーアでは（通常の意味での）ベニン湾岸からの奴隷の流入が増え、コンゴ・アンゴラなど他地方からの流入数を凌駕するようになったことはまちがいない。*16

ヴェルジェは、一八世紀以降のバイーア向け奴隷貿易において重要な役割を演じていたのは、サトウキビとならびバイーア地方の主要産品であったタバコだとし、つぎのように説明する（Verger 1987［1968］: 19-46）。「ミナ海岸」ではとりわけ、アフリカ人たちはタバコを好み、ブラジルの宗主国ポルトガルが輸入を禁じていた低品質のものであってもいとわず需要があった。一七世紀になってオランダが「ミナ海岸」における交易の独占を確立したが、ブラジルのタバコと金だけは一定割合の納税を条件に「ミナ海岸」における取引を公認し、またポルトガルの側もタバコは貴重な交易品とみなしていたものの、最下級品に限っては「ミナ海岸」での奴隷との直接取引を容認し、一八世紀に入ると完全に自由化した。こうして、ブラジルで唯一、十分に輸出できるだけのタバコ生産量を誇るバイーアと、「ミナ海岸」を含むベニン湾岸とのあいだの蜜月時代がはじまったというのである。大西洋奴隷貿易の典型的形態とされるヨーロッパを頂点とした、いわゆる「三角貿易」とは異なり、この交易は「中間航路（Middle Passage）」と呼ばれた底辺部分のみの往復によるものであった。[*17]

一八世紀も後半に入ると、「ミナ海岸」には徐々にオランダに代わりダホメー王国（Royaume de Dahomey）が影響を及ぼしはじめ、後者の干渉を嫌ってバイーアの商人たちは貿易の中心を東側に隣接する「ベニン湾」、すなわちポルトノヴォ（Porto Novo）、バダグリ（Badagry）、オニン（Onin: 現在のラゴス）といった新興の諸港に移していったとヴェルジェは続ける（Verger 1987［1968］: 165-248）。ただしこの推移は、すでに言及したように、データベース「航海」ではおぼろげにしか確認できない。[*18]

このあと一九世紀に入ってからのさらなる情勢変化にも触れておこう。バイーアに限られたことではないが、ブラジルに対し英国が奴隷貿易の停止を求めて圧力をかけはじめたことは大きな波紋を呼んだ。砂糖の生産でブラジルと競合する英領西インド諸島を優位に立たせ、さらにはアフリカとブラジルの双方を自国製品の市場とするため、英国はブラジルとアフリカの関係の断絶を画策しはじめたのである。[*19] 英国の干渉的な姿勢は、ナポレオン戦争の際にポルトガル王室のブラジル退避に力を貸したことに由来するが、一八二二年にブラジルが独立するにあたってその後ろ盾となると、同国に対する影響力はよりいっそう大きなものとなっていった。ポルトガルを相手に、一八一〇年の友好同盟条約で奴隷貿易の漸進的廃止という基本線をのませ、一八一五年の条約では赤道以北での奴隷貿易の停止に合意をとりつけていた英国は、一八二六年のブラジルとの協定に、一五年間という限定つきながら奴隷貿易の全面的停止をもりこむことについに成功する。[*20]

しかしながら、こうした英国からの一連の圧力は、ブラジル向け奴隷貿易にはむしろ逆の効果をもたらした。というのも、当時のブラジルではコーヒーの栽培が拡大の一途をたどっていたことにくわえ、ナポレオン戦争の影響によりヨーロッパで砂糖の価格が急騰したことなどもあって、絶頂期を過ぎていたサトウキビ生産も一時的にかつての繁栄を取り戻しており、アフリカ人奴隷に対する需要は一向におさまる気配がなかったからである。しだいに厳しさを増す抑圧に先行きの不安を感じた奴隷商人たちは、非合法な密貿易のかたちで、まさに「駆け込み」の取引にこぞって手を染めたのであった。[*21] 事実、一八二六年協定の批准（一八二七年）後、三年の猶予期間を経て全面的に非合法とされながら、奴隷貿易はその後も変わらぬ規模で継続した。結局、一八五〇年のいわゆる「エウゼビオ・デ・ケイロス法（Lei Eusébio de Queirós)」があらためて奴隷貿易の禁止を規定するまでの一九世紀前半は、後述するように、ブラジル向け奴隷貿易のおこなわれた全期間を通じてもっとも多くの奴隷の流入をみた時期となった。

こうした終盤にきての奴隷貿易の過熱ぶりに責があったのは、なにもブラジル側の事情だけにかぎらない。海を隔てベニン湾岸で起こっていたもうひとつの重大な変化も、これに油を注いだ。それは、ヨルバランド（Yorubaland）全域を巻き込んだ戦乱のはじまりである。一八世紀までヨルバ（Yoruba; おもに現在のナイジェリア南西部からベナン東部にかけて居住する民族集団）はオヨ王国（Oyo Empire）の覇権下に統一されていたが、[*22] 一九世紀に入り王権が弱体化するとヨルバランドは群雄割拠の状態に陥った。これに乗じ、ダホメー王国など周辺の属国もオヨ王国への隷属状態を脱しはじめ、一帯は大規模な戦乱の様相を呈しはじめたのである。[*23] 度重なる戦争が捕虜の増加を生み、ひいては奴隷貿易における供給の拡大をもたらしたことは、いうまでもない。

こうした大西洋の両側における情勢変化の影響は、データベース「航海」においてもある程度はみてとれる。一八世紀後半（一七五一〜一八〇〇年）と一九世紀前半（一八〇一〜五〇年）を奴隷受け入れ推計値で比べてみると、ブラジル全体では約一〇九万七〇〇〇人から約二〇五万五〇〇〇人へと倍近くに急増していることがわかる。これは一六世紀以降、五〇年単位でみた受け入れ推定値の最大値となっている。ただし、バイーアだけでみるなら、約四〇万人から約四一万四〇〇〇人と微増にすぎない。このなかではベニン湾岸からの奴隷がやはりもっとも多く、全体のおよそ半分を占めているものの、一八世紀後半の約二三万六〇〇〇人から一九世紀前半は約二〇万二〇〇〇人と絶対数ではやや減少している。ただ、赤道以北に位置するベニン湾岸は一八一五年の条約でいち早く奴隷貿易停止の対象となったことを考慮するなら、それをもいとわないまでにバイーア側の需要とベニン湾岸側の供給が大きかったという言い方もできよう。

いずれにせよ、一九世紀前半のバイーアは前世紀から継続的に、とりわけベニン湾岸からの奴隷を受け入れていたことは疑いようのない事実である。結果として、黒人人口の多さはもとより、奴隷としてブラジルに売られてまだ年月の浅く、しかも出身地もほぼ似通ったアフリカ生まれの者たちがある程度まとまって存在している特異な状況が生みだされたのである。

マレー反乱と「帰還」の気運

労働力として黒人奴隷を必要としながらも、一方で非白人人口の急激な増大をまのあたりにしたブラジルの支配層は、彼らが社会にもたらす悪影響を懸念しはじめた。ましてや、バイーアのように都市でありながら非白人人口が圧倒的に多いともなれば、そこに住む白人たちが時に抱いた心理的な圧迫感には相当なものがあったにちがいない。バイーアの人口構成については、一八三五年の時点で全体（約六万六〇〇〇人）のうち白人はわずか二八・二％（約一万九〇〇〇人）、残りはすべて黒人もしくは「有色人」の自由民もしくは奴隷だったと見積もられている。しかも後者のうち、アフリカ生まれの者が四六・七％（約二万二〇〇〇人）を占めている（Reis 2003［1986］: 23-25）。なにより、一九世紀前半はバイーアでは奴隷や黒人による反乱の絶えない時期だった。とりわけ恐怖の対象であったのはアフリカ生まれの解放奴隷である。最終的には、「ハイチの悪夢」にとらわれた支配層が彼らを標的に講じた弾圧策に、アフリカへの「帰還」民たちは背中を押されたかっこうとなったのである。

一八〇七年の反乱を皮切りに、バイーアの黒人たちによる抵抗のこころみはあとを絶たなかったが[*24]、その後の情勢に影響を及ぼしたという意味で決定的だったのは、一八三五年のマレー反乱（Revolta dos Malês）である。「マレー」

とは、バイーアにおいてムスリムの黒人に対して与えられていた呼称であるが、この反乱の首謀者たちがムスリムだったことからこの名がついた。これにとどまらず、反乱者たちが白人のみならずブラジル生まれの黒人や反乱に従わない黒人をも標的にしていたことを挙げ、当時西アフリカでおこなわれていたジハードの延長であるとして、この反乱が実際に宗教的性格を持つものであったとする指摘もなされている。[*25] ただ、ここで問題なのはイスラームの関与ではなく、むしろ反乱の規模の大きさの方である。マレー反乱研究の第一人者であるレイスは、反乱の詳細な顚末をあきらかにしている（Reis 2003［1986］: 125-157）。

この反乱は一月二五日に予定されていたものの、密告により計画は事前に発覚し、警察や軍などが前夜のうちに阻止にのりだした。計画当日の未明になって首謀者グループの拠点をつきとめて踏み込むと、それをきっかけに治安部隊と反乱者の乱闘がバイーアの市街を舞台に各所で繰り広げられた。反乱者たちは監獄や県知事官邸を襲撃するなどしたものの優勢に転ずることはできず、騒乱は明け方までにほぼ鎮圧されたのであった。反乱者の数をレイスは六〇〇人程度ではないかと推測している。また、死者は七〇人超、検挙者は三〇〇人弱にのぼった（Reis 2003［1986］: 452）。その規模は奴隷反乱の珍しくなかった当時のバイーアといえども未曾有のものであった。鎮圧後の当局の対応をみれば、マレー反乱がいかにバイーアの白人社会を震撼させるに十分であったかがわかる。

バイーア当局はまず、危険視されていたアフリカ生まれの自由民を社会から一掃しようとする大胆なこころみに出た。すなわち、反乱にくわわった容疑のかけられたアフリカ生まれの自由民のうち「数百人」を国外追放に処し、[*26] ブラジルの中央政府に対してはアフリカ生まれの解放奴隷を送還するための入植地をアフリカに建設するよう請願したのである。[*27] だが、こうした公費負担による組織的な国外追放は財源の問題などにより実現が不透明であったことから、バイーア当局は法的規制を強化するというかたちでもアフリカ生まれの自由民に対する弾圧をはかった。[*28] その表れが一八三五年五月一三日に公布されたバイーア県の法令第九号である。これによれば、バイーア政府は反乱の嫌疑をかけられたアフリカ生まれの解放奴隷の県外退去、「再輸出」を命ずることができ（第一条）、バイーアからアフリカへと向かう船に一定数の対象者を運ぶことが義務づけられた（第五条）。また、すべてのアフリカ生まれの解放奴隷は毎年人頭税の支払いが課され（第八条）、大農園で労働に従事する場合のみ、この税は免除されるものとされた（第九条）[*29]。バイーアの支配層は、社会不安の根源とみなしていたアフリカ生まれの自由民に対し、奴隷に代わる農業労働者という新たなかたちで地主層への隷属を甘んじて受け入れるか、あるいはアフリカに向けて自発的にバイーアを去るかという、事実上の二者択一を突きつけたのである。

これが引き金となりアフリカ生まれの自由民たちのあいだでは、当局に命じられてはいない者も含め、アフリカへの「帰還」の動きに一気に火がついた。アフリカ生まれの自由民に対する風当たりの強まりがいかに「帰還」の気運を盛り上げたかは、一八三五年から三六年にかけてのバイーアからアフリカへの渡航者数をみれば一目瞭然である[*30]。国外追放処分の者を除いても、この二年間だけで八二四人ものアフリカ生まれの自由民がかつてとは逆方向に大西洋を渡った[*31]。「帰還」した者たちがアフリカで大いに歓迎されたとの噂は、アフリカへの自発的な「帰還」をさらにあとおししたという[*32]。「帰還」を望む者は基本的にアフリカへの渡航費をみずから工面しなければならなかったが、費用さえ用意できれば渡航の手段をみつけるのはさほど困難ではなかったようである。バイーアとアフリカのあいだでは、ヴェルジェの論じた奴隷とタバコの取引だけでなくさまざまな商品の交易を担う定期船が、奴隷貿易の停止が定められた一八五〇年以降も頻繁に往来していたことを多くの研究が指摘している（Verger 1987［1968］: 541-587; Manuela da Cunha 1985b: 108-133）。当時のバイーアの新聞には船会社によるアフリカ便の広告が定期的に掲載されたという（J. Turner 1975: 62-63）。「帰還」現象の進展にはこうした交通手段の存在が重要であったことは想像にかたくない。

では、全期間を通じた「帰還」民の総数はどの程度だったのであろうか。バイーア当局によるパスポート発行や入出港の記録などの史料により確認できた数として、ターナーが一〇〇〇人あまり（J. Turner 1975: 67）、ヴェルジェとソウザが二五〇〇人あまりを提示している（Verger 1987［1968］: 633; M.L.e Souza 2008: 120）。[*33] 詳細な集計をおこなっているソウザの数値がもっとも信頼性は高いように思えるが、いずれにしろカスティーロも指摘しているように、それぞれにデータの欠損や齟齬があり、さらなる検証の余地が残されている。一方、ターナーとマヌエラ・ダ・クーニャは一歩踏み込んで、データの入手できない部分を補ったかたちの全体の推計をそれぞれ三〇〇〇人、八〇〇〇人と提示している。これにはかなりの開きがあるが、自身では推計を示してはいないカスティーロはクーニャの数字を理のあるものと評価していることがうかがえる。[*34]

「帰還」の時期については、一八一〇年代から二〇世紀初頭にまでわたっているが、[*35] その大部分はマレー反乱の起こった一八三〇年代から一八八八年のブラジルにおける奴隷制廃止後、せいぜい一九世紀いっぱいまでということになろう。

「ブラジル帰り」コミュニティ

最後に、「帰還」民たちの「その後」を簡単におさえておこう。バイーアの黒人たちが乗船を交渉したのは、ほとんどがベニン湾岸行きの船だった。[*36] ラゴス、バダグリ、ポルトノヴォ、ウィダー（Ouidah）など数多くある沿岸の港のなかから、彼らははっきりと目的地を指定したうえで船に乗り込んだのである。[*37] 目的の港に到着すると、彼らのほとんどはそのまま沿岸部の港町にとどまり、[*38] 現地社会に溶け込むことなく自分たちだけでまとまって生活するようになった。このようにして生まれたのが「ブラジル帰り」コミュニティである。彼らはアフリカの地でポルトガル語を話し続け、ブラジル流の生活様式や慣習に従い、ブラジルで身につけたカトリックの信仰を実践して、周囲のアフリカ人との差異化をはかった。とくにカトリックであることとは、実態としてコミュニティの一部を構成していたポルトガルやブラジルの奴隷商人とその子孫、使用人、さらに奴隷船の船長や「キューバ帰り」にも共通する、いわばこのコミュニティの一員としての証しでもあった（Verger 1987［1968］: 602）。*39

一方、彼らの経済的側面に目を向けるなら、輝かしい成功に彩られていたといってよい。ただし、その典型的な手段のひとつとは皮肉にも、かつてみずからを苦難に陥れた奴隷貿易にほかならなかった。*40 奴隷貿易が下火となったあとも、「ブラジル帰り」たちは、アフリカからの交易品を奴隷からヤシ油、パノ・ダ・コスタ（pano da costa; 西アフリカ沿岸部産の布地）、コーラの実などに変え、引き続きバイーアのタバコ、火酒などと交換する貿易を一手に引き受け、しだいに富を築いていった（Manuela da Cunha 1985b: 109-133）。彼らはベニン湾岸に芽生えつつあったブルジョワ層の核となっていったのである。もっとも、「ブラジル帰り」たちの名声は貿易の分野だけにはとどまらなかった。ブラジルで習得した技術を生かし、彼らは大工、石工、指物師といった職工としても、その能力を如何なく発揮した。*41 女性の方も、名うてのお針子や料理人として広く知られたという（Manuela da Cunha 1985b: 136-137）。さらに、従事する者は少数であったものの、農業における彼らの才能は一九世紀後半の英領ラゴスの知事モロニー（Cornelius Alfred Moloney）をしてブラジルからの黒人の大量「帰還」を訴えさせるほどであった（Manuela da Cunha 1985b: 134-135）。

しかし、ブラジルで一八八八年に奴隷制廃止が実現すると「帰還」民の流れは途絶えはじめ、時をほぼ同じくして英国、フランスといったヨーロッパ勢力のベニン湾岸進出が顕著となると、「ブラジル帰り」の黄金時代にもかげりがみえはじめた。とくに、英領であったラゴスにおいては、同じ「帰還」民であっても英語の使えた「サロ（Saro）」（英海軍の奴隷貿易取り締まりにより拿捕された奴隷船から救助され、いったんシエラレオネに送致されたあと、ベニン湾岸へ戻ってきたアフリカ人たち）との植民地行政の末端の職をめぐる競争に敗れ、政治的エリートへの道は閉ざされてしまう（Manuela da Cunha 1985b: 142; Verger 1987［1968］: 619-620）。*42 こうして二〇世紀に入ると、周辺社会とのあいだを分け隔てていた「ブラジル帰り」コミュニティの求心力は徐々に弱まっていったのである。集団としての個性は薄れても、「ブラジル帰り」コミュニティはこんにちもベニン湾岸各地にその姿をとどめている。彼らはナイジェリアやベナンではアグダ（Aguda: ポルトガル語ではagudá）、ガーナではタボン（Tabom）と呼ばれている。ポルトガル由来の姓もいまだに珍しくないというし、かつての奴隷主の邸宅を模したという二階建て建築の残る「ブラジル人街」なども往時の面影を伝えるものである。[*43] 場所によっては、コミュニティ組織の活動やブラジル起源の祝祭への参加などを通じて、人びとの絆も完全には失われずにいるという。[*44] ブラジルを実際に知る世代は姿を消しても、親や祖父母が海の向こうのブラジルに暮らしたという共通項は、いましばらくは、ひとつの拠りどころとして人びとの心のなかに生き続けていくのかもしれない。ギルロイがいう大西洋を股にかけた移動（この場合は、アフリカからブラジル、さらに再びアフリカへ）に依って立つアイデンティティのひとつのありようだといってよいだろう。

図Ⅰ-2　ブラジルから「帰還」した一族がラゴスに建てた「水屋敷」（1950年代撮影）

四　アフリカ「帰還」現象としての特徴
――米国黒人のリベリア入植との比較から

ブラジル黒人によるアフリカ「帰還」の概略をひととおりながめてきたが、ではブラック・ディアスポラによるアフリカ「帰還」の一形態として考えた場合、この事例の特徴はいったいどういったところにあるのだろうか。バイーアの黒人が「故郷」を目指して再び海を渡ったのと同じ一九世紀に、米国からはそれを上回る数の黒人たちがやはりかつての「中間航路」を逆にたどってアフリカの地へと移り住み、独立国家リベリアを築いている。アメリカ植民協会（American Colonization Society）によって担われたこの事業では、二万人近くもの黒人がアフリカへと送り出された。本節では、この米国黒人のリベリアへの入植と対比させることを通じ、ブラジル黒人の「帰還」現象の特徴を浮かび上がらせてみたい。

ブラジルからアフリカへの「帰還」現象の特徴

いまかりに、ディアスポラが父祖の地に戻るという観点からみたとき、リベリア入植という事例の特徴はその恣意性にあると想定してみよう。すなわち、たとえそこに故郷への帰還や真の解放といった米国黒人たちの夢や希望が重ね合わされることがあったとしても、「帰還」は基本的に当事者ではない白人の団体が「慈善事業」の名のもと推し進めたもので、「帰還」が黒人に何をもたらすかよりも米国からどれだけ送り出せるかを主眼として企画、運営されたものであった、と。このようなひとつの理念型を基準としたとき、ブラジル黒人の「帰還」の事例で逸脱がみられるのはどういった点であろうか。

まずは、「帰還」先に注目したい。すでに述べたとおり、バイーアからの「帰還」の大半はベニン湾岸を目的地としていた。そして同地はまた、一八世紀以降、バイーアに向けてもっとも多くの奴隷を送り出した地方でもあった。一八三五年の時点においてバイーアの人口の七割強を黒人と混血が占め、そのうちの半分弱がアフリカ生まれだったと推定されることはすでにみた。同じくレイスの推計によると、このアフリカ生まれの自由民・奴隷全体のうち、ナゴー（nagô; ヨルバを出自とする黒人に対するバイーアでの呼称）の二九・六％を筆頭に、ジェジェ（jeje; 同様にフォンFon）[*45]が一七・六％、ミナ（mina; 同様にミナMina）[*46]が一一・〇％、アウサー（haussá; 同様にハウサHausa）[*47]が九・四％など、ベニン湾岸もしくはその後背地出身の黒人が圧倒的多数（約四分の三）を占めていた（Reis 2003［1986］: 327）。

実際の「帰還」民のあいだでも、出自については同様の傾向がみられたのであろうか。一八三五年から三七年と限られた時期のみではあるが、パスポート発行記録についてのヴェルジェのメモをもとにカスティーロが出自民族ごとの割合を算出している。記録の確認できる範囲では、この間に「帰還」したアフリカ生まれの者のうち、およそ九七%が当該地方の出身であった。なかでもナゴー（三二%）とアウサー（二三%）の二グループだけで半分強を占めていた。逆に、少数派とはいえバイーアのアフリカ生まれの四人に一人はアフリカ中部から南部・東部にかけてを出自とする者であったが、彼らの姿は「帰還」民のなかではごくわずかであった。また、「帰還」民のなかにはブラジル生まれの解放奴隷もいたが、全期間を通しても「帰還」した解放奴隷全体の約一三%にすぎない（M.L.e Souza 2008: 120)。しかも、その大半はアフリカ生まれの親に同行した子どもだったと考えられる。[*48] となれば、アフリカ生まれの解放奴隷が、少なくともおおまかにはもともとの故郷に近い港に向けて、ときに子どもを同伴してバイーアをあとにしたという「帰還」の実像が浮かび上がってくることになる。

ところで、そのときに介在が想像されるエスニック・アイデンティティは、一九世紀のバイーアにおけるアフリカ生まれの黒人たちのあいだでどの程度、維持されていたのであろうか。この問題については、それがかなりの程度で存続していたことをさまざまな角度からの研究があきらかにしている。たとえばレイスは、マレー反乱の動員にナゴーのあいだの絆が深く関わっていたと結論づけているし（Reis 2003［1986］: 307-349)、[*49] 奴隷制期のバイーアにおける黒人のエスニック・アイデンティティについて研究したオリヴェイラは、エスニックな絆の再構成にあたり言語が重要であったことを強調し、当時のバイーア黒人のあいだではヨルバ語が共通語に相当する地位にあったと論じている（Oliveira 1996: 192-193)。また、黒人たちの民族的出自に基づいた集団化傾向がバイーア社会でかいまみられたことについては、かなり以前から言及があった。自由身分の黒人やネグロ・デ・ガーニョ（negro de ganho）の名で知られる形態の奴隷（街頭で物売りや駕籠かきなどに従事し、売り上げの一部を主人に納める奴隷）[*50] など、行動の比較的自由な者たちが多かった市街地では、日常生活において出自による分化のみられる場面もあった。法医学が専門でありな

図Ｉ－３　バイーアの街角に陣どる荷担ぎの黒人たち（19世紀後半）

がら、アフロ・ブラジル文化についての先駆的な研究も残したライムンド・ニーナ・ロドリゲス（Raimundo Nina Rodrigues）は二〇世紀初頭の著作のなかで、彼が実際にみたカント（Canto）と呼ばれるエスニック集団ごとのたまり場について記述している。それによれば、ナゴー、アウサー、ミナなど、それぞれの老人が二、三人ずつ別々の街角に陣どり、かごや帽子を編んだり昔話を聞かせたりしたという（Nina Rodrigues 1988［1933］: 101-102）。ネグロ・デ・ガーニョを中心に構成された互助組織[*51]もまた、出自民族別につくられることの多かったもののひとつである。会員が少しずつ出しあうことでできるまとまった額の現金を、ある特定の会員にまとめて前貸しするというこのシステムは、奴隷解放の身請け金のみならず、アフリカへの渡航費用を用意する意味でも、黒人にとっては大きな一助となった（J. Turner 1975: 26-27）。このほかに、当局が日曜ごとに許可していたバトゥーケ（batuque）という黒人たちの踊りや音楽の集いもまた、エスニック集団ごとにおこなわれたという。ヴェルジェは、出自を同じくする者同士によるこれらの機会が、黒人たちのエスニック・アイデンティティの再確認の場になったとの見解を示している（Verger 1987［1968］: 530）。

このように、奴隷としてアフリカから引き離されたあとも、少なくとも一九世紀の「黒い」バイーアではエスニック・アイデンティティを完全に失ってしまうことはなかった。その意味では、当時のバイーア社会には同時期のアフリカ社会のレプリカのような側面があったといえるのかもしれない。

ブラジルからの「帰還」でリベリア入植の事例との乖離をみてとれる二番目の点は、「帰還」の方法である。マレー反乱にともなう国外追放の場合[*52]を除けば、「帰還」は基本的に当人の自発意志によるもので、費用に関しても個々人の自己負担であった。ブラジルの支配層のあいだでは、公費負担によってでも解放奴隷たちを組織的にアフリカに送還すべきだとの声も聞かれた[*53]が、それを実行に移せるほどの財政的余裕が当時のブラジルになかったことは、すでに述べたとおりである。渡航費をみずから用意しなければならなかった以上、アフリカに「帰還」できたのは黒人でも困窮の極みにあった者たちというわけではなかった[*54]。とすれば、その動機については、苦難の絶えないブラジルでの生活からの逃避以上の積極的な何かを想定したくなる。

目にみえて異なる点をもうひとつ挙げるとするなら、アフリカへの「帰還」という問題に対して、バイーアの黒人あるいはブラジルの黒人のあいだから何らの組織的な態度表明もみられた様子がないことである。「帰還」に対する姿勢は前向き、後ろ向き、それぞれ示されることもあった[*55]が、それらはあくまでも自身やその家族についてであり、ブラジルの黒人全体と結びつけるような主張がなされることはなかった。

米国黒人のリベリア入植との対比

では、こうした諸点それぞれにおいて米国黒人のリベリア入植の方は具体的にどう異なっていたのか、簡潔に確認しておきたい。ブラジルからの「帰還」と時期的にはほぼ重なり、現象としても似通ってはいるが、アフリカ初の黒人主体の共和国リベリアを誕生させたこともあり、こちらの事例の方が一般的な知名度でははるかに上まわっている。ともに「故郷への帰還」と形容されることもあるが、じつはリベリアへの入植はブラジル黒人の「帰還」とは対照的な点も目立つ。それは単に独立国家が形成されたか否かの違いだけではない。

まずはリベリアという「帰還」先について、これは「帰還」者の出自とどれほど一致していたであろうか。リベリアへの入植者のあいだでは、アフリカ生まれの者が占める割合はかなり低かったことが推測される。リベリアにはシエラレオネと同様、奴隷貿易の取り締まりの過程で奴隷船から救助したアフリカ人も送り込まれたが、これを除けば一八二〇年から六六年までに移り住んだ黒人のうち、四割弱は生まれついて自由、すなわち米国生まれであった(American Colonization Society 1969 [1867]: 64)。残りの奴隷であった者たちの出自については記録を確認できないが、入植の開始された一八二〇年には米国の黒人全体に対するアフリカ生まれの者の比率が一割あまりであったとみられることを考えるなら(フォーゲル、エンガマン 1981 [1974]: 20)、米国生まれが多数を占めていたであろうことは想像にかたくない。さらにいえば、一七世紀後半以降に米国が受け入れた全奴隷のうち、リベリアを含む「風上海岸(Windward Coast)」地方からの者はわずか九%ほどにすぎなかった(データベース「航海」による)。そもそも、アメリカ植民協会による入植候補地の選定が、現地アフリカ人首長との交渉の成否に応じて恣意的になされており(矢澤 1993: 397-398)、入植者の出自など気にもとめていなかったにちがいない。もともとの出身地方と「帰還」先が大枠では一致していたブラジル黒人の場合との違いはあきらかである。

つぎに「帰還」の方法であるが、リベリアへの入植は当人の志願が原則ではあったものの、白人名士たちが名を連ねるアメリカ植民協会によって組織的に推進された事業だったため、経費を本人が負担する必要はなかった。[*56] まして農園主のなかには入植の承諾とひきかえに奴隷を解放する者も少なくなかったため、[*57] 過酷な労働や差別に苦しむ奴隷や自由身分の黒人たちが、たとえ「故郷」に対する特別な思いを抱いていなくとも、苦難に満ちた日々から解放されたい一心でアフリカ行きを決意したとしても不思議はない。

最後の組織的な態度表明に関していうなら、リベリアへの入植に対しては黒人のあいだから米国黒人全体を前提とした賛否それぞれの主張がさかんに展開された。当初の反応はおしなべて否定的なものだったといえる。入植に向けた動きが浮上するや、自由身分の黒人たちはすぐさま米国各地で黒人大会を開催し、批判的な姿勢を打ちだした(矢澤 1993: 389-391)。一九世紀後半に入ると、こんどはすでに言及したクランメル、ターナー、ブライデンらをはじめ、黒人種全体の境遇改善と結びつけるかたちでリベリアへの移住を主張する黒人指導者も出てくるが、現実を動かすには至らなかった。入植者の数は一八五〇年代にいったん増加に転じたものの、一八六〇年代なかばの米国の奴隷制廃止とともに急激に減少していったのである(矢澤 1993: 393-394)。

これで両者の性格の相違が、ある程度浮き彫りになったのではないだろうか。米国黒人のリベリア入植は、実態としては白人支配層主導のていのいい黒人追放策という色彩は否めず、入植を選んだ黒人の側にも苛酷な境遇からの退避願望に比肩しうるような積極的な動機はみいだしがたい。大森(2014: 87-88)も注目するように、一八四七年のリベリア独立宣言は入植者の立場からそこに至る経緯をつぎのように謳っている。すなわち、自分たちが生まれ育った米国を去るに至った最大の理由は、そこでは黒人は権利を奪われ、あるいは偏見に苦しめられ、それが解消する見込みもないため、そこからの逃げ場を求めたことにある、と。アフリカについては、「米国の慈善団体が選んだ場所」としか言及していない。クランメルはのちに黒人のアフリカ「帰還」に対し、アフリカ人の「キリスト教化と啓蒙」という積極的な意味づけをおこなったが、それでさえ西洋的価値への志向をはからずも露呈させてしまっている(大森 2014: 88-90)。[*58] アメリカ植民協会のような支援団体の関与や、黒人指導者による働きかけがなく、より自発的かつ個人的で、しかも出自とある程度符合する地方に「帰還」したブラジル黒人のケースの方が、少なくとも相対的にはディアスポラによる「ふるさとの地」への帰還という理念形には近いように思える。

五　ブラジル黒人の「帰還」の評価

アフリカ社会に対する姿勢の二面性

結局のところ、バイーアの黒人たちをアフリカへと向かわせたのは「望郷の念」だったのであろうか。序章でも言及したが、ギルロイ（2006［1993］）や古谷（2001：第二章）が主張しているように、ブラック・ディアスポラとアフリカのあいだの絆をむやみに絶対視するような見方には慎重でなければならない。米国黒人のリベリア入植にせよ、ブラジル黒人のアフリカ「帰還」にせよ、それぞれの国における黒人への迫害が大前提にあったことは変わりないのである。それ以前に、バイーアを離れることをそもそも望まない者たちさえいたことも留意しておかなければならない。それに、「望郷の念」というのなら、なぜ彼らは沿岸部の港町にとどまり、「ブラジル帰り」コミュニティをつくったのであろうか。故郷での暮らしを回復するのが願いだったのであれば、「帰還」した先の社会に対してわざわざ距離を置こうはずもない。

とはいえ、その点については全面的に「帰還」民の意思であったともかぎらない。本書冒頭で引用した『水屋敷』（*A casa da água*）のなかの会話の主は、アフリカ生まれの祖母カタリーナについてラゴスに一緒に「帰還」した孫娘の主人公とその母親（カタリーナの実の娘）である。望郷の念からブラジルをあとにしてラゴスに渡ったカタリーナは、しばらくして本来の生まれ故郷であったアベオクタ（Abeokuta：ラゴスの北、八〇㎞ほどにあるヨルバランドの主要都市のひとつ）を娘や孫と訪れる。生家のあった場所にたどり着くが、もはや少女の自分が住んでいた頃とは違うことに気づいていたカタリーナは、そこにあった一軒の家に入ろうとする娘を「どうにもならないよ。一族の者はもう誰もそこには住んじゃいない」といって制し、ラゴスへと戻っていった。そして「帰還」からわずか一年あまりで、カタリーナは亡くなる——[*59]。

アベオクタに着いた場面、ラゴス行きの船に乗ってからというもの、ずっとヨルバ語で通してきたカタリーナが突如、ポルトガル語を発している。故郷であっても、もはや自分はよそ者だと悟ったことを象徴しているように思える。「ブラジル帰り」コミュニティにもそうした面はあったであろう。「ブラジル帰り」たちの閉鎖性は、彼らを迎えるにあたりアフリカ人社会の側がとった対応を受けてのものでもあったにちがいない[*60]。出自を同じくしていたとしても、ひとたび西洋文明の洗礼を受けた者たちが、はたしてなんの隔たりもなく受け入れられたであろうか。現実には欧米での生活を経験していない「サロ」でさえ独自のコミュニティを形成したことからいっても、アフリカ人社会に向けられた差異化の姿勢はかならずしも額面どおりに受けとるべきものではない。マヌエラ・ダ・クーニャは、それをホスト社会への適応のひとつの形態であったと結論づけ (Manuela da Cunha 1985b: 149-151)、ターナーは「プラグマティズム」という、より単純な表現で評している (J.Turner 1975: 14)。

図Ⅰ-4　アグエ（ベナン）にあるジョアキン・ダルメイダの記念碑。「一族の祖　1835年ブラジルより来着　1857年アグエにて没」と刻まれている。（2002年撮影）

さまざまな実利の追求——富、宗教的権威、英語

ならば、「帰還」の動機はやはり「望郷の念」だったのかといえば、そうとはかぎらない。経済的成功や社会的地位の獲得、その他さまざまな実利的な目的を「帰還」民たちの足跡にはみいだすことができる。その典型がベニン湾岸とバイーア間の交易であり、カスティーロの挙げているジョアキン・ダルメイダ (Joaquim d'Almeida) も最初からそれを目的にアフリカを目指したと思われるひとりである。ジェジェの解放奴隷だった彼のパスポート発行記録には「ビジネスを手がける」予定であるとだけ記されているが、この漠然とした表現こそ、それが奴隷貿易を意味していることの証しだとカスティーロは主張している (Castillo 2016b: 32)。しかも、こうした者たちはアフリカに

図Ⅰ-5　20世紀初頭のバイーアにおけるアフリカ系宗教の信徒たち

渡ったきりではなく、バイーアとのあいだを幾度も往復することも珍しくなかった（Castillo 2016b: 31-34）。

一方、ここ最近の研究の進展は、経済的利益とは別の価値も「帰還」の推進力となっていたことをあきらかにしてきている。たとえば、カスティーロやマトリーは、とくにアフロ・ブラジル宗教の祭司のあいだで、バイーアとベニン湾岸のあいだを往復する移動が繰り返しみられたことを示し、それが持つ意味に着目している（Matory 2005; Castillo 2011）。本場であるアフリカで宗教的な経験を積むことが、アフロ・ブラジル系宗教においては祭司としての正統性を高めるというのである。バイーア最古とされるテレイロ（terreiro; アフロ・ブラジル宗教の儀礼場、またそこを拠点としている集団）、カーザ・ブランカ（Casa Branca do Engenho Velho）の起源にまつわる口頭伝承について、カスティーロは以下のような検証をおこなっている。

このテレイロには、アフリカ生まれの解放奴隷で女性祭司の二人、イヤー・ナソー（Iyá Nassô）とマルセリーナ・ダ・シルヴァ（Marcelina da Silva）がアフリカに赴き、七年間の滞在ののち、アフリカ人祭司バンボシェ・オビティコ（Bamboxê Obitikô）をバイーアに連れ帰り、彼の協力のもと創建したという神話が伝えられている。だが、実際にはバンボシェ・オビティコ（別名ロドルフォ・デ・アンドラーデ Rodolfo Manoel Martins de Andrade）は、バイーアに売られてきたアフリカ生まれの奴隷であったことが史料からは確認できる。ただ、イヤー・ナソーとマルセリーナが一八三七年にアフリカ（ウィダー）に渡り、三九年にひとりバイーアに戻ったマルセリーナが、創建者のひとりであったイヤー・ナソーのあとを受け継いでカーザ・ブランカの祭司となったのは事実と考えられる。その活動を軌道に乗せるうえで、マルセリーナは祭司のなかでも別格（ババラオ babalaô）であったバンボシェの威光を借り、その見返りとして、経済的には多少の余裕もあったマルセリーナがバンボシェの身請けに力を貸すといった関係性があったのではないか――。これがカスティーロの見立てである。[*61]

　奴隷身分から解放されたバンボシェ自身も、一八七〇年代には三人の実子とともにラゴスに渡り五年の滞在を経てバイーアに戻った。その後、一八九〇年代までに少なくともあと二度ラゴスとのあいだを往復するなど、アフリカと浅からぬ縁があったことはまちがいない。彼の子孫はこんにちバイーアとラゴスに分かれ、それぞれ祭司として活動しているが、いまでも関係を保っているという。こうしたライフヒストリーは、アフロ・ブラジル宗教における権威がアフリカと密接に関連づけるかたちで認識されてきたことを物語っているといえよう。

図Ⅰ-6　「ブラジル帰り」の両親のもとラゴスに生まれ、のちバイーアに移り住んだポルフィリオ・アラキジャとその妻子

　マトリーは宗教的な権威以外にも、英領植民地だったラゴスから再度、バイーアに戻ってきた人びとは英語教師としての地位も確立できたことをあきらかにしている。そうしたひとりがポルフィリオ・アラキジャ（Porfirio Maximiliano Alakija）であった。彼はラゴスで「ブラジル帰り」の両親のもと、アスンサン（Assumpção）という姓で生まれた二世であったが、子どもの頃に訪れたバイーアに魅了され、高校を卒業すると一九世紀末にバイーアに移り住んだ。彼は法律学校で学び弁護士となったが、名門私立

高校の英語教師もつとめた。ちなみに、彼の弟（双子）であるプラシド（Plácido Maclean）とオノリオ（Honório Marcus）は高校卒業後、植民地行政の職を得たが、その後ともに英国に留学して法律を学び、その時期に姓をヨルバ由来のアラキジャに変えた。[*62] 一族の多くもそれに習ったという。二人は一九一三年にナイジェリアに戻り弁護士事務所を開くが、名の方もアデイェモ（Adeyemo）と変えていたプラシドはそのかたわら、ナイジェリア青年運動（Nigerian Youth Movement）にくわわるなど植民地下の政治にも関与した。アデイェモは一九四二年、当時の黒人としては珍しく行政評議会のメンバーにも選ばれている。アラキジャ一族もまた、大西洋をはさんだ関係を維持している。[*63]

移動の反復と拡散が作りだすブラック・アトランティック的世界

これらの事例に典型的にみられる、一度かぎりの片方向の「帰還」にはとどまらない、大陸や世代さえまたいだ頻繁な移動も、それが「望郷の念」や苦境からの退避という観点からだけでは語りえないことを裏づけている。『水屋敷』のタイトルとなっている中庭に井戸を持つ家屋は、ラゴスのブラジル人街（Brazilian Quarter）にいまも実在するが、その主であるローシャ（da Rocha）一族の歴史もまた移動に彩られている。アフリカ生まれの奴隷であったエザン・ダ・ローシャ（João Esan da Rocha）は一八七〇年にバイーアからラゴスに「帰還」し、妻と長子カンディド（Candido João）もすぐあとに続いた（Ojo 2009: 248）。交易で成功をおさめたエザンは、まだ水の供給を外部に頼っていたラゴスにはじめて井戸を掘り、そこからの水を売ってさらなる富を築いた。カンディドの代となり、金融業、ホテル経営、不動産業などにも手を広げた一家の繁栄ぶりは、「彼はローシャ並みに金持ちだ」という意味のヨルバ語の言い回しさえ生みだすほどだったという。ラゴス生まれのその弟、モイゼス（Moisés João）は一八九六年に医学を学ぶためスコットランドに留学したが、シルヴェスター゠ウィリアムズら英国留学中の他の黒人たちとの、数年後に第一回パン・アフリカ会議（一九〇〇年）開催というかたちで結実する運動に傾倒していった。[*64] 一九一四年にラゴスに戻ったあと、診療所を営むかたわらナイジェリアの政治にも関わろうとしたものの、うまくはいかなかった。ローシャ一族もまた、大西洋の両側に分かれつつも、こんにちまで交流を続けている（Ojo 2009: 248）。[*65]

アフロ・ブラジル宗教の祭司たちや、その他の「ブラジル帰り」とその子孫たちのこうした移動と遍歴が体現していた世界は、ギルロイの提起したブラック・アトランティックを地でいくものだったといってよいだろう。大西洋奴隷貿易がアフリカ外の各地に離散させたブラック・ディアスポラが移動し、アフリカ人や他地域のディアスポラとつながり、そしてまたさらなる移動を生みだすという循環をそこにはかいまみることができる。それを支えたのは、この場合、バイーアとベニン湾岸のあいだを定期的に通った船であったが、それによって運ばれたのは人やモノばかりではなかった。船の乗客や船員に対し、バイーアのアフリカ生まれの黒人は「故郷」の様子を尋ね、情勢や商機を確認したであろうし、先に「帰還」した親族や知人への伝言を委ねたにちがいない。「帰還」民たちは同じように、バイーアに残してきた親族や知人の安否を尋ね、交易の代理人に対する指示や取引相手へのメッセージを託したことだろう。バイーアの新聞には船会社がアフリカ便の広告を載せ、乗客本人も「帰還」の告知を出した。[*66]ラゴスではバイーアとのあいだを結ぶ船の発着のたび、「ブラジル帰り」のコミュニティが総出で見送り、出迎えをし、船荷の積み降ろしをしたという（Verger 1987［1968］: 628）。

動機はどうあれ、ブラジルからの「帰還」民が目指したアフリカとは、かなり具体的で現実的なアフリカだったといえるだろう。父祖の地というものの実際には海のものとも山のものともつかぬ場所、いま置かれている境遇への絶望が作り上げた理想郷では少なくともなかったはずである。米国やカリブの黒人の場合、アフリカとの直接のコミュニケーションが難しく、交通手段が乏しいことがブラジル黒人のケースとの違いだとターナーは主張している（J. Turner 1975: 62）。そして、それはそのまま「帰還」民にとってアフリカがどのようなものであったかの差異にも反映されているように思える。「死ぬのはせめて故郷で」と願うブラジルの黒人にとって、それは文字どおりの故郷なの

図Ⅰ-7　西アフリカに向けバイーアを出航する元奴隷たち（「帰還」がおこなわれた時期の末期にあたる1909年のもの）

であって、ほかのどこでもなかった。何らかの利益や価値を追求する者には、それは本当の故郷ではなくとも、目的達成の見込める具体的などこかであった。逆境に嫌気がさし、どこか別の地に移り住みたいという場合でさえ、言語や文化の面では馴染みのある土地であれば不安少なく決断できたであろう。厳密な意味での故郷ではなかったとしても、「黒い」バイーアに住む者にとって、ベニン湾岸はきわめて「近い」存在であった。[*67] 距離もそうだが、なにより一九世紀のバイーアは、そこに住む諸民族の点でも、文化・宗教の面でも、ベニン湾岸の縮図だったからである。

六　むすび——さまざまな動機で目指した現実のアフリカ

ポルトガル語には「サウダーデ（saudade）」という言葉がある。日本語では「郷愁」などと訳されたりもするが、実際には、遠く離れた愛情を抱く人や事物に対する切ない、淋しい、悲しい、懐かしい、甘い、快い、ほろ苦い、といったさまざまな思いがないまぜになった感情を指す、他の言語には類のない語だといわれる。故郷や家族のもとからむりやり連れてこられた奴隷たちが、アフリカにサウダーデを感じずにいたはずがない。バンゾ（banzo）と呼ばれたホームシックが彼らのあいだではしばしばみられ、絶望のあまり自殺に至る者さえ珍しくなかった。これはなにもブラジルだけにかぎったことではなく、米州全体でみられたことである。

老い先短い、足取りのおぼつかない白髪のナゴー、アウサーの老人たちの一団が、生まれ故郷での平安な死を求めて、浮かれたようにアフリカ行きの船に乗り込んでいく――ニーナ・ロドリゲスは一八九七年にバイーアで目撃した様子をこう形容し、「きわめて深い感動にとらわれた」と綴った（Nina Rodrigues 1988 [1933]: 98）。彼らもまた、『水屋敷』のカタリーナと同じように、変わり果てた故郷の姿を目にして失望したのかもしれない。[*68] カスティーロは、ブラジルからアフリカへの「帰還」民の動機に関して、「（パン・アフリカ的な）イデオロギーの問題」も、「望郷の念」もともに否定するが、[*69] はたしてそう断定できるものであろうか。後者に関していうなら、「帰還」民についての研究は、基本的に沿岸各地の「ブラジル帰り」コミュニティを対象におこなわれてきており、少数ではあったのかもしれないが（多くの奴隷たちの本来の故郷があったと想定される）内陸部にまで向かった人びとの足跡は十分に追えてはいない。[*70] それでいて「望郷の念」の介在を想定する立場を感傷的だとして一蹴してしまうのは拙速にすぎると思えるのである。

しかし、ある程度の規模での人の移動を実際にともなったアフリカへの「帰還」全体を念頭に置くなら、そうした主張も理解できなくはない。一九世紀は、アフリカのところどころでまとまった数のブラック・ディアスポラのアフリカへの「帰還」を目撃したが、その実態はおよそ「望郷の念」とはかけ離れたものばかりであった。米国黒人のリベリア入植もそうであったし、ましてや英国が自国の黒人貧民や植民地の反乱分子の黒人、さらには洋上での奴隷船取り締まりで保護したアフリカ人をシエラレオネという入植地に定住させたことなど、いわずもがなである。英国による解放奴隷、保護アフリカ人の送還と定着は、規模は小さいものの、東アフリカのインド洋岸でもこころみられたという（Harris 1993b [1982]: 56-60）。かりにそうした経緯を度外視したとしても、「帰還」した人びとは自分たちの暮らしの向上にばかり熱心で、近隣アフリカ人の犠牲もいとわないというありさまであった。

ブラジル黒人の「帰還」を、その例外とまでいうつもりはない。バイーア生まれのマルティニアーノ・ボンフィン（Martiniano Eliseu do Bonfim）は、アフリカ生まれの解放奴隷でアフリカとの交易を営んでいた父の命で、教育を受けるためラゴスに渡り、一一年の滞在を経てバイーアに戻ったあとはババラオとして、また英語教師として活躍した。[*71]「帰還」とは名ばかりで、あきらかに交易、それもおそらく奴隷貿易が目的で、最初からバイーアに戻ってくることを前提に再入港申請とあわせてアフリカ行きのパスポートを申請する者たちもいた（Castillo 2016b: 31-32）。極端な例では、英国のパスポートを取得することのみが目的とおぼしきケースさえあり、彼らは乗ってきた船がラゴスから戻るときに、その同じ船でバイーアに戻ってきてしまっている。[*72]「故郷への帰還」というにはほど遠いこれらの身の処し方は、むしろブラジルとアフリカのあいだにあるさまざまな好機をとらえ、自身の生活をよりよくしていこうというたくましさのようなものを感じさせる。本書冒頭に引用した『水屋敷』のなかのやりとりは、カタリーナの帰郷についてラゴスに渡ってきた娘と孫娘がかわしたものだが、自分たちはブラジル人でもあり、アフリカ人でもあるのだという娘のセリフは、そんな「帰還」民たちのしたたかさを象徴しているように思えてならない。

それでもなお、ニーナ・ロドリゲスがみたという老人たちやカタリーナのような人びとがいたことも否定しえない事実である。ターナーは、両地域間の交易に従事する者たちを念頭に置きながら、「ブラジル帰り」にとって「故郷」たるアフリカと商売と、どちらが第一なのだろうかと問うているが、それは当人にすら判断のつかぬ場合もあったろう。さまざまな動機は相互に排他的なわけではなく、混在していて当然である。かりに故郷に帰りたくてアフリカに渡ったとして、記憶のなかの「幸せに満ちた生活」を取り戻せなかったとすれば、それが奴隷貿易であれ、自分や家族が生きていく糧をもっとも得やすい経済活動に身を投じることに何の不思議があろうか。要するに、ブラジル黒人によるアフリカへの「帰還」とは、一九世紀にみられたいくつかの同種の事例のうち、動機のなかのひとつとして「望郷の念」を想定してもよい、ほとんど唯一の事例だったのではないかということである。

一方、カスティーロが言及したもうひとつの点、すなわちパン・アフリカ的なイデオロギーの方はどうであろうか。数々の黒人運動家たちが唱えてきたアフリカ「帰還」には、多かれ少なかれ、そうした黒人種とアフリカとを宿命的に結びつける思潮がその背景としてあったといえるだろう。そして、彼らの提示したアフリカはえてして理想的、あるいは観念的なアフリカであった。一九世紀に黒人のリベリアへの「帰還」を説いたクランメルやブライデンにしても、「帰還」すべき先は真の故郷である必要はなく、彼らの思い描いた「帰還」民と周辺アフリカ人とで形成する「アフリカ」は象徴的なものにすぎなかったのである。対するに、ブラジル黒人のアフリカ「帰還」のケースはどうだったであろうか。パン・アフリカ的なイデオロギーを帯びた「アフリカ」を目指した「帰還」民に特有の、これまでいた国への失望、「故郷」の理想化、「帰還」した現実のアフリカを前にした葛藤といった要素を、ブラジルからの「帰還」民たちはどの程度共有したであろうか。これまでみてきたとおり、それらを経験しなかったわけではなかったが、送り出した側のバイーアと「帰還」先のベニン湾岸の民族的、文化・宗教的な類似性と、両地域のあいだの頻繁な人と情報の循環をふまえるなら、その度合いはリベリアなどの場合に比べれば相対的に低かったことはまちがいなかろう。ブラジルからの「帰還」民が見据えていたのは、ある程度具体的で、現実のアフリカだったのである。

一九世紀にアフリカへの「帰還」を果たした人びとの数は、全体でもせいぜい数万人とブラック・ディアスポラ全体のごくわずかにすぎなかった。ナイトはその要因について単純化できるものではないとしつつも、かつて奴隷を運んだのとは逆向きの輸送は利潤に乏しく、よってその機会も限られていたことを挙げている（Knight 1989: 772）。互いに形態こそ違えど、バイーア・ベニン湾岸間、米国・リベリア間、拿捕された奴隷船とシエラレオネのあいだは、この点では例外であった。二〇世紀に入ってからも、ガーヴィー[*73]をはじめ「帰郷」を夢みるブラック・ディアスポラはあとを絶たなかったが、そのほとんどは思想や運動の域を出ず、実践されるまでには至らなかった。ただ、実際の「帰還」が実現したか否かは、かならずしもブラック・ディアスポラのアフリカ意識の強弱をはかるものさしとはなりえない。「帰還」は、「ふるさとの地」に対するディアスポラのさまざまな向き合い方のうちの単なるひとつにすぎないからである。望もうと望むまいと、ディアスポラはルーツを自身から切り離すことなどできない。二〇世紀の到来とともに、アフリカの地位向上がみずからの境遇改善と不可分なものと認識しはじめたブラック・ディアスポラは、「帰還」という直接的な結合からパン・アフリカニズムという思想・運動を通したつながり方へと、父祖の地に対するアプローチを変えていったのである。

＊1 「帰還」と括弧をつけて表現しているのは、アフリカ域外で生まれ育った黒人が対象に含まれるケースも少なくないためと、アフリカ生まれであっても文字どおりの故郷に帰り着いたとはかぎらない、むしろそうでなかったことの方が多いことを念頭に置いているためである。
＊2 ただし、冒頭の引用はジェンキンズが引用していない部分もくわえつつ、筆者がすべて原著より訳出し直した。
＊3 ガーナの首都アクラ周辺に居住する民族集団。
＊4 クレオール（クリオ Krioとも）については、平田（2004）第三章などを参照。アメリコ・ライベリアンズに関しては、矢澤（1993）をみよ。
＊5 現在、州都はサルヴァドールという名で州名のバイーアとは区別されているが、当時は町自体もバイーアと呼ばれていた。以後、とくに断りのないかぎり、「バイーア」は町の方を指すものとする。
＊6 厳密には、西端はガーナのセントポール岬（Cape Saint Paul）、東端はナイジェリアのニジェール川の支流ナン川（Nun River）の河口部までを範囲とする（*Encyclopedia Britannica*）。
＊7 たとえば、ラルストン、モウラン（1988［1985］）も、「帰還」の事情や理由にはやはり言及していない。
＊8 ただし、ターナーも指摘している（J. Turner 1975: 40）ように、ヴェルジェのこの著作では資料に対する批判的なコメントは極力排されており、内容の互いに矛盾する場合でもそれらの資料を並置して紹介するにとどめている。
＊9 このことは、なにもブラジルの黒人解放史が時代的に一九世紀以前をおもな対象としていないからというわけではない。ブラジル黒人の歴史に関する著作の多くは、一九世紀以前であっても逃亡奴隷のコミュニティや奴隷反乱に関しては比較的大きなスペースを割いている。たとえばMoura（1992）のような入門書ひとつとってみても、そのことはあきらかである。
＊10 矢澤（1993）および平田（2004）第二～三章などを参照。

＊11　クランメルについては大森（2014）第三章、ブライデンについては矢澤（1995）を参照のこと。

＊12　さまざまなヴァリエーションが伝えられているが、当時の記録として確認できるのは「黒人なくして〔砂糖が支えの〕ペルナンブーコなし、アンゴラなくして黒人なし」（Vieira 1925［1648］: 243;〔　〕内引用者）である。

＊13　この区分は、ヴィアナ・フィーリョ（Viana Filho 1988［1946］）の研究をもとに、ヴェルジェが修正をくわえたものである（Verger 1985［1968］: 18)。

＊14　「ミナ海岸」がどの地域を指すのかをめぐっては、識者により見解は分かれている。時期により指す範囲が変わったという指摘もあり、データベース「航海」のデータを参照してみても、ヴェルジェが主張している地域よりも広い範囲を指していた時期がなければ不自然に思える。ただし、どんなに広くとったとしても、ベニン湾とその西側のかつての黄金海岸をあわせた領域をこえることはなかったであろう。

＊15　これは、データベース「航海」の（推計ではなく）実際の航海記録ベースのデータにより、バイーアに運び込まれた奴隷の積み出し港別数値を参照した。一七七一年から一八五〇年までの期間でみると、「ミナ海岸」からの奴隷が二〇万七一九一人と圧倒的で、ヴェルジェのいう「ベニン湾」の主要積み出し港であるラゴス、バダグリからは、それぞれ三万八九七人、三二三一人で、両者を合計しても遠く及ばない。

＊16　データベース「航海」の実際の航海記録ベースのデータでは、積み出し港としての「ミナ海岸」をベニン湾の下位区分として同湾の各港と並べるかたちで、その筆頭に位置づけている。

＊17　データベース「航海」の実際の航海記録ベースのデータに基づくと、バイーアに下ろされた奴隷の総数のじつに九六％が、ヨーロッパではなくバイーアから出航した船で運ばれてきている。これは、バイーア向けの奴隷貿易は三角形の頂点を欠いたアフリカとの直接取引だったとするヴェルジェの指摘を裏づけるものだといえよう。

＊18　データベース「航海」の実際の航海記録ベースのデータに基づくと、バイーアに流入した奴隷の積み出し港別の人数は、第三期におおむね相当する一七〇一～七〇年と、第四期にあたる一七七一～一八五〇年を比べたとき、「ミナ海岸」からの奴隷はどちらの時期でも最多ながら、約二七万六〇〇〇人から約二〇万七〇〇〇人へとたしかに減少している。一方、ヴェルジェのいう「ベニン湾岸」にあたるポルトノヴォ、バダグリ、ラゴス（オニン）のうち、ラゴスからの奴隷が約八〇〇人から約三万人へとあきらかに増加したほかは、ポルトノヴォからが約五〇〇〇人から約八〇〇〇人に増加、バダグリからは

逆に約五〇〇〇人から約三〇〇〇人への減少と、変化はそれほど顕著でない。

*19　ブラジルに奴隷貿易の停止をせまった英国の意図については、J. H. Rodrigues（1964［1961］: 118-181）などが詳しく触れている。

*20　ポルトガル王室のブラジルへの避難からブラジルの独立に至る過程で英国の果たした役割については、山田（1986: 64-94）に簡単にまとめられている。奴隷貿易停止をめぐる英国とブラジルの関係を、より包括的に扱ったものに、Bethell（1970）がある。

*21　非合法となってからの奴隷貿易に関する分析は、Verger（1987［1968］: 405-474）を参照。

*22　オヨ王国のもとにあった時代には、まだヨルバという統一的アイデンティティは成立していなかったという見解がある。Reis（2003［1986］: 335-336）を参照。

*23　詳しくは、たとえばWebster and Boahen（1980）を参照。

*24　一八三五年以前の諸反乱については、Reis（2003［1986］: 68-128）に詳しい。

*25　たとえば、Nina Rodrigues（1988［1933］: 38-70）など。レイスはエスニックな要因との複合に反乱の本質をみいだしている（Reis 2003［1986］: 307-349）。

*26　レイスは容疑者のうち国外追放の刑罰が下された者（すべてアフリカ生まれの解放奴隷）を三四人確認しているが、実際には、検挙されながら証拠不十分で有罪とはならなかったアフリカ生まれの解放奴隷が、決められた法的手続きを経ずに国外追放されたケースは「数百人」にのぼったであろうと推測している。詳しい経緯の説明は論者によって若干異なるが、バイーア市民の世論のあとおしも受け、当時の法令を逸脱した処置がおこなわれたことが指摘されている。Reis（2003［1986］: 454-456）およびBrito（2008: 45-47）をみよ。反乱翌年の一九三六年三月の時点でバイーア県知事は、反乱への参加が疑われたアフリカ生まれの自由民一五〇人をすでにアフリカに追放したと述べている。Public Record Office, *Foreign Office 84/198*, cited in Verger（1987［1968］: 361-362）.

*27　Public Record Office, *Foreign Office 84/175*, cited in Verger（1987［1968］: 360）.

*28　アフリカ生まれの自由民に対する規制は、マレー反乱の前からすでにおこなわれてはいた。Manuela da Cunha（1985b: 74-81）、Brito（2016: 46-61）を参照のこと。

＊29　法令第九号については、Brito（2016: 61-76, 182-186）を参照のこと。
＊30　Public Record Office, *Foreign Office 84/198*, cited in Verger（1987［1968］: 361-362）.
＊31　ソウザが作成したバイーアからアフリカへの渡航者数の年ごとの推移の表と、それについての説明を参照（M.L.e Souza 2008: 116, 120）。
＊32　Public Record Office, *Foreign Office 84/199*, cited in Verger（1987［1968］: 366-367）.
＊33　ソウザの数値に関しては、アフリカ生まれの解放民（africanos libertos）、ブラジル生まれの解放民（crioulos libertos）、奴隷（escravos）という三つのカテゴリーの人数を合算したものである。奴隷とはおそらく、「帰還」民が所有していて「帰還」に同行させた者たちと推測される。
＊34　カスティーロはマヌエラ・ダ・クーニャの著作（1985b）の改訂増補した第二版の書評において、初版に「付録」として巻末に付されていた「帰還」民の総数の推計を「価値のある」ものと評し、それが第二版から削除されたことを「残念」だとしている（Castillo 2013: 412）。
＊35　マレー反乱以前の時期にも、少数ながら帰還の形跡がみられる（J. Turner 1975: 75）。また、マヌエラ・ダ・クーニャは二〇世紀初頭の帰還の例に触れている（Manuela da Cunha 1985b: 216）。
＊36　ソウザの集計によれば、バイーアからの「帰還」民のうち約九一%がベニン湾を目的地としていた（M.L.e Souza 2008: 122）。同論文中の表2の目的地のうち、「アフリカの海岸（Costa d'África）」と「オニン（ラゴス）」の二つに該当する「帰還」民の数をあわせて計算した。「アフリカの海岸」とはベニン湾とほぼ同じ範囲を指す表現であった（M.L.e Souza 2008: 100-102）。
＊37　たとえば、Manuela da Cunha（1985b: 107）を参照。これは基本的に身の安全のためであると考えられる。「帰還」民のもともとの出自である民族と敵対する民族の支配する港に下ろされてしまうと、再び奴隷化されるといった危険があるからである。そうした不幸な事例をヴェルジェは二つほど紹介している（Verger 1987［1968］: 613-614）。
＊38　「帰還」民たちは、おおまかにいえば自分の出身民族の住む領域、あるいはその近辺を目指して帰ってはきたものの、厳密な意味での生地にまで戻ったかといえば疑わしい。というのも、彼らの多くはもともと、やや内陸に位置する地域の出身であったことが推測されるにもかかわらず、大抵は沿岸部にとどまったからである（Manuela da Cunha 1985a: 21;

1985b: 107)。ただし、なかにはアベオクタなど内陸部の町にまで戻った者たちもいた（Manuela da Cunha 1985a: 21; Verger 1987［1968］: 617-618）。

＊39　マヌエラ・ダ・クーニャはカトリックへの改宗こそが「ブラジル帰り」コミュニティへの同化を意味するものだったと指摘している（Manuela da Cunha 1985b: 189）。

＊40　カスティーロは、とりわけ一八四〇年代に「帰還」した者は、その多くが奴隷貿易に従事したと分析している（Castillo 2016b: 31-34）。Verger (1987［1968］: 605)、J. Turner (1975: 62) も参照。「皮肉」といっても、多くのアフリカの伝統社会が奴隷を有していたことから、アフリカ生まれの「帰還」民に奴隷貿易そのものを悪とする規範意識はなくてもおかしくない。ブラジルでも、自由身分の黒人が奴隷を所有することは珍しくなかった。

＊41　二〇世紀に入ってからも、ラゴスではさまざまな分野で「ブラジル帰り」が存在感を持ち続けていたことがうかがえる。Laotan (1943) を参照のこと。

＊42　フランスが進出したダホメーを含めた、より包括的なこの時期の「ブラジル帰り」の状況は、J. Turner (1981: 13-31) を参照のこと。

＊43　Mariano da Cunha (1985) は、ベニン湾岸に残るブラジル風建築を自身の解説とヴェルジェの写真により記録した貴重な著作である。

＊44　「ブラジル帰り」コミュニティの近年の姿に関しては、新たな研究成果の発表がつづいている。ラゴスに関してはOlinto (1980) のほか、Dávila (2010) の二章・三章、Ojo (2009: 252-253) がある。ベナンについてはGuran (2000)、邦文でも旦 (2013) がある。ガーナについてもSchaumloeffel (2008)、Essien (2016) と、活況を呈している。

＊45　おもに現在のベナン南部に居住する民族集団。

＊46　ミナについては、どのアフリカ人の集団を指すのか見解は分かれている。本書ではレイスの解釈に従った。Reis (2003［1986］: 328) を参照。対応するアフリカ側の民族集団としてのミナは、ほかにもゲン (Gen) などの別名も多数あるトーゴ南東部に居住する民族集団。

＊47　現在のナイジェリア北部、ニジェール南部に居住する民族集団。

＊48　ターナーはその根拠として、「帰還」民がときに新聞に掲載した告知（子どもも同行することが記されていることも珍

しくなかった）やアフリカ行き船舶の乗船名簿を根拠としている。ソウザが記録を確認した範囲でいうと、「帰還」民全体のうち子どもが二割弱となっており（M.L.e Souza 2008: 125）、そうした見方の妥当性の裏づけとなっている。

＊49　レイスが引用しているArquivo do Estado da Bahia, *Insurreições Escravas*, maços 2846 a 2850によれば、マレー反乱の被疑者二九二名のうち七割強にあたる二一二名がナゴーであった。なお、この反乱の首謀者グループを構成してもいたというマレー、すなわちイスラームの黒人は基本的に民族的出自でいうとナゴーであった（Reis 2003［1986］: 176-177）。逆に、アフリカにおいてナゴーとは対立関係にあったジェジェやミナ、それにベニン湾岸以外のコンゴ・アンゴラなどからやってきた者たちや、ブラジル生まれの黒人たちのあいだでは、反乱にくわわった者はまれであった（Reis 2003［1986］: 319-333）。

＊50　ネグロ・デ・ガーニョについては、Manuela da Cunha（1985b: 32-34）やVerger（1987［1968］: 503-505）などを参照のこと。

＊51　通常、confrariaあるいはirmandadeなどと呼ばれる、本来はカトリックの信徒団体が互助組織の役割も果たしていたが、ヴェルジェは奴隷解放の身請け金の前貸しを目的にしたものをjuntaとして、これらと区別している（Verger 1987［1968］: 503, 516-525）。

＊52　カスティーロによれば、バイーア当局により国外追放となった人びとを乗せた船を確認できるのは一八三五年から三八年までである。Castillo（2016b: 27-28および注17）を参照。

＊53　黒人の組織的な送還がかなり真実味をもってとりざたされていたことに関しては、ヴェルジェ、ターナー、マヌエラ・ダ・クーニャがそれぞれ言及している。Verger（1987［1968］: 361）; J. Turner（1975: 49-50）; Manuela da Cunha（1985b: 85-86）.

＊54　黒人たちのあいだの互助組織の存在が、費用面でアフリカ帰還の可能性を広げたことは認めながらも、ターナーは貧困層にとっての「帰還」の実現性には疑問を投げかけている（J. Turner 1975: 63-64, 79-80）。モウランも同様に、「帰還」民の経済状態に対し注意を喚起している（Mourão 1994: 181-182）。

＊55　ターナーは「余生を過ごす」ためにアフリカに「戻る」旨の告知がしばしば新聞に掲載されたことを指摘している（J. Turner 1975: 68）。一方、レイスは国外追放処分の決まった者が、自身の洗礼証明書を偽造してまでそれを免れようとしたケースさえあったことに言及している（Reis 2003［1986］: 485）。だが、いずれにしても彼らの姿勢は個人的なものにすぎ

ない。

＊56 植民事業の性格については、矢澤（1993: 385-387）を参照。

＊57 American Colonization Society（1969［1867］: 64）の入植者の前歴別内訳によれば、「入植を条件に奴隷より解放」というカテゴリーにもっとも多くの者があてはまっている。

＊58 ブライデンは、同じようにリベリアへの入植を主張していても、クランメルとは違い、アフリカ人あるいは黒人種に固有の資質や能力を発展させることを主張している。矢澤（1995）を参照。

＊59 『水屋敷』にはストーリーの下敷きとなった実在のモデル（水屋敷の所有者であるローシャ一族とは別）がいた。主人公マリアナ（Mariana; 孫娘）のモデルは作者オリントがラゴス滞在時に出会ったロマーナ・ダ・コンセイサン（Romana da Conceição）で、アフリカ生まれの彼女の祖母が実際に帰郷を熱望してラゴスに渡ってきたのだという（Olinto 1980: 143-177）。

＊60 沿岸部の「ブラジル帰り」コミュニティにとどまった理由として、ほかにも内陸部に向かうことが再奴隷化など安全の脅かされるリスクをともなうことも指摘されている。Manuela da Cunha（1985b: 107）やOjo（2009: 245）を参照のこと。オジョは、ヨルバランド内陸部のイレシャ（Ilesa: ラゴスの北東、ヨルバランド内陸部の都市）出身の「帰還」民が当初、同地には戻れずラゴスにとどまった具体例を提示している（Ojo 2009: 251）。

＊61 詳しくは、Castillo（2016a）およびCastillo（2016b: 37-39）を参照。

＊62 姓の変更について、マヌエラ・ダ・クーニャはヨルバ文化復興運動の文脈で説明しているが（Manuela da Cunha 1985b: 147-149）、アモスは「一族の言い伝え」として、もとのポルトガル由来の姓アスンサンが英国では皆、発音しにくかったからだとしている（Amos 2017: 92）。

＊63 アラキジャ一族の歴史については、おもにAmos（2017: 89-94）に基づいている。

＊64 この運動については、小田（1989: 159-166）を参照のこと。

＊65 ローシャ一族の歴史については、別に参照文献が示されているところ以外は、基本的にAmos（2017: 84-87）に基づいている。

＊66 「帰還」の告知には、伝言を預かり、将来の「帰還」を見据えた照会先になる用意があるという人びとへのメッセージ

の意味合いもあったのではないかとソウザは推測している（M.L.e Souza 2008: 99-100）。ターナーが確認した一八五〇年から六〇年までの期間、新聞には二〇〇件の「帰還」告知があったという（J. Turner 1975: 73）。

＊67　ターナーは、アフリカの文化的影響が色濃いバイーアなだけに、ブラジル生まれの黒人にとってさえ、アフリカは身近でアイデンティティを感じることのできる場所だったとの見方を示している（J. Turner 1975: 70）。

＊68　マヌエラ・ダ・クーニャは、父の「帰郷」についてきたブラジル生まれの青年のアフリカに対する失望の例を紹介している（Manuela da Cunha 1985a: 20-24）。

＊69　カスティーロはその根拠として、「帰還」民たちが奴隷貿易に従事したことを挙げている（Castillo 2016b: 41-42）。

＊70　「帰還」民の内陸部への進出については、Veger（1987［1968］: 618）、Manuela da Cunha（1985b: 107）、Ojo（2009: 251）などがわずかに言及しているのみである。

＊71　マルティニアーノについての詳細は、Castillo（2011）を参照。また、本人への聞き取りに基づく簡単な遍歴や、彼と同様、バイーアに戻ってきた「帰還」民もしくはその子孫たちについては、L. Turner（1942: 60-67）を参照のこと。

＊72　英国の駐ラゴス領事館は一八五〇年代、「ブラジル帰り」たちに対し英国のパスポートの発給をはじめた。英国のパスポートは、アフリカ生まれの黒人たちに対する規制がまだ多かったブラジル国内においても、それらをかわす効力を持ったという。詳しくはCastillo（2016b: 36-37）を参照。

＊73　ガーヴィーに関しては、小田（1975［1971］: 101-139）に詳しい。

第二章

二〇世紀前半のサンパウロにおける黒人運動の性格と動態

一　黒人運動はなぜ生まれ、何を追い求めたのか

ブラジルのジャーナリズムの舞台にわれらが登場したことは、現代の批評家たちにより、きわめて大きな社会的重要性を持つ事実だとみなされることになろう。

何世代もの教養なき人びとの無知にとらわれ、幾世紀にもわたりつねに深まり続けてきたペシミズムは、あらゆる思考する存在が持つ理性のかけらさえ有色人に対して完全に否定し、彼を何世紀もの奴隷制という辛苦に罰し、また至上の教理として、その人種の知的退廃と精神的破綻を説き、彼を社会における共同生活から徹底して排除した。［……］

しかし、社会進化主義的な原理の敢然たる闘いは、その偉大な人種の解放者たる強力なグループ〔奴隷制廃止論者たち〕の誕生へと導いた。［……］

黒人種擁護の運動を続け、その市民教育、精神的安定、社会的自立にとりくむのは、われらのつとめである。
こんにちの世界における偏見・差別の強い影響力ゆえ、被っている批判の重荷から黒人種を完全に解放するのは、われらのつとめである。［……］
われらは闘いを望まない――平和を切望する。しかしながら、侮辱を前にして引き下がることもない、なぜならわれらの完全なる解放をいまだ夢みているからである。
これがつまるところ、われらの綱領である。

――『砦』第一号（*O Baluarte* 1903;［ ］内引用者）

ブラジルで奴隷制が廃止されたのは、大西洋奴隷貿易に関わった国々のうちもっとも遅い一八八八年であった。それからわずか五〇年ほどのあいだに、サンパウロ州（本章以降、単に「サンパウロ」と表記）[*1]ではかつての奴隷の子孫たちがいくつもの黒人新聞を創刊し、ブラジルでは初となる本格的な黒人運動が花開いた。バイーアで二〇世紀初頭にアフリカへ「帰還」する黒人の流れが途絶えたのとちょうど入れ替わるように、サンパウロでは黒人運動が浮上したのであった。そこには、アフリカに対するいかなる姿勢をみいだすことができるのであろうか。序章でも言及したように、この時期の黒人新聞はアフリカやブラック・ディアスポラの主題も多くはないがとりあげている。これについてはつぎの第三章で考察することとしたい。しかしその前提として、そもそもこの時期の黒人運動はどのような事情を背景に生じ、何を主張したのであろうか。そして、具体的にどのような展開をみせたのであろうか。これが本章の問題意識である。黒人運動の関心全体のなかで、アフリカやブラック・ディアスポラがはたしてどれほどの重みを持っていたのか把握することが不可欠だからである。

本章冒頭で引用したのは、この時期の黒人運動の先陣を切った黒人新聞『砦』（*O Baluarte*）の創刊号一面トップ記事の一部である。この抜粋から読み取れるのは、奴隷制が廃止されてからも黒人たちは人種主義に基づくいわれのない偏見・差別から完全には解放されておらず、黒人自身の側にも克服すべきさまざまな課題があるという認識である。こうした問題も含め、二〇世紀前半のサンパウロにおける黒人運動がとりくんだもの、追い求めたものは何だったのであろうか。

二　黒人運動の展開を再構成する

この分野における研究はこれまでどのように進展してきたのであろうか。ブラジル黒人運動は一九〇〇年代、一〇年代のあいだにその萌芽がみられ、一九二〇年代後半から三〇年代にかけてひとつの高みに達したあと、一九七〇年代までは政治情勢などを理由に停滞を余儀なくされた。よって、現代に先立つブラジル黒人運動の歴史的局面に関する研究は、おのずと一九二〇年代から三〇年代の時期に比重の置かれたものとなっている。そのもっとも先駆的な成果として挙げられるのは、フランス出身でサンパウロ大学（Universidade de São Paulo）教授をつとめたロジェ・バスティード（Roger Bastide）が一九五一年に発表した黒人新聞についての論稿だが（Bastide 1983［1951］）、より網羅的で体系的な初の本格的分析といえるものは、バスティードの後任としてサンパウロ大学教授となったフロレスタン・フェルナンデス（Florestan Fernandes）の一九六四年刊行の著作『階級社会への黒人の統合』（Fernandes 1978［1964］）、そのなかでもとりわけ「『黒人のあいだ』の社会運動」（"Os Movimentos Sociais no 'Meio Negro'"）と題された一章であろう。その後、一九七七年にミッチェル（Mitchell 1977）、八一年にはフェラーラ（Ferrara 1986［1981］）がそれぞれの観点からアプローチした研究を残しているが、特筆すべきは、一九六〇年代までに発行された黒人新聞のうち当時現存していたものをこの二人が可能な限りかき集め、マイクロフィルムに整理して収めたことである。複数の黒人運動家のもとにばらばらに私蔵されていたものが、マイクロフィルムにまとめられ供覧に付されるようになったことは、後学の者にとってはかりしれない助けとなっている。[*2] 一九九〇年代に入ると、ブラジルの黒人問題に対する学問的関心が高まりゆくなか、二冊の注目すべき書籍が出版された。一九二〇年代から三〇年代にかけて黒人新聞の編集者として名を馳せたジョゼ・コレイア・レイテ（José Correia Leite）の回顧録『……そして老運動家ジョゼ・コレイア・レイテは語った』（Leite 1992）と、一九三〇年代に活動したブラジル黒人戦線（Frente Negra Brasileira）に関する五人の黒人運動家の回想をまとめた『ブラジル黒人戦線――証言集』（A. Barbosa et al. 1998）である。当時の運動家みずからの口で語られた内容が、活字になり公刊されたことの意義はきわめて大きい。それまで黒人運動に対する当事者自身の認識は、残された黒人新聞の紙面を除けば、数名の研究者により実施された聞き取り調査というフィルターを通して、断片的にうかがい知ることしかできなかったからである。

では、これまでの研究の内容についてはどのような評価ができるであろうか。いま指摘したように、二〇世紀前半の黒人運動に関わる資料は、十分というにはほど遠いものの少しずつ厚みを増してきた。しかしながら、それに見合うだけの研究の深化がみられてきたかといえば、そうともいいがたい。黒人新聞の紙面分析に重きを置く系譜でいうと、バスティードの論稿では全般的な性格づけにとどまっていたのを、フェラーラが論点ごとのより詳細な考察へと深めたが、それ以降は目立った研究成果は見当たらない。一九二〇年代なかばまでの黒人運動期前半に分析対象を限定してはいるものの、メロ（Mello 2014）の著作が目につく程度である。一方、新聞記事を多かれ少なかれ下敷きにしながらも、その体系的な論調分析よりはむしろ黒人運動の過程や特質の考察を主眼とする系譜の方では、フェルナンデス、ミッチェルのあとにも、一九九〇年代にアンドリューズ（Andrews 1991）、ピント（R.P. Pinto 2013［1993］）、バトラー（Butler 1998）、二一世紀に入ってからはドミンゲス（Domingues 2004）、アルベルト（Alberto 2011）が著作を発表している。これらのうち、黒人の政治意識や社会運動の側面に絞って分析をおこなっているのはミッチェル、ピント、アルベルトで、他の四人はあくまでも黒人をとりまく社会経済的状況全般に関する議論を展開するなかで、その一部として黒人運動をとりあげるかたちをとっている。ミッチェル以降の研究者たちは、手つかずだった題材を分析にくわえたり、それまでとは異なる視点から考察するなどしつつ、草分けであるフェルナンデスの包括的研究を批判的に再検討し、それぞれ新たな解釈なり見解なりを提示してきた。

それらの意義について逐一吟味するよりも、本章では逆に、十分には掘り下げられてこなかった側面の方のひとつに目を向けることにしたい。すなわち、こと黒人運動の展開とその内的動態に関するかぎり、フェルナンデスの労作をこえる体系的かつ綿密な考察はなされてこなかったという点である。これにはいささか不可解な思いを禁じえない。回顧録の刊行や黒人新聞のマイクロフィルム化により利用可能な資料がわずかずつでも増えてきたことで、おもだった黒人運動家や黒人団体のあいだの関係性や、それぞれのスタンス、方向性の相違について、さらなる分析の余地が広がってきているはずである。次節以降で詳述するが、二〇世紀前半のサンパウロを舞台にした黒人運動は、けっして一枚岩だったわけではない。運動家たちのあいだには往々にして確執が生じ、黒人新聞の紙上で批判の応酬が繰り広げられることも珍しくはなかった。しばしば指摘されるように、内部の対立はたしかに運動のさらなる進展を制約する大きな要因のひとつであったろう。しかし同時にそれは、黒人運動の研究を多様性と動態を意識した、より深みのあるものへと前進させてくれる可能性を秘めた貴重な着眼点でもあるはずである。黒人運動家たちは、皆がビジョンを同じくしていたわけでもなければ、当時の黒人をとりまいていたさまざまな状況からの拘束性の度合いも一様であったとはかぎらない。そして離合集散を繰り返すなかで、それぞれのスタンスは変化を遂げもしたのである。

黒人運動全体の方向性や個々の黒人運動家の姿勢について考える際、画一的、固定的な視点に引きずられすぎてしまえば、その分析は表層的なものになりがちである。黒人新聞の論調を軸に据えた研究についてもいえることだが、最大公約数的な結論づけや、異なる方向性の単なる列挙よりも、もう一歩踏み込んだ分析が必要なのではないだろうか。フェルナンデスに続く幾人かの論者たちは運動内部の対立や多様性に言及はしながらも、その内的動態に関する考察は十分に緻密であったとはいいがたい。彼らによって提示されてきたさまざまな解釈は、そのような徹底した基礎的作業によってしっかりと裏づけられてはじめて、揺るぎない説得力を持ちうるように思われるのである。

そこで以下では、第三章、第四章における黒人新聞紙面の分析のための予備的ステップとして、二〇世紀前半におけるサンパウロの黒人運動の展開過程について、その内的動態に着目しながらあらためて整理をこころみることにしたい。具体的には、聞き取り調査と黒人新聞の記事をもとに各先行研究があきらかにしてきた個々の断片を、近年になって世に出された黒人運動家の回顧録と照らし合わせて補いながら、再構成する作業であるということができよう。さまざまな運動家や団体が織りなすダイナミズムに対する十分な理解のうえに、新聞記事についての詳細な分析を積み上げていくことではじめて、当時の黒人運動家たちの展開した多様な主張の真意や運動の本質的な方向性を見極めることができるのではなかろうか。

三　二〇世紀前半のサンパウロと黒人の置かれた状況

「白い」サンパウロと黒人の社会経済的状況

本章冒頭でも触れたとおり、二〇世紀の足音が聞こえはじめていた一八八八年になって、ブラジルの奴隷制はようやく完全に廃止され、すべての黒人は自由の身となった。しかしながら、形式上の社会秩序の変更は、当然のことながら実質的な変化をすぐさまもたらすとはかぎらない。米国におけるジムクロウ法のような、人種の別によって異なる扱いを定めた法制度こそ存在しなかったものの、ブラジル黒人のほとんどは二〇世紀に入ってからも社会の底辺にとどまり続けた。その生活は奴隷制期よりもさらに悪化さえしていたほどで、社会、経済、政治といった側面で白人

表Ⅱ-1　ブラジルおよびサンパウロ州／市の人種別人口構成比［%］の推移

	1890年			1940年		
	ブラジル	サンパウロ州	サンパウロ市	ブラジル	サンパウロ州	サンパウロ市
白色	44.0	63.1	84.0	63.5	84.9	90.7
混血／褐色 a)	32.4	15.7	10.5	21.2	4.7	3.4
黒色	14.6	13.0	4.0	14.6	7.3	4.8
カボクロ b)	9.0	8.2	1.5	—	—	—
黄色	—	—	—	0.6	3.0	1.0
申告なし	—	—	—	0.1	0.1	0.0

出所）1890年（Directoria Geral de Estatística 1898）および1940年（Instituto Brasileiro de Geografia e Estatística, 1950a; 1950b）の国勢調査より筆者作成。

注）a）1890年の国勢調査では「混血（mestiço）、1940年の方では「褐色（pardo）」という語が使われているが、いずれも「白色」と「黒色」のあいだの中間カテゴリーであることにかわりはない。

b）「カボクロ（caboclo）という語の指す対象は、先住民そのものから、先住民と白人の混血、先住民の生活様式をとりいれた白人まで、様々である。しかし、ここでは人種カテゴリーとして用いられていることから、先住民と白人の混血を指すものと理解できよう。

と伍していく兆しすら一向にみえずにいたのである。奴隷制廃止後の新たな状況に対応し苦境に立ち向かっていくうえで、黒人たちの主体性はさまざまなかたちで発揮されたが、そのうちのひとつが黒人の地位向上を目的とする社会運動であった。

ブラジルの黒人運動が、なぜ二〇世紀初頭にサンパウロという地で産声を上げ、発展をみせていったのかについては、各先行研究がすでにさまざまな角度から考察をおこなっている。ここでは背景として挙げられてきた諸点を確認だけしておこう。各論者の見解に共通しているのは、この時期のサンパウロが近代化とヨーロッパ人移民の流入という二つの大きな変化の波に、もっとも激しくさらされつつあったという点である。表Ⅱ-1からわかるように、サンパウロ州、サンパウロ市それぞれにおける白人の比率は、黒人運動が浮上してくる少し前の一八九〇年の時点でブラジルの全国平均をはるかに上まわっており、その後も上昇を続け、黒人運動がいったん終息を迎えた直後の一九四〇年には九割あまりにまで達していた。表Ⅱ-2からは同様に移民（この時期の外国籍住民は基本的に移民で、その大多数はヨーロッパからやってきた人びとと考えられる）の比率の高さもあきらかで、黒人運動が本格化する直前にあたる一九二〇年には、サンパウロ市の住民の三分の一以上が移民であったことがみて

表Ⅱ-2　ブラジルおよびサンパウロ州／市における外国籍住民比率［%］の推移

	1890年	1900年	1920年	1940年
ブラジル	2.5	5.1	5.2	3.4
サンパウロ州	5.4	20.9	18.2	11.4
サンパウロ市	22.0	—	35.7	22.4

出所）1890年（Directoria Geral de Estatística 1898)、1900年（Directoria Geral de Estatística 1908)、1920年（Directoria Geral de Estatísctica 1928)、1940年（Instituto Brasileiro de Geografia e Estatística, 1950a; 1950b）の国勢調査より筆者作成。
注）外国籍住民の数には、調査の時点ではブラジル国籍に帰化済みの者、さらには国籍の申告なき者の数も合算されている。

とれる。

州内ではサンパウロ市以外にも、黒人団体の結成や黒人新聞の発行がみられた都市があった。とりわけカンピーナス（Campinas）では、サンパウロ市にむしろ先駆けてそうした活動がみられるようになった。サンパウロ市の北西一〇〇㎞ほどに位置するこの町は、州内陸部のコーヒー生産地帯により近接し、大量の移民を受け入れてめざましい発展を遂げつつあった。それゆえサンパウロ市に対して「西部の皇女（Princesa do Oeste)」ともあだ名されたが、人種偏見・差別もより激しかったという（Fernandes 1978［1964］: 18; Ferrara 1986［1981］: 54)。ルクレシオの回想にもそれを示唆するような部分がみられる（A. Barbosa et al. 1998: 36-37)。

急速な工業化や都市化により流動性の増した社会のなかで、外国人である移民が貧窮に喘ぐ黒人を尻目に着実に上昇を遂げつつあったことが、自身の置かれている状況に対する黒人の「目覚め」にさまざまなかたちで影響を与えたことを多くの先行研究が指摘している（Fernandes 1978［1964］: 14-15, 19; Mitchell 1977: 121-124; Ferrara 1986［1981］: 34-39; Butler 1998: 70, 88-89)。フェルナンデスは経済的な側面にくわえ、近代化がもたらす規範の変化にも着目している。すなわち、支配層はあからさまな権威主義的、差別的ふるまいを徐々に許されぬようになり、旧権力構造のもとで声を奪われてきた諸集団の意見や圧力を考慮せざるをえなくなっていった（Fernandes 1978［1964］: 12)。また黒人の側に関しても、その大多数は依然、旧来のパターナリスティックな観念に縛られたままであったものの、奴隷制に代わる新たな競争的社会秩序の感化を受けた者たちが少数ながら出現し、彼らが黒人運動を担う主体となっていったとフェルナンデスは指摘するのである（Fernandes 1978［1964］: 66)。

黒人運動家たちの横顔

では、そうした異なるメンタリティを持つに至った一部の黒人たちとは、どのような人びとであったのだろうか。それはなんとか中産階級へとはい上がった、もしくははい上がろうとしていた者たちということになろう。その過程で彼らが経験した社会の壁が、黒人運動の形成を促した要因のひとつであったとフェルナンデスは論じている（Fernandes 1978［1964］: 13)。二〇世紀前半のサンパウロではとりわけ、人種差別やヨーロッパ人移民との競合により黒人にとっての経済的上昇の機会はきわめて制約されていた。黒人運動家フランシスコ・ルクレシオ（Francisco Lucrécio）は、当時の新聞には「従業員求む、ただし黒人はお断り」といった広告が多数みられたと回想している（A. Barbosa et al. 1998: 32)。とはいえ、アンドリューズの示すところによれば、けっして多くはないものの、公務員やホワイトカラーとなる黒人たちがしだいに現れていった。その典型的な職は、公立学校の教師や郵便局、税務署、市役所等の事務員や下級官吏であったという（Andrews 1991: 125-128)。

図Ⅱ-1　カンピーナスの最初期の黒人団体のひとつ、有色人博愛連盟（Liga Humanitária dos Homens de Cor）の構成員たち

ここで具体例として、次節で詳述するサンパウロの黒人運動の展開のなかでとりわけ存在感を際立たせた三人の黒人運動家をとりあげ、頭角を現すまでの経歴を紹介しておこう。カンピーナスで黒人紙『ジェトゥリーノ』

(*Getulino*) を立ち上げ、のちに移り住んだサンパウロ市でも黒人運動家たちに影響を与えたのがリノ・ゲデス (Lino de Pinto Guedes) である。彼は一八九七年、サンパウロ市の西およそ一〇〇㎞にあるソロカバ (Sorocaba) で元奴隷の両親から生まれた。幼少期は貧しい生活であったと想像されるが、ソコーロ (Socorro) の農園主にしてボス政治家であった人物の庇護と援助を受け、当時の黒人がなかなか機会に恵まれなかった教育を受けることができた。前期中等教育を終えると、カンピーナスに移り教師を目指して勉学を継続したが、途中でいったん中断し、一般紙『国民日報』(*Diário do Povo*) で校正補助者としてジャーナリズムの世界に飛び込んだ。その後、別の一般紙への移籍を重ね、経験を積むかたわら、彼は黒人団体やダンスパーティーに顔を出すようになり、やがて二人の友人とともに『ジェトゥリーノ』を創刊したのであった (Domingues 2010: 136-141)。

それからおよそ三年、同紙を廃刊し、サンパウロ市に出てきたゲデスから影響を受けたのがジョゼ・コレイア・レイテである。彼は一九〇〇年にサンパウロ市内で黒人女性と白人男性のあいだの私生児として生まれた (Butler 1998: 97)。家計が苦しく、子どもの時分から配達やメッセンジャーをして働いていたという (Leite 1992: 23-24, 51-52)。保護者の問題から正規の学校に入れなかったが、書物に興味を持った彼は、仕事の合間に私塾や識字講座などインフォーマルな機会をみつけては断続的に学び、苦労の末、ついに夜間の商業学校に入学したものの、生活のためそれも中退せざるをえなかった (Leite 1992: 23-29)。イタリア人移民の多く住む地区で育ったため、友人に誘われるがままイタリア人の社交クラブに出入りし、そこでは人種差別も体験したという。そんなとき、彼は偶然、黒人社交クラブのひとつ「エリート自由の華 (Elite Flor da Liberdade)」の一行と遭遇し、整った身なりで楽団の演奏にあわせて踊る黒人の男女に感銘を受けた (Leite 1992: 24-27)。その後、幼友達であったジャイメ・デ・アギアル (Jayme de Aguiar) に誘われ、ともに黒人新聞『ラッパ』(*O Clarim*) を立ち上げ、黒人運動に関わるようになっていく (Leite 1992: 26, 29-33)。レイテはさまざまな仕事を転々としながら黒人新聞の編集にのめり込んでいくが、ようやく市職員としての安定した仕事を得たのは、独裁体制の樹立によりサンパウロの黒人運動が終焉を迎える直前であった（Leite 1992: 118-119, 129-130）。

このレイテとのちに激しく対立することになるのが、アルリンド・ヴェイガ・ドス・サントス（Arlindo José Veiga dos Santos）であった。彼は一九〇二年、カンピーナスとソロカバのあいだにある町イトゥー（Itu）で貧しい家庭に生まれた。家族や幼少期の詳細は知られていないが、最初、公立学校に通ったあと、父親がコックをしていたイエズス会の学校に学んだ。その後、この学校の移転とともにサンパウロ市に出てきたものの、学校の経営がうまくいかず、今度はカルメル会の学校へと移った。マラティアンは、子どもに教育を受けさせるために親がカトリック教会に接近したのではないかとの見方を示唆している。そうだとすれば、その思惑どおりに、アルリンドはカトリック教会関係の後援者を得て、サンパウロ哲学文学大学（Faculdade de Filosofia e Letras de São Paulo; こんにちのサンパウロ・カトリック大学の前身）に入学、二〇代なかばで哲学の学士号を取得した（Malatian 2015: 24-28）。彼はいくつかの私立の学校、大学でラテン語や英語、歴史、哲学などを教えるかたわら、サンパウロ市の黒人運動家たちと交わるようになっていく（Domingues 2006: 530）。大学卒業という当時の黒人としては異例の学歴も手伝ってか、彼はすぐに頭角を現し、ブラジル黒人戦線の創設に中心的な役割を果たすことになる。

レイテはそこまでではないかもしれないが、ゲデスにしろ、アルリンドにしろ、二〇世紀前半に黒人運動で主導的な役割を果たした運動家たちは、やはり教育、そしてキャリアの面で当時の標準的な黒人とはあきらかな差があったことがうかがえる。

四　黒人運動の展開と動態

本節では黒人運動と総称されるものの内的動態、すなわち主要な黒人運動家の動向や、黒人団体および黒人新聞の

図Ⅱ－2　カーニバル・グループ「シャンゼリゼ」

活動、盛衰、そして相互の関係性について論じていきたい。運動家の動向と諸団体の盛衰に注目した場合、対象とする黒人運動はつぎの三つの時期に分けてとらえると、その推移が比較的理解しやすい。すなわち、第一期（一九〇三～二六年）は黒人社交クラブ、黒人新聞があいついで誕生し、運動の素地が作られていった時期、つづく第二期（一九二六～三一年）は主要な運動家が表舞台に顔を揃え、黒人の統一的組織の結成が模索された時期、さらに第三期（一九三一～三七年）はブラジル黒人戦線が創設され、運動としての最高潮を迎えた時期、という具合である。そこで以下では、それぞれの時期ごとに黒人運動の詳細を追っていくことにしよう。

揺籃期（一九〇三～二六年）
——黒人社交クラブの形成と黒人新聞の登場

黒人中産階級のあいだからは二〇世紀初頭より、黒人のみを構成員とする社交クラブが次々と誕生していった。これらの団体は娯楽や文化の領域をおもな活動対象とし、ダンスパーティー、スポーツ大会、ピクニックといった行事を催すことで、黒人たちに貴重な社交の場を提供した。一九〇四年創立の「黒手袋（Luvas Pretas）」を皮切りに、「皇女の耳飾り（Brinco de Princeza）」、「自由のエリート（Elite da Liberdade）」、「スマート（Smart）」など無数の団体がこの時期の黒人中産階級の社会生活を彩っている（Andrews 1991: 141-142; Butler 1998: 82-83）。なかには一九〇八年に結成された「宇宙

（Kosmos）」のように、その活動を教育の分野にも広げ、演劇のグループを有するものもあった（Fernandes 1978［1964］: 41）。

協同を通じた社会関係の構築という点に関しては、ブラジルの黒人はそれまでにも比較的豊かな伝統を築いてきた。奴隷制期から存在してきたカトリックの信徒団体（irmandade）にくわえ、二〇世紀に入ってからはカーニバル・グループ（cordão carnavalesco）も形成されはじめていた（Andrews 1991: 139-141; Butler 1998: 78-82）。しかし、前述の黒人社交クラブが他と一線を画している点は、その顕著な白人的行動規範に対する志向である。バトラーは、品行や作法の維持に対する黒人中産階級の執着を当時の黒人新聞の記事のなかに読みとっている（Butler 1998: 92）。バトラーやアンドリューズの論にしたがうなら、それは一方で自分たちも中産階級の白人たちと同様の文化水準を保ちうることを示し、他方でネガティブなイメージの強い黒人大衆との差異化をはかることで、より完全なる上昇を成し遂げたいという願望の表れと位置づけることができよう（Bastide 1983［1951］: 130-131; Andrews 1991: 140-141）。白人や移民たちの作る社交クラブから排除されていた中産階級の黒人たちは、目標実現のため、そうしたかたちで自分たち自身の社交界をかたちづくる道を選んだというのである（Andrews 1991: 141）。

図Ⅱ-3　最初期の黒人新聞『メネリク』の創刊号紙面（1915年）

一九二〇年代なかばまでの時期におけるもうひとつの特筆すべき動きとして、黒人新聞の出現が挙げられる。それは基本的に黒人自身の手によって運営、編集、寄稿がなされ、黒人の読者向けに、その内容を黒人に関わるさまざまな題材に特化させた新聞である。現在確認できる最初の黒人新聞

表II－3　サンパウロにおける黒人新聞一覧（1903〜40年）

名称	原語の名称	発行期間[a]	発行地
砦	*O Baluarte*	1903, 04	カンピーナス
バンデイランテ[b]	*O Bandeirante*	(1910)	カンピーナス
メネリク	*O Menelik*	1915〜17	サンパウロ市
西部の皇女[b]	*Princesa do Oeste*	(1915)	サンパウロ市
路	*A Rua*	1916	サンパウロ市
シャウテル	*O Xauter*	1916	サンパウロ市
ピン	*O Alfinete*	1918〜19, 1921	サンパウロ市
団結[b]	*A União*	(1918)	カンピーナス
バンデイランテ	*O Bandeirante*	1918〜19	サンパウロ市
自由	*A Liberdade*	1919〜20	サンパウロ市
擁護者[b]	*A Protectora*	(1919)	カンピーナス
衛兵	*A Sentinella*	1920	サンパウロ市
宇宙	*O Kosmos*	1922〜24	サンパウロ市
ジェトゥリーノ	*Getulino*	1923〜24, 1926	カンピーナス
起床ラッパ	*O Clarim da Alvorada*	1924〜33, 1940	サンパウロ市
エリート	*Elite*	1924	サンパウロ市
アウリヴェルデ	*Auriverde*	1928	サンパウロ市
パトロシニオ	*O Patrocinio*	1928〜30	ピラシカバ
進歩	*Progresso*	1928〜32	サンパウロ市
キロンボ[b]	*Quilombo*	(1929)	サンパウロ市
鞭	*Chibata*	1932	サンパウロ市
約束[b]	*Promissão*	(1932)	サンパウロ市
新しきブラジル	*Brasil Novo*	1933	サンパウロ市
進化	*Evolução*	1933	サンパウロ市
黒人種の声	*A Voz da Raça*	1933〜37	サンパウロ市
文化	*Cultura*	1934	サンパウロ市
ラッパ	*O Clarim*	1935	サンパウロ市
黒人論壇	*Tribuna Negra*	1935	サンパウロ市
刺激	*O Estímulo*	1935	サンカルロス
奴隷[b]	*Escravos*	(1935)	カンピーナス

出所）本書巻末の付録にリストアップしてある入手しえた紙面、およびバスティードの論稿（Bastide 1983［1951］）に基づき筆者作成。

注）a)　発行期間については、実際に入手しえた号が発行された年のみを記載してある。実際の創刊はより早く、発行停止はより遅い可能性がある。

b)　これらはバスティードの論稿にタイトル、創刊年、発行地の情報があるのみで、マイクロフィルムにはまったく収録されていない。

『砦』は、早くも一九〇三年にカンピーナスで発刊されているが、一九一五年にサンパウロ市初となる『メネリク』(*O Menelik*)[*3]が登場すると、以後は毎年のように新たな黒人新聞の創刊があいついだ。先行研究で言及されているものだけでも、サンパウロ州全体で一九三五年までにのべ三〇紙にもおよぶ黒人新聞が入れ替わり立ち替わり発行されたことになる(表Ⅱ-3参照)。

黒人新聞の誕生は、黒人中産階級の形成と不可分な関係にある。第一に、社会生活の充実化を渇望していた中産階級の黒人たちにとって、黒人新聞はそうした要請に応えるものであった。一九二〇年代なかばより自身もレイテとともに『起床ラッパ』(*O Clarim da Alvorada*)紙の発行に携わったアギアルは、『メネリク』がサンパウロの黒人のあいだにもたらした反響は相当のものであったと回想している(Moura 1980: 150)。レイテによれば、当時のイタリア人移民やドイツ人移民は、それぞれのコミュニティ向けに社交クラブとともに自前の新聞も持っており、黒人たちもそれに範をとったのだという(Leite 1992: 33)。『宇宙』(*O Kosmos*)や『エリート』(*Elite*)のごとく社交クラブの公式機関誌を名乗っていたものは少数であったが、他のほとんどの黒人新聞も一九二〇年代なかばまではそれぞれ社交クラブと深いつながりを持ち、その活動や会員たちに関する話題に紙面の多くをさくことで運営を成り立たせていたと想像される(Mitchell 1977: 154; Butler 1998: 90-92)。各クラブにとって会合や行事の予定を周知させることは肝要であったし、それらについての寸評や、黒人中産階級のコミュニティにまつわる生誕、結婚、死去といった慶弔事の告知やゴシップ記事の類は、読者の耳目を引きつけた。

第二に、黒人新聞は上昇志向を持つ黒人中産階級がその文化水準をアピールする道具でもあった。紙上、詩や散文など短編の文学作品が多々みられることの背景について、バトラーは黒人もヨーロッパ文化を修得できることの証しとして示す意図があったと指摘している(Butler 1998: 93-94)。たとえば『メネリク』がみずからを「有色人のためのニュース・文学・批評の月刊紙」と銘打っていたように、副題や発行団体名に「文学の(literálio)」という語を含むものは、一九二四年までに創刊され紙面の現存する一二紙のうち、じつに八紙にものぼる。『メネリク』の編集主幹デオクレシアノ・ナシメント（Deocleciano Nascimento）と『ジェトゥリーノ』[*4]、『進歩』（*Progresso*）両紙の編集で中心的役割を担ったゲデスは、ともに詩人であった。[*5]

自前の資金が乏しいうえに、広告主の確保や売れ行きも思うにまかせなかったため、黒人新聞の発行にはおのずと限界がつきまとった。月刊、隔週刊といったかたちをとるものもあったが、台所事情に応じて発行が不定期になることもしばしばだったようである（Ferrara 1986［1981］: 52）。[*6] 各号の印刷部数は、一九二〇年代後半以降の黒人運動を担った『起床ラッパ』と『黒人種の声』（*A Voz da Raça*）の二紙で、それぞれ一〇〇〇～二〇〇〇部、一〇〇〇～五〇〇〇部程度と推計されているが（Ferrara 1986［1981］: 246, 256）、それ以前の諸紙は少なくとも後者をこえる規模ではなかったと想像される。大部分が貧困層に属していた黒人を相手にしたものであっただけに、そもそも採算などは度外視されていたといってよく、編集者の持ち出しでどうにか発行までこぎつけ、それを無料で配るというようなことも珍しくなかったようだ（Leite 1992: 45）。それだけに黒人新聞は総じて短命で、『起床ラッパ』の九年間や『黒人種の声』の五年間というのはむしろ異例であった。

こうした制約にもかかわらず、一九二〇年代なかばまでの黒人新聞は黒人社交クラブとともにサンパウロの黒人たちのあいだの集団的アイデンティティ形成を促し、つづいて発現していく黒人運動の下地を準備したとする評価を先行研究のなかにはみいだすことができる（Ferrara 1986［1981］: 51; Butler 1998: 82, 90-91）。しかし、黒人中産階級がそのまま全体として黒人運動の担い手となっていったわけでないことには留意する必要がある。彼らが「惨めな」黒人大衆と同一視されるのを嫌ったことはすでに触れたが、フェルナンデスが繰り返し言及しているように、彼らの多くは黒人全体としての地位向上という大義に力を貸そうとはせず、むしろ利己的な保身に走った（Fernandes 1978［1964］: 13-14, 72-73）。黒人運動へと身を投じ、それを牽引していくことになったのは一部の者たちにすぎず、残る黒人中産階級コミュニティに関しても社交クラブごとの党派意識から抜けきれずにいたという見方さえある（Bastide 1983［1951］: 155-156）。*7

一九二〇年代なかばまでに黒人の集団的アイデンティティがどの程度まで形成され、それがどのように以後の黒人運動の具現化につながっていったのかについては、これまでのところかならずしもあきらかにされてはいないように思われる。ただ、少なくとも黒人新聞という意見表明の場が用意されたことは、まちがいなくつぎなる局面への扉を開く重要なステップであった。黒人新聞が出現してしばらくすると、社会生活に関する記事や文芸の小品に混じって人種差別の存在を暴く記事がちらほら顔をのぞかせるようになっていった。『バンデイランテ』（*O Bandeirante*）第二号（一九一八年八月）や『ピン』（*O Alfinete*）第三号（一九一八年九月二二日）にみられる記事は、そのもっとも初期のものとされる。*8 とりわけ後者は、「共和制がわれらの民主主義の象徴として採り入れた人びとの平等と友愛は、黒人に関するかぎりこんにちまで実践されることのなかった虚構であり、嘘である」とかなり直截的な言明となっている。また『バンデイランテ』第四号（一九一九年四月）では、「哀れで不幸なうち捨てられた」同胞に手を差しのべようとせず、みずからの楽しみに耽溺する中産階級の黒人たちへの批判も暗示されている。*9

とはいえ、それらの記事はまだ散発的に現れていたにすぎない。黒人新聞が既存のフォーマットを踏襲しつつ、その内容を黒人の地位改善に向けた意識化を促すためのもの中心へと転化させ、黒人運動を担う主体としての性格を備えるに至ったのは『ジェトゥリーノ』紙からといえるだろう。「黒

ANNO II　S. Paulo, 25 de Janeiro de 1925　NUM. 12

O Clarim da Alvorada

O NOSSO ANNIVERSARIO

Joyme de Aguiar

José Correia Leite

Guttemberg

図Ⅱ-4　創刊1周年の『起床ラッパ』紙面（1925年）

人の利益擁護のための新聞」を謳う同紙は、ゲデスを編集長（redator-chefe）、ジェルヴァジオ・デ・モラエス（Gervasio de Moraes）を編集委員（redator secretario）として一九二三年にカンピーナスで創刊され、以後ほぼ週一度のペースで翌二四年末までに計六四号発行されたことが確認できる。その発行間隔や号数からみて、当時の黒人諸紙のなかでももっとも活動的なもののひとつであったことがうかがわれる。とりあげられた題材は非常に多岐にわたっており、それまでの定番であった社会生活、娯楽、文芸といった分野もさることながら、黒人の置かれている社会経済的な状況、教育の重要性、人種理論、奴隷制廃止運動家（abolicionista）や黒人の英傑たちへのオマージュ、奴隷のブラジルに対する貢献といったテーマが大きく扱われた。さらには米国など他地域の黒人や、アフリカにおける植民地主義にまで話題が及んでいることも新たな傾向である。なお、従来はわずかだった広告の掲載が際立って多いこともみてとれる。

カンピーナスを拠点に『ジェトゥリーノ』が斬新な方向性を打ちだしていた時期、サンパウロ市ではもう少し慎ましげながら、やはりそれまでとは毛色の異なるひとつの黒人新聞が生まれている。二人の黒人青年、アギアルとレイテが一九二四年一月に共同で発刊した『ラッパ』（第五号より『起床ラッパ』と改称）である。アギアルがおもに手がけた文芸欄のかたわらで、レイテは黒人の大多数が貧苦に甘んじている状況を憂い、その改善のためには黒人全体の団結が必要であると紙面を通じて訴えかけていった。当初は寄稿者の少ないなかで地道に発行を続けたが、まもなく顕在化しはじめた黒人運動のなかで同紙はしだいに大きな存在感を示していくことになる。

形成期（一九二六〜三一年）――運動の顕在化と統一のこころみ

『ジェトゥリーノ』と『起床ラッパ』により、黒人の「覚醒」を促すメッセージがコンスタントに発せられるようにはなったものの、当初はそれぞれ個別的な活動の域を出るものではなかった。[*10] 黒人運動家たちが相互に関係をとり結び、内部に対立をはらみながらも黒人運動を主導するコア・サークルが形成されていくのは、一九二六年を境にしてのことである。この年はまた、黒人が紙上の「叫び」のみならず、実際の行動にも訴えるようになっていく転換点でもあった。それらの変化を象徴するのがパルマーレス市民センター（Centro Cívico Palmares）の設立である。[*11]

州軍（Força Pública）軍曹の経歴を持つアントニオ・カルロス（Antonio Carlos）の発案により、同センターは一九二六年一〇月二九日、黒人が集うための図書館という趣旨で発足した。しかし、補習学校の開設や劇団の結成、診療所の設置などしだいにその活動の幅は広がり、さらには黒人の地位向上のため政治への直接的な働きかけをおこなうまでになっていく（Butler 1998: 103）。[*12] バトラーも指摘するように、文化的・社会的機能と抗議・請願活動とを結びつけた組織のありようは、のちのブラジル黒人戦線の雛型として位置づけられよう（Butler 1998: 105）。

パルマーレス市民センターは多くの運動家たちを引き寄せ、黒人運動の拠点ともいうべき役割を果たしたことがうかがわれる。レイテの回想とバトラーの著作にしたがってそれら面々を列挙してみると、『ジェトゥリーノ』紙で筆をふるってきたゲデス、ジェルヴァジオ・デ・モラエス、ベネディクト・フロレンシオ（Benedicto Florencio）、ブラジル黒人戦線の創設に際し中心的な役割を果たすことになるアルリンドとイザルティーノ（Isaltino Veiga dos Santos）のヴェイガ・ドス・サントス兄弟、アルベルト・オルランド（Alberto Orlando）、ロケ・ドス・サントス（Roque dos Santos）、『起床ラッパ』の創刊者アギアル、同紙編集部と関わりを持っていくマノエル・ドス・サントス（Manoel Antonio dos Santos）、オラシオ・ダ・クーニャ（Horacio da Cunha）、エンリケ・クーニャ（Henrique Autunes Cunha）、ジョゼ・デ・アシス・バルボーザ（José de Assis Barbosa）、さらにはリオデジャネイロからやってきたカリスマ的演説家ヴィセンテ・フェレイラ（Vicente Ferreira）といった具合になる（Leite 1992: 73-76; Butler 1998: 103-107）。[*13]

パルマーレス市民センターの諸活動のうち最大の成果を生んだとされるのは、市警備隊（Guarda Civil）の採用における黒人の排除という問題をめぐるものであった。一九二八年八月一日、サンパウロ州議会議員のオルランド・プラ

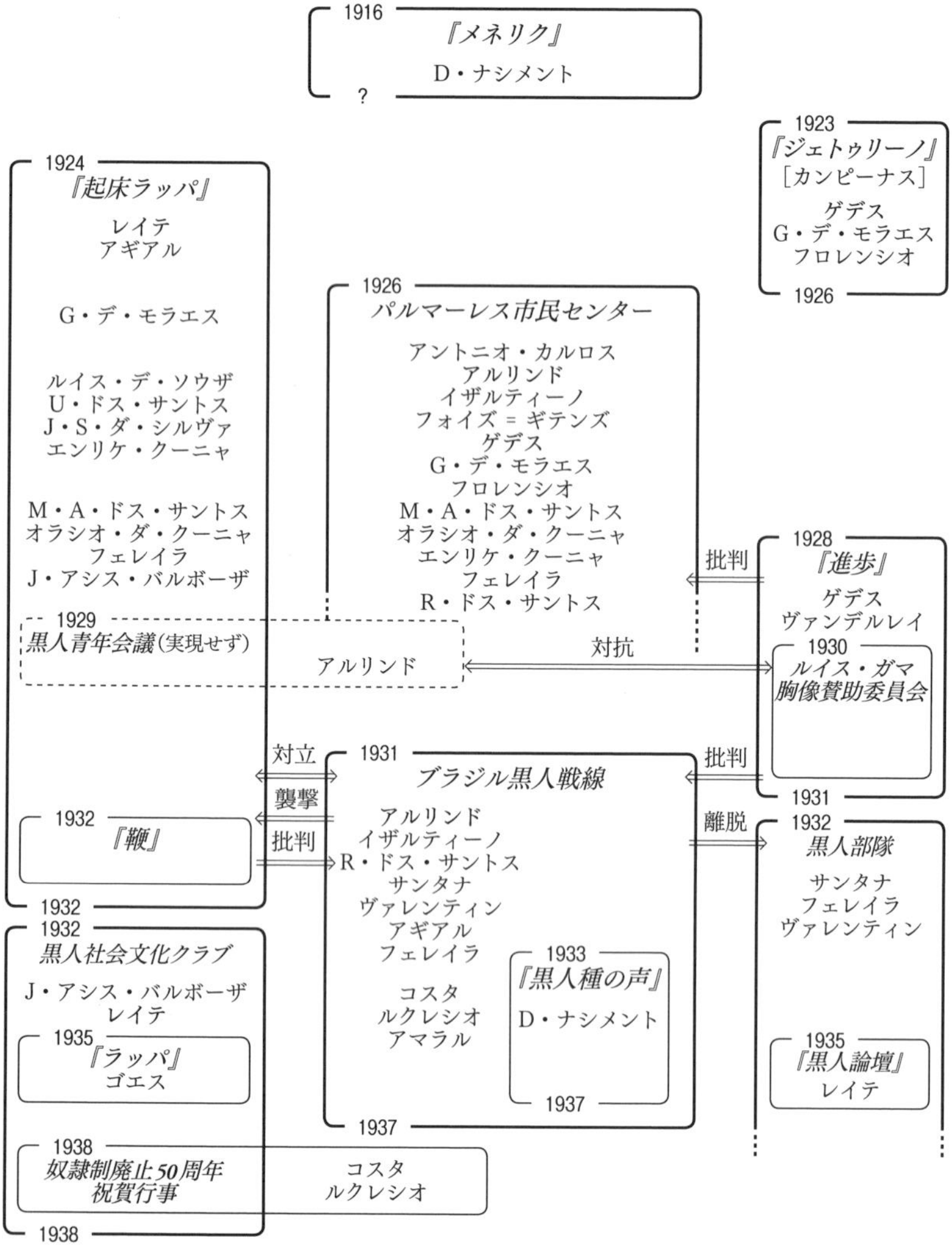

出所）筆者作成

図Ⅱ－5　20世紀前半のサンパウロにおける黒人運動の系譜

ド（Orlando de Almeida Prado）は黒人のブラジルに対する貢献を称える演説を議場でおこない、つづいて州知事ジュリオ・プレステス（Júlio Prestes de Albuquerque）は黒人の採用を禁ずる市警備隊の規定を撤回させたが、これらはセンターの運動家たちが政治家に対してさまざまな働きかけをおこなった結果とされる。[*14] さらに、衛生教育監督局と保健センターの主催する健康優良児コンクールに関しても同様に、センターの活動が実を結び、黒人児童が参加できるようになったという（*Progresso* 1928c; 1929c）。

こうして従来とは一線を画した積極的な動きをみせたパルマーレス市民センターであったが、アントニオ・カルロスがサンパウロ市を去ったあとを引き継いで総裁となっていたジョー・フォイズ＝ギテンズ（Joe Foyes-Gittens）に対する批判が一九二九年頃より黒人新聞に現れるようになった。[*15] 三月二四日付の『進歩』紙は同センターの「閉鎖」を伝えている（*Progresso* 1929c）。[*16] 翌三〇年にかけて、『起床ラッパ』紙にはイグナシオ・デ・アモリン（Ignacio de Amorim）を中心とした再建計画を伝える記事が何度か掲載されたものの、[*17] センターが再び息を吹き返すことはなかった。しかしながら、パルマーレス市民センターという場を通して黒人運動家たちの得た経験は、黒人新聞における闘争色の鮮明化、さらにはのちのブラジル黒人戦線の誕生に大いにあずかっていたであろうことは疑いない（Butler 1998: 100, 105-106, 113; Andrews 1991: 147-148; Mitchell 1977: 129）。

ところで、一九二〇年代後半にサンパウロ市で発行されていた黒人新聞は、紙面の現存する範囲でいうと『起床ラッパ』、『進歩』、『アウリヴェルデ』（*Auriverde*）の三紙のみであるが、ある程度の期間にわたって存続したことがうかがえるのは前二紙である。パルマーレス市民センターは独自の機関紙を持っていたわけではなかったため、『起床ラッパ』と『進歩』は黒人運動の媒体として重要な役割を担った。

『進歩』紙が創刊される以前の一九二六年から二七年にかけて、『起床ラッパ』は実質的に唯一の意見表明の場として黒人運動家たちの拠りどころとなった。カンピーナスで『ジェトゥリーノ』紙に携わっていたゲデス、ジェルヴァジオ・デ・モラエスは二六年までにサンパウロ市に移ってきて、『起床ラッパ』に稿を寄せるようになる。[*18] 以降、アルリンドとマノエル・ドス・サントスが二七年、イザルティーノが二八年、フェレイラが二九年よりそれぞれ同紙への寄稿をはじめた。[*19]

フェレイラがリオデジャネイロからサンパウロ市へと移り住み、黒人運動に足を踏み入れるきっかけとなったのは、在任中の一九二七年四月二七日に死去したサンパウロ州知事カルロス・デ・カンポス（Carlos de Campos Sobrinho）の埋葬の折の出来事であったとされる。サンパウロ州を代表する著名人たちの追悼の辞がひととおり終わったあと、みすぼらしい身なりの無名の黒人が突然名乗りをあげて故知事の死を悼む雄弁をふるい、聴衆のあいだに驚嘆の渦を巻き起こした。それがフェレイラであったという（Leite 1992: 61）。[*20] 彼は『起床ラッパ』紙の呼びかけで同年五月一三日におこなわれた、奴隷制廃止運動の黒人運動家ルイス・ガマ（Luís Gonzaga Pinto da Gama）に捧げる市民巡礼にも姿を現し、やはり参列者の涙を誘う演説をおこなった（Leite 1992: 61）。フェレイラは以後、パルマーレス市民センター、ブラジル黒人戦線、黒人部隊（Legião Negra）と渡り歩いていくことになるが、その舌鋒は黒人の主張に花を添える一方で、ときに対立関係にある同胞を批判するための武器にもされた。『起床ラッパ』とも紙面を通じて論戦を繰り広げた時期もあったが、[*21] やがて和解に至り、のちに黒人戦線に身を寄せるまで同紙編集部と親交を保ったという。[*22]

黒人運動家以外にも、弁護士で犯罪学者のエヴァリスト・デ・モラエス（Evaristo de Moraes）ら一部の高名な知識人さえ寄稿者の列にくわえていった『起床ラッパ』だが、一九二八年にはその転機を告げるいくつかの変化をみてとることができる。「不本意な休止」期間ののち、二月に装いを新たに「第二期（segunda fase）」として再登場した同紙は、副題としてそれまでの「文学・ニュース・ユーモアの新聞」に代え「黒人のためのニュース・文学・闘争」を掲げていくことになる。[*23] また形態も組合による共同運営のかたちへと改められ、支配人（gerente）としてルイス・デ・

ソウザ（Luiz de Souza）、理事（diretor）としてバイーア州在住のウルシーノ・ドス・サントス（Urcino dos Santos）とジョアン・ソテール・ダ・シルヴァ（João Soter da Silva）を迎える一方[*24]、第二期第七号（一九二八年八月一二日付）からはアギアルの編集部離脱により、彼は「創刊者（fundador）」という名誉的な位置づけとなり、レイテが編集主幹（redator responsável）をつとめることとなった[*25]。さらに付けくわえるなら、リオデジャネイロやサルヴァドールのほか、サンパウロ州内の数都市に次々と代理人（representante）が置かれていき、各地での販売やニュースの収集など全国展開のこころみがうかがわれるようになったのもこの年からである[*26]。こうして体制を整えた『起床ラッパ』紙は、一九三二年五月の第二期第四一号まで順調に発行を続けていく。一九二四年の創刊から数えて合計七八号におよぶ発行回数は、二〇世紀前半の黒人諸紙として確認できる範囲では最多である[*27]。

　ここでは『起床ラッパ』に掲載された記事の体系的な内容分析にまでは踏み込まないが、とりあげられた主題の傾向だけ簡単に確認しておきたい。基本的には『ジェトゥリーノ』紙の場合と同様であったが、それにくわえて一九二八年頃を境に以下に挙げるような新たな傾向もみてとれるようになった。

　第一に、「闘争（combate）」という語が第二期の副題に採り入れられたことに象徴されるように、人種偏見・差別に対しての抗議がしだいに表明されるようになっていった。バトラーの指摘にもあるように、第一世代の黒人新聞は白人社会への非難よりも、黒人大衆の退廃ぶりや黒人中産階級の冷淡さなどに向けた自己批判の方に偏重する傾向にたしかにあった[*28]。それでも既述のように、先行する諸紙では一九一八年頃から人種偏見・差別の存在を訴える記事が散見されてきたことを考えると、この点に関する『起床ラッパ』のスタンスは後発紙であるにもかかわらず、創刊よりしばらくのあいだは意外に保守的であったといえる。偏見・差別の糾弾どころか、その存在を否定する論調さえ一九二八年あたりまでは見受けられたのである。第二期第二号（一九二八年三月四日付）では依然、米国の状況との対比において「ここには闘うべきいかなる人種偏見・差別も存在しない。われらはブラジル白人とのみならず外国人とも完全なる共同のうちに暮らしている」との主張がなされている（L. 1928）[*29]。しかし第二期第九号（一九二八年一〇月二一日付）になると、ボトゥカトゥ（Botucatu）市のひとつの孤児院が黒人の受け入れを拒んでいることをとりあげ、強く非難する記事が掲載されている（Leite 1928e）[*30]。以降、紙面には人種偏見・差別の存在を前提とした表明が現れるようになる[*31]。『起床ラッパ』は『進歩』とともに、人種主義とその弊害に対する意識を徐々に広めていき、つぎなる段階でみられた黒人による政治的行動の理論的根拠を用意したとバトラーは評価している（Butler 1998: 107）。

二つ目として、黒人同胞に対する呼びかけが具体性を増し、実際の行動のイニシアチブをとりはじめたことが指摘できる。奴隷制廃止の記念日である五月一三日に数年にわたり実現した黒人による市民巡礼はその一例である[*32]。また、いまひとつの例が一九二九年に浮上した黒人青年会議（Congresso da Mocidade Negra）実現の計画である。黒人のあいだの団結は編集主幹レイテが創刊当初より訴え続けてきた、いわば宿願であった[*33]。サンパウロの黒人は「壮大で揺らぐことのない闘いをはじめるのに必要な基礎」として「単一の戦線を組織しなければならない」と彼は主張し、各黒人社交クラブの代表に参加と協力を求めた（Leite 1929a; 1929b）。第二期第一七号（一九二九年六月九日付）は、同会議に向けたアルリンドの手になるマニフェストを第一面全体を使って華々しく掲載している。いわく、「ブラジルは人種と肌の色の偏見・差別というもっとも重篤な病に冒された広大なる病院」であり、その「薬」は「ブラジル社会のあらゆる分野（政治、社会、宗教、経済、労働、軍事など）における黒人の絶対的で完全なる統合」である（V. dos Santos 1929; 強調原著）。

パルマーレス市民センター凋落ののち、黒人運動の統一という夢を黒人青年会議に託そうとした者たちにとって、その反響はしかしながら期待を裏切るものであった。『起床ラッパ』を拠点とするグループ以外で賛同を表明した黒人運動家はアルリンドら一部にとどまり、各黒人社交クラブの代表たちも「宇宙（Kosmos）」のフレデリコ・バプティスタ・デ・ソウザ（Federico Baptista de Sousa）などを除き、のきなみ消極的であった[*34]。そのような折、『進歩』

紙がルイス・ガマ生誕一〇〇周年を記念する胸像の建立計画を立ち上げ、黒人たちの協力を呼びかけはじめたことは、レイテにとってまさに寝耳に水だったようである。『進歩』はヴァンデルレイ（Argentino Celso Wanderley）を経営主（proprietario）、ゲデスを編集者として一九二八年六月二三日に創刊され、『起床ラッパ』同様、一九二〇年代後半の黒人運動を代弁する重要な役割を果たした。カーニバル・グループ「シャンゼリゼ（Grupo Carvavalesco Campos Elyseos）」の代表をつとめていたヴァンデルレイや、新聞編集、詩集の刊行で名を知られていたゲデスのような影響力のある黒人が、黒人青年会議に水を差すかのような独自のプロジェクトを宣伝しはじめたことに、レイテは心中穏やかざるものがあった。[*35] このことが致命的であったのかどうかは知るよしもないが、オラシオ・ダ・クーニャやアギアルの引き続いての訴えもむなしく、黒人青年会議は結局実現されぬまま、計画は立ち消えとなってしまったのである。[*36] 対照的にルイス・ガマの胸像の方は、二年あまりの歳月を経て一九三一年一一月一五日に落成に至っている（*Progresso* 1931c; Ferreira 1931）。

『起床ラッパ』における新たな傾向の三点目は、国外のアフリカ系人の動向にも目を向けるようになっていったことである。こうした方向性は『ジェトゥリーノ』においてもすでに芽生えていたが、『起床ラッパ』はさらにそれを本格化させた。きっかけとなったのは、一九二九年よりはじまった、米国の黒人紙『シカゴ・ディフェンダー』（*Chicago Defender*）との発行新聞の相互交換である。[*37] 同紙主幹ロバート・アボット（Robert Abott）のブラジル訪問を機に築かれた関係を通じ、『シカゴ・ディフェンダー』の一部記事が翻訳のうえ転載された。[*38] このあと、ガーヴィーの思想や活動など国外の黒人運動に対する言及はさらに拡大していくが、その背景にはブラジル黒人の意識を高めようとする意図があったものと推察される。[*39]

図Ⅱ-6　ブラジル黒人戦線の創設記念日式典における首脳たち（1936年）

高揚期（一九三一～三七年）――ブラジル黒人戦線による運動の大衆化

サンパウロを舞台とする黎明期ブラジル黒人運動の絶頂は、一九三一年創設のブラジル黒人戦線によってもたらされた。黒人運動家たちの糾合をなしえたとはいいがたいものの、黒人戦線は少なくとも黒人大衆の動員において一定の成功を収めた点で、黒人運動にさらなる前進を刻するものであったといえる。二〇世紀初頭よりその主張や活動を少しずつ明確化させてきたブラジル黒人の闘いは、しかしながら一九三七年のヴァルガス大統領による独裁体制の成立により、道なかばにして突然の幕引きを余儀なくされてしまうのである。

ブラジル黒人戦線誕生の背景として、レイテの回顧録やほとんどの先行研究は激動のただなかにあった当時の政治状況について言及している。一八八九年よりはじまる第一共和制下では、前職の推す候補が当たり前のように大統領選を制する寡頭支配体制が続いてきたが、一九三〇年の選挙はそうした候補であったジュリオ・プレステスに対してヴァルガスという強力な対抗馬が出現し、従前とは異なる様相を呈していた。折しも世界恐慌の影響を受け、失業などにより生活を悪化させていた黒人たちは、こうした政治情勢の変化の兆しにみずからの状況改善の望みを託したのだという（Leite 1992: 88-93）[*40]。一部の者たちは広場などに集まり熱心に政治論議を交わし、その先鋒に立っていたイザルティーノがやがて結成される黒人戦線の立役者になったとレイテは振り返っている[*41]。ヴァルガスは選挙に敗れはしたものの、反体制勢力が蜂起するなか、同調した軍がクーデターにより第一共和政を打倒すると、彼はそのあとを受けて臨時大統領に就任した（一九三〇年革命）。一九一〇年代から二〇年代にかけて揺らいできた、政治はエリートの独占物で民衆はそこから排除されているという前提が、ことここに至り決定的に覆されたとアンドリューズは指摘している（Andrews 1991: 148）。

翌一九三一年九月一六日、アルリンドは労働者階級ホール（Salão das Classes Laboriosas）にて黒人の集会を開催し、新たなる黒人組織の設立を呼びかけた。規約を採択するため同年一〇月一二日に再び招集された会合には一〇〇〇人をこえる黒人が駆けつけたという（Fernandes 1978［1964］: 47; Ramos 1971: 194; Ferrara 1986［1981］: 66）。[*42] バトラーによれば、アルリンドの持っていた組織化のノウハウや多くの黒人運動家たちとの面識は、それまでにパルマーレス市民センターや黒人青年会議計画に関わってきた経験のたまものであった（Butler 1998: 113）。[*43] かくしてブラジル黒人戦線は発足し、総裁（presidente）にはアルリンド、書記（secretário）にその兄イザルティーノ、公式演説者（orador official）にアルベルト・オルランドがそれぞれ就き、大評議会（Conselho Grande）にはほかに七人が名を連ねた（Ferrara 1986［1981］: 66-67）。規約の第三条にはその目的として、「黒人の道徳、知性、芸術、技術、職業、身体の面における向上、および彼らに対する社会、法律、経済、仕事上の支援、保護、擁護」が掲げられている。[*44]

以後、黒人戦線はまたたくまに多数の黒人たちの加入を呼び、黒人運動としては未曾有の規模を誇る組織へと成長していく。『サントス日報』（*Diario de Santos*）が一九三一年末に報じたところによれば、創設からまもないにもかかわらず、サンパウロ市に六〇〇〇人、サントス市に二〇〇〇人の会員

図Ⅱ-7　ブラジル黒人戦線の創立記念日式典に参加する人びと（1935年）

図Ⅱ-8　ブラジル黒人戦線の女性芸能団「黒薔薇」

図Ⅱ-9　ブラジル黒人戦線の楽団

(frentenegrinos) をすでに数えるに至っていたという。[*45] これら二都市以外にも黒人戦線の影響は広がりをみせ、州内各都市はもちろん、隣接するミナスジェライス (Minas Gerais) 州南部の諸都市、リオデジャネイロ、さらにはバイーア州やリオグランデドスル (Rio Grande do Sul) 州にまで提携組織の存在を確認することができる (*O Clarim da Alvorada* 1931b; Andrews 1991: 149)。[*46] 財政面では、会員の毎月支払う会費や、パーティーの主催やバレエの上演による収益金などが主たる活動資金とされていたことがうかがえる (A. Barbosa et al. 1998: 40; Leite 1992: 123)。会費の徴収は、地区ごとに置かれた「隊長 (cabo)」を通じてきわめて効果的におこなわれたという (Leite 1992: 93; Butler 1998: 117)。

黒人戦線の活動について、以下で四つのおもな側面に分けて概観してみることにしたい。第一に、人種偏見・差別の具体的事例に対して抗議や請願といったかたちの直接行動をとったことが挙げられる。パルマーレス市民センターを先駆けとするこうした姿勢は、黒人戦線ではさらに決然としたかたちで打ちだされた。当時、サンパウロ市や州内の諸都市には黒人が疎まれたり、締めだされていたりした特定の場所が存在し、黒人たちもみずからそれらを回避する傾向にあったという。黒人戦線は人種偏見・差別に立ち向かう勇気を植えつける目的で、こうした暗黙の「ルール」をあえて無視するよう鼓舞した。アルリンドの言葉を借りれば、黒人戦線は「タブーをうち破ること」に挑んだのである。[*47] とりわけ照準が合わせられたのは、スケートリンクへの入場と公園でのそぞろ歩きの二つであった。会員たちはこうした場所に堂々と立ち入り、かつ折り目正しくふるまうよう促されたという。[*48] 黒人戦線は他方で、スケートリンクの黒人差別が解消されなければ会員たちの行動に責任は持てないと警察に対し圧力をかけ、結果的に黒人に対しても等しく門戸を開放すべしとの通達を出させることに成功したのである（Mitchell 1977: 131; Butler 1998: 115）。また、パルマーレス市民センターがとりくみながら実質的な改善がみられてこなかった市警備隊における黒人排除の問題に関しても、黒人戦線はあらためて働きかけをおこない、多数の黒人の入隊をついに実現したとされる。[*49]

図Ⅱ-10　ブラジル黒人戦線の運営する学校

二番目として、黒人戦線は娯楽・文化のさまざまな催しや各種の社会サービスを提供した。こうした活動は黒人社交クラブやパルマーレス市民センターのそれを踏襲するものであったが、それらに比べると社会サービスの方の拡充ぶりが際立っている。組織としては、女性芸能団「黒薔薇（Rosas Negras）」や楽団（Regional）、サッカーチーム（Frentenegrino Futebol Clube）などが編成されたほか、州政府認可の学校や、図書館、歯科診療室（Gabinete Dentario）、仕立所（Grande Oficina de Costura）、ヘアーサロン（Salão Frentenegrino）、共済組合（Caixa Beneficiante）といったものが設けられている（Mitchell 1977: 134; Butler 1998: 115）。[*50] これらにくわえ、音楽や識字の講座を開いたり、会員が雇用主や家主とのトラブルに巻き込まれたときは、あいだに入って仲裁をこころみたり、弁護士を派遣して会員をサポートしたりもしたという（Mitchell 1977: 135; Butler 1998: 118; Fernandes 1978［1964］: 55; A. Barbosa et al. 1998: 42, 47-48）。[*51]

また、日曜集会（domingueira）の重要性も指摘されている。そこでは、指導的立場にあるメンバーたちの演説や、黒人の教育・啓発を目的とした衛生、育児の講座、黒人商からの購買や住居取得を促すキャンペーン、さらには詩の朗読や楽団の演奏などがおこなわれたという（Mitchell 1977: 132-133; Ferrara 1986［1981］: 67; Andrews 1991: 149; Butler 1998: 115-116; A.Barbosa et al. 1998: 50）。[*52] こうした娯楽・文化の企画や社会的機能が大衆を動員するうえで大きな役割を果たしたとミッチェルは論じている（Mitchell 1977: 133-135）。

第三に、新聞の発行がある。黒人戦線は設立からおよそ一年半が経過した一九三三年三月一八日に公式機関紙『黒人種の声』を立ち上げた。編集者にかつてサンパウロ市初となる黒人紙『メネリク』の編集主幹をつとめたデオクレシアノ・ナシメントを迎えたこの新聞は、途中で週刊から隔週刊、さらには月刊へと頻度を落とすものの、黒人戦線が活動禁止に追い込まれる直前の一九三七年一一月まで計七〇号が発行された。ミッチェルにしたがえば、その紙面の半分は社会生活に関するニュース、残り半分が社会論評や指導者たちによる演説の文面、そして組織公報にそれぞれさかれた（Mitchell 1977: 155-156）。黒人戦線からの資金補助と広告収入によって運営されたという『黒人種の声』は、各地の約二〇の支部を通じて無償で配布され、黒人戦線に全国的組織の性格を付与する重要な意義を有したとされている（Ferrara 1986［1981］: 68; Mitchell 1977: 135）。[*53]

最後に、政治的影響力の確保を企図した動きを挙げておかねばならない。クライエンテリズムが根を下ろす政治的土壌にのっとったかたちでの政治家への接近は、パルマーレス市民センターによってすでにはじめられ、黒人戦線も前述のごとくそれを引き継いでいた。しかし、規約の第四条では「その社会的な目的をより完全に達成するため、組織化された政治勢力として、黒人の代表となる公選の職を争う」との表明がなされており（Ferrara 1986［1981］: 64-66）、さらに一歩踏み込んだ政治への関与を当初から見据えていたことがうかがえる。かくして、その時は一九三三年にやってきた。五月三日に実施されることとなった新憲法制定のための制憲議会（Assembléia Constituinte）選挙に、総裁アルリンドが立候補したのである。[*54] 当選はならなかったものの、このあとも黒人の有権者登録キャンペーンをおこなうなど選挙政治への参与をにらんだ活動を継続し、[*55] 一九三六年には黒人戦線の政党登録を果たすというひとつの結実をみている（Andrews 1991: 150, 305; A. Barbosa et al. 1998: 58-59）。結局、最後まで当選者を出すことはかなわなかったが、ルクレシオの言によればそれはあらかじめ想定されたことだった。その意図は、「われらも候補者となり選ばれる権利を持つ、ブラジルの市民なのだという意識」を黒人たちに持たせることにあったと彼はいう（A. Barbosa et al. 1998: 44）。[*56]

このように、黒人戦線は黒人大衆の動員をある程度まで実現し、黒人運動に大いなる活力をもたらした。しかしながら、黒人運動の統一組織といいうるほどの求心力を発揮するまでには至らなかったのも、また事実である。黒人戦線、とりわけその指導層に対し反対の立場をとる運動家や、そこからの離反者の存在は、その活動の全期間を通じて消え去ることはなかったといってよい。

図Ⅱ-11　ブラジル黒人戦線の初代総裁アルリンド・ヴェイガ・ドス・サントス

黒人戦線に対してまっさきに異議を唱え、明確な批判的姿勢を貫いたのが、『起床ラッパ』紙のレイテを中心とするグループであった。創設時には評議会の一員にくわわることが予定されていたというレイテであったが、規約の内容に反対であったことから、彼のグループはその採択が予定されていた集会への参加を突如、阻まれてしまったという（Leite 1992: 94）。[*57] レイテらが問題視していたのは、総裁に絶対的な権限を付与する組織形態とアルリンドのイデオロギー的志向であった。アルリンドは、ファシズムへの共感と君主制の礼賛を特徴とする新祖国運動（patrianovismo）の指導者でもあ

図Ⅱ-12　黒人新聞『起床ラッパ』のオフィス

り、黒人戦線の組織や運営のあり方は権威主義的色彩が強かったとされる。[*58] レイテの目には、アルリンドが自身の信条を広めるために黒人戦線を利用しようとしているように映ったのである（Leite 1992: 94）。結局、レイテは評議員辞任を申し入れ、黒人戦線とは距離を置くことになる（Leite 1992: 94）。[*59]

しかし、ことはこれだけでは収まらなかった。黒人戦線は、レイテらやその他の対抗者たちを「人種のユダ（Judas da Raça）」と裏切り者呼ばわりして敵視し、「行動を起こさず、黒人のために何らなしてきたわけでもなく、ただ口を開き批判することしかできない」と挑発をはじめた。[*60] そうした折、書記イザルティーノが不倫関係を結んだ女性の家族からの訴えが『起床ラッパ』に寄せられると、レイテらは黒人戦線指導部に対する公然とした批判に踏み切る。[*61] 彼らは『起床ラッパ』の「名を中傷合戦で汚さぬため」、一九三二年二月にみずから「三文新聞（pasquim）」を名乗る『鞭』（*Chibata*）を別に立ち上げ、イザルティーノの一件を告発するとともに黒人戦線からの誹謗に応戦した（Leite 1992: 99-100; *Chibata*, sem anno, sem numero, fevereiro de 1932）。[*62] 翌三月に『鞭』の二号目が出されると、黒人戦線はついに実力行使におよんだ。[*63] 同三月一九日の夜、ロケ・ドス・サントスら七、八人の男たちが『起床ラッパ』編集部を兼ねていたレイテの自宅に殴り込みをかけ、家財を荒らしたのである（Leite 1992: 100-102; A.Barbosa et al. 1998: 68-69）。[*64] 同二七日に号外（versão extra）として発行された『起床ラッパ』第二期第四〇号はこの暴挙を世にあきらかにし、アルリンドに対し痛烈な非難を浴びせた（*O Clarim da Alvorada* 1932b; 1932c）。[*65] しかし、同年五月に第二期第四一号、翌三三年に第二期第四二号が発行されたものの、『起床ラッパ』はそれを最後に、その九年間にわたる活動に終止符を打つこととなってしまったのである。[*66] レイテらはその後、ジョゼ・デ・アシス・バルボーザの発案により一九三二年七月一日、黒人社会文化クラブ（Clube Negro de Cultura Social）を結成し、娯楽・文化の分野を中心とした活動へと移行していく（Leite 1992: 103, 109-123）。一時期、ゴエス（Fernando Góes）が中心となり新聞『ラッパ』（*O Clarim*）を発行したこともあったが、『起床ラッパ』の後継といいうるような存在感を示すことはなく、実際レイテもそれに関与することはなかったという（Leite 1992: 121-122）。

一方、黒人戦線で主要な役割を果たしながら、のちに離脱していった者たちもいた。弁護士グァラナ・デ・サンタナ（Joaquim Guaraná de Sant'anna）もそのひとりである。一九三〇年革命までブラジル政治の主導権を握ってきたサンパウロ州では、ヴァルガスの臨時政府に対する不満が徐々に高まり、一九三二年七月九日に一九三二年立憲革命（Revolução Constitucionalista de 1932; 州外では「サンパウロの戦争（Guerra Paulista）」）と呼ばれる武装反乱が発生したが、サンタナは黒人部隊なる組織を結成し、この反乱へと身を投じた（Leite 1992: 103-104）。ヴァルガス支持の姿勢をとった黒人戦線からは、さらにフェレイラやジョアキン・ヴァレンティン（Joaquim Valentim）らが去り黒人部隊に合流したが、[*67] 結局、一九三二年立憲革命は数カ月ののちに鎮圧されてしまう。しかし、このあとも黒人部隊は文民組織へと改組して活動を続けた（Leite 1992: 107; A. Barbosa et al. 1998: 78）。フェレイラ、サンタナはほどなく組織を離れたものの、一九三五年にはレイテらを招き機関紙として『黒人論壇』（*Tribuna Negra*）を発行したりもしている。[*68]

図Ⅱ-13　独裁体制を築いたジェトゥーリオ・ヴァルガス大統領（1930年頃）

このほか、黒人戦線の右翼志向を嫌った左派グループが分離し、黒人社会主義戦線（Frente Negra Socialista）が結成されるなど、黒人戦線は数回にわたる大きな内部抗争を経験したとされる（Mitchell 1977: 137; Leite 1992: 117）。創設の中心となりカリスマ的な指導者であったアルリンドやその兄イザルティーノさえも、やがて黒人戦線を追われ、その後はジュスティニアノ・コスタ（Justiniano Costa）総裁、ルクレシオ書記を中心とする体制へと引き継がれた（Leite 1992: 105-106）。中産階級の黒人たちからなる上層部が、こうして組織の方向性をめぐり対立や分裂を繰り返したことで、下層労働者に属する一般会員の心は黒人戦線から徐々に離れていったともいわれる（Mitchell 1977: 136; Andrews 1991: 149-150）[*69]。しかし、黒人戦線によって当時のブラジル黒人運動における最大の組織化が実現されたこともたしかである。バトラーは、多数の黒人社交クラブがそれぞれのニュースや告知を『黒人種の声』に掲載していることを指摘し、黒人諸団体の非公式な「包括的」組織（"umbrella" organization）としての役割を黒人戦線が果たしていたと論じている（Butler 1998: 125-126）。またフェルナンデスは、黒人戦線がその戦略として黒人たちによる「行動」に力点を置いたことを重視し、このことが黒人大衆の動員を可能にし、黒人のあいだに新たな精神的気風を生みだしたと評価している（Fernandes 1978［1964］: 52-58）。

一九三七年一一月一〇日、ヴァルガス大統領は連邦、州など各レベルの議会をすべて閉鎖し、「新国家」（Estado Novo）と称する独裁体制の樹立を宣言した。翌一二月二日に全政党の解散を命じる大統領令が出されると、前年に政党登録をしていた黒人戦線は他の諸政党と同様、活動停止へと追い込まれてしまう。ラウル・ジョヴィアノ・ド・アマラル（Raul Joviano do Amaral）を中心に、名称をブラジル黒人同盟（União Negra Brasileira）へと変更しての存続が模索されたが、かろうじて生きながらえることができたのは、翌一九三八年五月一三日の奴隷制廃止五〇周年祝賀行事までであったという（Moura 1980: 157）。この祝賀行事はサンパウロ市文化局の発案によるものだったが、コスタ、ルクレシオ、レイテ、ゴエスらが準備委員会を組織して協力した（Leite 1992: 130-135）。当日、行事には多数の黒人たちがつめかけ、市立劇場でおこなわれた公式式典では黒人たちによる演説のほか、詩、音楽、民俗舞踊などが披露されたという（Leite 1992: 136-137）。この盛大なイベントを最後に、ブラジル黒人運動はしばしの沈黙の期間へと入っていくのである。

五　むすび――相違と対立をはらみつつ訴えたもの

みずからの回顧録の刊行を待たずして、レイテは一九八九年二月二七日に他界した。アルリンドやゲデスなどもとうに世を去っており、いまや運動家本人の口から当時の黒人運動の状況を直接聞くことなど望むべくもない。われわれは、彼らの残した新聞、著作、証言など限りある貴重な資料を、つぶさに検討していく必要性にいっそう迫られていくことになろう。

本章では、先行研究および運動家の残した証言をもとに二〇世紀前半のサンパウロにおける黒人運動の展開を追い、その動態を浮かび上がらせることをこころみた。その過程においては、ひとつひとつの事実の裏づけとなるような新聞記事をできるかぎり特定して提示するよう心がけ、それがみいだせない点に関しては先行研究の見解を引用している。

前節でみてきたように、「ブラジル黒人」とひとくちにいっても、中産階級に属する少数の者たち、そのさらに一部が母体となった運動家たち、そして貧困層に属する一般大衆と、とりまく状況や追求する方向性の大きく異なる各層に分化していた。また、黒人運動内部、さらにはひとつの黒人団体のなかでさえ、主張のくい違いや組織間、構成員間の抗争、反目がしばしばみられたのだった。こうした相違や確執のなかには、主導権をめぐる単なる対抗意識に起因するものもたしかに少なくなかろう。しかし、運動の方向性や手段についての多様な考え方が確実に反映されていたことも事実であるし、また、現状を変革する「力」に乏しい黒人たちが戦略として政治への接近をはかり、その動向に翻弄されるさまもみてとることができる。

当時の黒人運動の運動家や支持者がてんでばらばらな好き勝手な方を向いていたというのでは、むろんない。彼らの願いとして目指していたものとは、当時のままのブラジル社会に分け隔てなく受け入れられること以外のなにものでもない。黒人として真に自由に生きるため、アフリカに移り住もうというのでもなければ、どこかに黒人だけの国を作ろうというのでもない。黒人が多いからとアフリカ的な価値観に依拠しつつブラジル社会のありようを変えていこうというのでもなかった。ただ、そうした大枠のなかではあっても、黒人新聞の論調、ひいては黒人運動の方向性に関する体系的かつ綿密な分析をおこなううえでは、対象とする記事や発言について、どのような位置にある者の、誰に向けた、いかなる目的のものなのかをしっかりと考えあわせることは不可欠である。本章の眼目は、そうした文脈や背景を整理して提示することにほかならない。

＊1　サンパウロ州とその州都のサンパウロ市とがあるが、単に「サンパウロ」はとくにことわりのないかぎり、前者を指すものとする。後者は本書ではつねに「サンパウロ市」と表記することとする。

＊2　これらのマイクロフィルムについては、本書巻末の「付録　20世紀前半のサンパウロにおける黒人新聞資料」を参照のこと。

＊3　この名称は、創刊の前々年にあたる一九一三年に逝去したエチオピア皇帝メネリク二世（Menelik II）からとられている（*O Menelik* 1915）。

＊4　「ジェトゥリーノ」は、黒人作家で奴隷制廃止運動の活動家でもあったルイス・ガマが用いた筆名のひとつであった。

＊5　ゲデスは、『黒人詩人の絶筆』（*O canto do Cisme Preto*）（一九二六年）をはじめとする数点の著作を残した。デオクレシアノ・ナシメントについては、Moura（1980: 33）を参照。

＊6　フェラーラが提示している限りでは、一九二四年創刊の『ジェトゥリーノ』以降、『アウリヴェルデ』、『黒人種の声』と計三紙が週刊であったが、それら以前に定期刊行のかたちをとっていたものはいずれも月刊または隔週刊であった（Ferrara 1986［1981］: 235-260）。

＊7　バトラーは黒人新聞間の対抗意識についても指摘している（Butler 1998: 92-94）。

＊8　Cambará (1918); Oliveira (1918a). 前者はバトラー、後者はアンドリューズの著作にそれぞれ引用がある（Butler 1998: 94; Andrews 1991: 139）。

＊9　D'Alencastre (1918b). バトラーはこの記事の大部分を引用している（Butler 1998: 85-86）。

＊10　ただし、『ジェトゥリーノ』と『起床ラッパ』とのあいだにコンタクトがなかったわけではない。前者はその紙面で後者の発刊に祝辞を送り、後者は前者の創刊一周年によせて「同志」と称え、その二人の編集者へのオマージュを写真つきで掲載している。*Getulino*, nº 25, 13 de janeiro de 1924, p.3.; *O Clarim da Alvorada*, nº 12, 25 de janeiro de 1925, p.3.

＊11　パルマーレスという名称は、一七世紀にブラジル北東部に存在したひとつのキロンボ（quilombo）にちなんだものである。キロンボとは逃亡奴隷のコミュニティのことであるが、なかでもパルマーレスは強大な勢力を誇り、一〇〇年近くにわたり植民地政府に対して自律性を保ったとされ、こんにちにおいてもブラジル黒人の抵抗のシンボルとして位置づけられている。本書第五章も参照。

＊12　以下の記事も参照のこと。*Progresso* (1929c; 1929d).

＊13　バトラーはパルマーレス市民センターのメンバーとしてレイテの名も挙げているが、彼本人は回顧録のなかで『起床ラッパ』の編集で忙しく、参加できなかった」と語っている。のちにフェレイラとのあいだでもちあがった論争の内容から考えても、レイテのセンターへの関与は少なくとも深いものではなかったと想像される。注21およびLeite (1992: 62-63) を参照されたい。

＊14　ミッチェルのエンリケ・クーニャに対する聞き取り調査による（Mitchell 1977: 125-126）。さらには、Butler (1998: 104) を参照のこと。ただし、ミッチェルによればプラドの演説は市警備隊の方針を覆すには至らず、またバトラーは市警備隊に黒人が実際に採用されるようになったのは一九三〇年代初頭になってからだとしている。ルクレシオの証言もそれらと符合している（A. Barbosa et al. 1998: 55）。アンドリューズは、黒人の採用を禁ずる規定が撤回されたあとも、市警備隊の黒人差別はインフォーマルなかたちで継続したとの見方を示している（Andrews 1991: 150-151）。なお『起床ラッパ』第二期第一八号は、市警備隊への入隊者募集告知が好ましい条件のひとつとして白人であることを明記している点を問題視する記事を他紙より転載している（*O Clarim d'Alvorada* 1929d）。

プラドの演説とジュリオ・プレステスによる措置については、以下に報じられている。*Progresso* (1928a; 1928b; 1928c); Horacio da Cunha (1928b).

＊15　たとえば、Affarez (1929) など。フォイズ＝ギテンズは「英国の黒人」であったという (Leite 1992: 73)。

＊16　ミッチェルによれば、プラドに対して「見返り」を与えるべきか否かをめぐってセンターのメンバー間に亀裂が生じ、これが多くの離脱者を生むことになったとしている (Mitchell 1977: 125-126)。

＊17　*O Clarim d'Alvorada* (1929c; 1929e; 1929h; 1929i; 1930c); Amorim (1929); *Progresso* (1929l). 実質をともなっていたかどうかは不明だが、その後もパルマーレス市民センターの名は黒人紙にみられる。たとえば、M. dos Santos (1931) を参照。

＊18　Renato Jardim Moreira e José Correia Leite, *Movimentos sociais no meio negro*, Ms, pp.3-4 (citado em Fernandes 1978 [1964]: 18); Butler (1998: 103); Leite (1992: 38). 現存する紙面に限っていえば、『ジェトゥリーノ』で一九二五年に発行されたものは確認できず、その後は二六年五月一三日付の"Ano III, nº 1"という号が残されているのみである。「仮編集部」の住所から判断して、この号はサンパウロ市で発行されたものと推察される。*Getulino*, Ano III, nº 1 (13 de maio de 1926). ゲデスらはより多くの読者を当て込んでサンパウロ市へと移ってきたがうまくいかなかったとしているミッチェルの論は、おそらく妥当であろう (Mitchell 1977: 127)。『起床ラッパ』への寄稿は、ジェルヴァジオ・デ・モラエスが第一七号より、ゲデスが第一九号 ("Laly" なる筆名を使用) よりみられる。G. de Moraes (1925a); G. de Moraes (1925b); Laly (1926).

＊19　A. J. V. dos Santos (1927a; 1927b); M. dos Santos (1927); I. V. dos Santos (1928); Ferreira (1929a).

＊20　このときの様子は以下で詳しく描写されている。Leite (1992 [1963]: 293-294).

＊21　パルマーレス市民センターに対して無関心なサンパウロの黒人たちをこきおろす記事をフェレイラが『サンパウロ・ジャーナル』(*São Paulo Jornal*) に投稿したのに対し、レイテは『起床ラッパ』紙上でこれを批判した (Leite 1928a)。つづいてさらなる応酬もなされている (Leite 1928b)。

＊22　和解の経緯とその後のフェレイラについては、Leite (1992: 62-72) を参照のこと。

＊23　紙面の現存する範囲でいうと、一九二七年一〇月一五日付で第三六号が発行されたあと、第二期第一号が発行されるまで三カ月半ほどの空白期間が存在する。また、第三五号と第三六号の間隔もやはり三カ月ほどあいており、レイテはそれを創刊当初より変わらぬ経営の苦しさによるものとしている (Leite 1927b)。第二期の副題については、*O Clarim d'Alvorada*, 2ª fase, nº 1, 5 de fevereiro de 1928を参照のこと。副題には、のちに「黒人青年の公式紙」とも掲げられるようになっていく。

＊24　ルイス・デ・ソウザ、ウルシーノ・ドス・サントス、ジョアン・ソテール・ダ・シルヴァに関しては、それぞれ以下などを参照されたい。*O Clarim d'Alvorada*, 2ª fase, nº 23, 25 de janeiro de 1930, p.1, p.3; ; *O Clarim d'Alvorada*, 2ª fase, nº 22, 24 de novembro de 1929, p.4; *O Clarim d'Alvorada*, 2ª fase, nº 25, 13 de abril de 1930, p.1.

＊25　*O Clarim d'Alvorada*, 2ª fase, nº 7, 12 de agosto de 1928. レイテによれば、アギアルの離脱は結婚を機とするものであった（Leite 1992: 40-41）。ただし、彼は以後も寄稿は続けている。

＊26　第二期第五号（一九二八年六月三日付）にリオデジャネイロ、サントス（Santos）、サルヴァドールにおける代理人の情報が掲載されたのを皮切りに、翌年にかけて新たな都市への代理人設置があいついでいる。

＊27　一九三二年における発行休止ののちに確認できるのは、一九三三年五月一三日付の第二期第四二号と一九四〇年九月二八日付の第三期第一号のみである。*O Clarim da Alvorada*, 2ª fase, nº 42, 13 de maio de 1933; *O Clarim da Alvorada*, 3ª fase, nº 1, 28 de setembro de 1940.

＊28　バトラー（Butler 1998: 98）は、以下の記事を例のひとつに挙げて、そのような見解を提示している。L. de Souza (1929).

＊29　寄稿者名は"L."とのみされているが、レイテによるものと想像される。なお記事のタイトルにはpreconceito（偏見）という語が含まれているが、この語は二〇世紀前半のブラジルにおいては、こんにちでいうdiscriminação（差別）の概念をも含んだ意味合いで使われていたことを、フェルナンデスはかつて指摘した（Fernandes 1978［1964］: 37）。本書もこの見解に賛同し、差別も含むと文脈から判断した場合は「偏見・差別」という訳語をあてるものとする。それ以外の場合は「偏見」、当時の表現の訳としてでない場合は適宜「偏見」、「差別」、「偏見・差別」という語を用いている。

　これら以外に人種偏見・差別の存在を否定する記述を含むものとして、たとえば以下のような記事が挙げられる。Leite (1926a; 1926b).

＊30　記事をきっかけにこの孤児院には黒人孤児の姿もみられるようになり、このことは『起床ラッパ』が現実に社会的役割を果たしていることを実感させるものだったとレイテは振り返っている（Leite 1992: 79-80）。

＊31　たとえば、つぎのようなものがある。V. dos Santos (1929); *O Clarim d'Alvorada* (1929j; 1930f).

＊32　これは、ルイス・ガマをはじめとする奴隷制廃止に功のあった運動家たちの墓を訪れるというものであった。現存する紙面から、少なくとも一九二七年、二八年、二九年に計三回はおこなわれたことが確認できる。Leite (1927a); *O Clarim d'Alvorada* (1928; 1929b).

＊33　レイテは『起床ラッパ』の創刊からまもない一九二四年四月六日付の第四号で、「黒人連合（Confederação dos homens pretos)」の構想を抱いていることを明かしている（Leite 1924)。この後、黒人のあいだの団結のこころみが伝えられては消えていくたびに、彼は一喜一憂を繰り返した。

＊34　フレデリコ・バプティスタ・デ・ソウザの黒人青年会議への支持は、たとえば以下にみられる。F. B. de Sousa (1929).

＊35　「きみたちは黒人青年会議を続けたまえ、われらはルイス・ガマの胸像（建立）の計画をはじめることにする」といったゲデスのいいように、レイテは憤りを覚えたという（Leite 1992: 83-88)。ただし紙面上では、『進歩』紙のイニシアチブに対する称賛と協力が表明されており、またルイス・ガマ胸像賛助委員会（Commissão pro Herma Luiz Gama）の一員として『起床ラッパ』紙は名を連ねてもいる。*O Clarim d'Alvorada*, 2ª fase, nº 21, 27 de outubro de 1929; *Progresso* (1930a).
　胸像建立計画については、これらのほか以下を参照のこと。*Progresso* (1929j; 1930c; 1931a).

＊36　Horacio da Cunha (1929); Aguiar (1929); *O Clarim d'Alvorada* (1930a).

＊37　*O Clarim d'Alvorada* (1929k) を参照せよ。

＊38　この経緯については、つぎに詳しい。Leite (1992: 78-79).　転載記事には、たとえば以下のようなものがある。*O Clarim d'Alvorada* (1930d; 1930e).

＊39　詳しくは本書第三章を参照。

＊40　Moreira e Leite, *Movimentos sociais...*, pp.13-14（citado em Fernandes 1978［1964］: 20-21).

＊41　市警備隊における黒人排除の問題で黒人運動家の訴えに耳を傾けたジュリオ・プレステスに対し、『起床ラッパ』や『進歩』には好意的な論調がみられたが、一方にある従来の支配層に対する反感とのあいだで揺れる黒人運動家たちの複雑な胸中をバトラーは推しはかっている（Butler 1998: 111-112)。さらには、Mitchell (1977: 129-130) も参照のこと。ジュリオ・プレステスへの共感は以下に示されている。Carneiro (1928); *O Clarim d'Alvorada* (1929f); Ferreira (1929b). また、支配層への不満はつぎのものにみてとれる。Moreira e Leite, *Movimentos sociais...*, pp.13-14（citado em Fernandes 1978［1964］: 20-

21); F. B. de Sousa (1929). 他方、アルリンドはヴァルガスを支持しており、黒人運動家たちは二つに割れている。

*42 規約の採択がおこなわれた会合の日付に関して、バトラーの著作のみが九月二八日としている（Butler 1998: 113）。たしかに『起床ラッパ』と『進歩』はそれぞれ九月二八日に会合が催されたことを報じているが、この日に規約の採択がおこなわれたかどうかは定かでない。Henrique Cunha (1931b); *Progresso* (1931b).

*43 ミッチェルも同様の見方を示している（Mitchell 1977: 130）。

*44 規約の全文は以下に掲載されている。Ferrara (1986［1981］: 64-66).

*45 *Diario de Santos* (20 de dezembro de 1931), citado em Mitchell (1977: 131, 150). 当時、黒人戦線は二〇万人の会員を擁すると称していたとレイテは回想している（Leite 1992: 94）。

*46 各提携組織は、それぞれの内部の問題に関しては自律性を有していたとミッチェルは指摘している（Mitchell 1977: 135）。なお、以下は提携組織に関わるもので興味深い。Barros (1988［1935］); Bacelar (1996).

*47 フェルナンデスが引用しているアルリンドの証言による（Fernandes 1978［1964］: 56）。

*48 注47に同じ。ルクレシオはこのほかに、ディレイタ通り（Rua Direita）沿いの商店による黒人差別に抗議するデモ行進をおこなったとも証言している（A. Barbosa et al. 1998: 54-55）。

*49 働きかけの経緯に関しては、著作によってくい違いがみられる。アンドリューズの著作やルクレシオの回想では、黒人戦線はヴァルガス大統領に派遣団を送って請願したとされているが、フェラーラが引用しているペドロ・パウロ・バルボーザ（Pedro Paulo Barbosa）の証言では、警察長官オズヴァルド・ファリアス（Osvaldo Cordeiro de Farias）に対して抗議を申し入れたとされている（Andrews 1991: 150-151; A. Barbosa et al. 1998: 55; Ferrara 1986［1981］: 74-75）。黒人戦線の一員で、市警備隊に入隊したマルセロ・オルランド・リベイロ（Marcello Orlando Ribeiro）によれば、一九三二年に彼を含む二〇〇人の黒人が市警備隊にくわわったという（A. Barbosa et al. 1998: 83-85）。

*50 「黒薔薇」についてはA. Barbosa et al. (1998: 18-21, 50-51) を、楽団についてはA. Barbosa et al. (1998: 20-22) を、それぞれ参照のこと。『黒人種の声』第一号にはヘアーサロン、歯科診療室、図書館の、第二号には仕立所の、第七号にはサッカーチームの、第九号には共済組合の、それぞれ広告や情報が確認できる（*A Voz da Raça*, n° 1, 18 de março de 1933, pp.2-4; *A Voz da Raça*, n° 2, 25 de março de 1933, p.4; *A Voz da Raça*, n° 7, 29 de abril de 1933, p.4; *A Voz da Raça*, n° 9, 13 de maio de 1933, p.4)。ピントは、『黒人種の声』紙面および聞き取り調査から、さまざまな娯楽・文化活動および社会サービスとそれを担当する各部（departamentos）をリストアップしている。R. P. Pinto (2013 [1993]: 100-104).

*51 音楽の講座については、以下に告知がある。*A Voz da Raça*, nº 34, 31 de março de 1934, p.4. また、会員からのトラブルにまつわる相談への対応は『黒人種の声』の公報欄でも通知された。たとえば、つぎを参照されたい。*A Voz da Raça* (1933a).

*52 日曜集会の告知は、たとえば『黒人種の声』第一五号にみられる。*A Voz da Raça*, nº 15, 1 de julho de 1933, p.4.

*53 ただし、創刊からしばらくのあいだは紙面に販売価格や購読料が記載されており、無料となったのは途中からとも推察できる。

*54 アルリンドの立候補にあたっての所信表明は、つぎに掲載されている。A. V. dos Santos (1933b). また、以下もあわせて参照されたい。*A Voz da Raça* (1933b).

*55 黒人を対象にした有権者登録キャンペーンの告知は、たとえばつぎにみられる。*A Voz da Raça* (1937). 当時は非識字者には選挙権が認められていなかったため、黒人に対する教育は政治的影響力の増大に直結するものだったと、バトラーは指摘している（Butler 1998: 128）。ルクレシオの証言もこれと符合している（Barbosa et al. 1998: 42）。

*56 ルクレシオは自身も選挙に立ったことがあると語っている。

*57 黒人戦線発足からまだ日の浅い、一九三一年一二月二〇日付の『起床ラッパ』の記事では、たしかに評議会の一員としてレイテの名をみつけることができる（*O Clarim da Alvorada* 1931b）。

*58 アルリンドの思想については、バトラーが掘り下げて考察をこころみており、参考になる（Butler 1998: 119-123）。レイテによれば、アルリンドはブラジルのファシズムを代表するインテグラリスタ運動（Ação Integralista Brasileira）の第一回大会に参加し、同運動に対する黒人戦線とその二〇万人の会員の連帯を表明したという。Moreira e Leite, *Movimentos sociais...*, pp.16-18 (citado em Fernandes 1978 [1964]: 59); Leite (1992: 94, 128). 黒人戦線はファシズムをまねた私兵組織（Milícia Frentenegrina）をも擁していた（Andrews 1991: 153-154）。また、公式機関紙『黒人種の声』のマストヘッドを飾る「神、祖国、人種、家族」という題辞は、インテグラリスタ運動が掲げていた「神、祖国、家族」の模倣だという（Butler 1998: 121）。

*59 黒人戦線の誕生により、そこに活動の場を移すため『起床ラッパ』を離れる黒人たちが続出したという（Butler 1998:

124)。そのなかにはレイテの盟友アギアルとフェレイラもいた。レイテの言にしたがうなら、前者は黒人戦線に社会的地位のある黒人たちが集っていたことに惹かれ、後者は『起床ラッパ』への嫌がらせ目的で黒人戦線に引き抜かれたとのことである（Leite 1992: 68-69, 102）。一方、創設後まもない時期に黒人戦線から離脱した者たちには、レイテらのほかにアルベルト・オルランドなどもいたという。Moreira e Leite, *Movimentos sociais...*, pp.16-18（citado em Fernandes 1978［1964］: 59）.

＊60　Moreira e Leite, *Movimentos sociais...*, p.20（citado em Fernandes 1978［1964］: 60）.

＊61　詳細な経緯は以下に詳しい。A. Barbosa et al.（1998: 67-68）; Leite（1992: 99-100）.

＊62　黒人戦線の発足後すぐにレイテらは袂を分かったにもかかわらず、『起床ラッパ』はしばらくのあいだ黒人戦線に対して好意的な記事を掲載している。*O Clarim da Alvorada*（1931a; 1932a）. 矛盾とも思えるこうした状況について、バトラーは、『起床ラッパ』の運営組合（Sociedade Cooperativa）の長であったフレデリコ・バプティスタ・デ・ソウザが黒人戦線の圧力に屈していたためとの見方を示している。その証しとして、スタッフあるいは寄稿者であったレイテ、エンリケ・クーニャ、ジェルヴァジオ・デ・モラエスらによる「闘う友の同盟（Liga dos Amigos da Lucta）」の結成と、そこにおけるフレデリコ・バプティスタ・デ・ソウザの不在を挙げている（Butler 1998: 123-124; *O Clarim da Alvorada*, 2ª fase, nº 37, novembro de 1931）。

＊63　*Chibata*, sem anno, sem numero, março de 1932.

＊64　レイテはアルリンドが首謀者だと警察に訴え出て、アルリンドは聴取のため出頭を余儀なくされた。

＊65　『起床ラッパ』編集部襲撃の事件により、黒人戦線の威信は著しく失墜したという（Mitchell 1977: 136-137）。なお『進歩』紙は『起床ラッパ』に同調し、事件への抗議を表明したことが第二期第四一号に掲載されている。*O Clarim da Alvorada*（1932d）.

＊66　ただし、このあと、単発的には一九三三年と四〇年にそれぞれ一号ずつ発行されている。注27を参照のこと。

＊67　黒人戦線は、内部に一九三二年立憲革命への共感者が多数いたにもかかわらず、彼らを追放したという（Mitchell 1977: 137）。

＊68　レイテの語るところによれば、黒人戦線が警察に対していわれなき罪を申し立てたことで、フェレイラはサンパウロ市を去らねばならなくなり、数年後にペトロポリス（Petrópolis）で死去したという（Leite 1992: 69-70）。またサンタナに関

しては、黒人部隊を去ったのち、「政党の設立をこころみたもののうまくいかなかった」と述べているが、これは『新しきブラジル』（*Brasil Novo*）を機関紙として発行した急進民族主義党（Partido Nacionalista Radical）のことを指すと思われる（Leite 1992: 107, 123）。サンタナはのちにヴァルガス体制に対する「破壊活動」のかどで投獄されたという（Butler 1998: 124-125）。『黒人論壇』で発行が確認できるのは、つぎの第一号のみである。*Tribuna Negra*, nº 1, 1ª quinzena de setembro de 1935.

＊69　ただし、一般会員にとってより重要だったのは、上層部の関心事にすぎなかった政治的イデオロギーよりも黒人戦線の提供する社会サービスの方であり、これこそが黒人戦線成功の要因だったとするバトラーの見解は念頭に置いておく必要があろう（Butler 1998: 118）。さらには、Mitchell（1977: 134）も参照のこと。

第三章

二〇世紀前半の黒人新聞のなかのアフリカとブラック・ディアスポラ

――「アフリカ性」の忌避

図Ⅲ-1　パン・アフリカ会議を主導した米国の黒人W・E・B・デュボイス（1907年頃）

一　アフリカとブラック・ディアスポラをどのようにとりあげたか

二〇世紀に入る前年、ロンドンでは史上初のパン・アフリカ会議が開催され、黒人たちの声が世界に向けて発信された。決議委員会委員長をつとめたデュボイスは、みずからが中心となって起草した「世界の国々へ」と題する決議文を会議の最終日に読み上げた。*1

一九世紀の終末を告げるこの年、現代世界の中心都市において、黒色諸人種の現状と将来について厳粛に審議するために、アフリカ人の血を引く男女が会議を開いた。二〇世紀の問題はカラー・ラインの問題である。すなわち、人種の違い――それは主として肌の色と毛髪の形状に表れるが――が今後、現代文明の機会と恩恵に世界の半分を超える人びとが可能なかぎり最大限あずかる権利を否定する根拠に、どれほどなりうるのだろうかという疑問である。［……］

いずれにせよ、現代の世界は覚えておくべきである。世界の果てと果てがかくも近くなりつつあるこの時代、アフリカ、アメリカ、西インド諸島の幾百万もの黒人は、そしてほかのどこかの茶色や黄色の無数の人びとはもちろんのこと、数そのものからいっても、実際の接触からいっても、将来、世界に大いなる影響を与えるのは必至であると。

(Du Bois 2006［1900］: 85-86)

しかしながら、そこにブラジルの黒人の姿はなかった。その後、二〇世紀前半を通じて米国や英領・仏領カリブではパン・アフリカニズム運動というかたちでアフリカ志向が鮮明に打ちだされ、ブラック・ディアスポラとアフリカのあいだに類いまれなる緊密な一時代を現出させたが、ブラジルの黒人は米州随一の人口規模を誇り豊かなアフリカ系の文化伝統を残しながら、他の大部分の中南米地域の黒人と同様、こうしたパン・アフリカニズム運動に関わることはなかった。

だが、ブラジル黒人がパン・アフリカニズム運動と直接関わらなかったという事実それ自体は、彼らがアフリカを意識していなかったことをかならずしも意味するわけではない。実際、パン・アフリカニズム運動における不在に話題が及ぶと、その要因としてブラジル黒人の「孤立」が引き合いに出されることがある(E. Nascimento 1981: 178)。「孤立」という要因が強調されるとき、言外に示唆されているのは「ブラジルの黒人運動家たちはアフリカ志向を有していながら、地理的あるいは言語的孤立ゆえにパン・アフリカニズム運動に関わることができなかった」という主張にほかならない。実際、ブラジルで同時期にさかんに発行されていた黒人新聞によく目を通せば、控えめながらもアフリカやブラジル以外の地域のブラック・ディアスポラへの言及をみいだすことは可能である。だが、その事実だけをもってして、当時のブラジルの黒人が参加こそできなかったものの、パン・アフリカニズムには共感していたなどと結論づけるのは短絡的にすぎよう。父祖の地アフリカに対し彼らがどのような姿勢でいたのかをあきらかにするには、黒人新聞においてアフリカやブラック・ディアスポラにまつわるどのような主題が、どの程度、どのように論じられていたのかを丹念にあぶりだしていくことが不可欠である。そして、そうしたトピックの扱い方の背後に、黒人運動家たちのアフリカに対するどのような姿勢をみいだすことができるのだろうか。これが本章の依って立つ問題意識である。

ところで、先行研究はこうした課題にどの程度とりくんできたであろうか。前章でもみたように、この時期の黒人新聞を対象にした研究はけっして少なくない。だが、本章のようにアフリカやブラック・ディアスポラの主題に焦点を合わせた分析は十分になされてきたとはいいがたい。のちほど詳しく検討するが、フェラーラ（Ferrara 1986［1981］）は著作のなかの一章をアフリカ（人）に直接言及した記事の考察にあてており、これまでのところもっとも体系的な研究といえるが、ブラック・ディアスポラについての記事は網羅できていない。一方、バスティードは的を射た見解を提示しているように思えるが、根拠を十分に示して論証しているわけではない（Bastide 1983［1951］）。ディアスポラの主題のうち、ガーヴィーに関するものにかぎってはドミンゲスが綿密な分析をおこなっている（Domingues 2017）。いずれにしても、当時のブラジルの黒人運動家たちがアフリカ志向、あるいはパン・アフリカニズム的視野を実際どの程度有していたのか、あるいは有していなかったのかという問題は、これまで本格的には検討されてこなかったといってよい。

そこで本章では、右記の先行研究と照らし合わせながら黒人新聞の当該トピックと論調について整理し、そのうえ

図Ⅲ-2　カンピーナス出身で黒人新聞『ジェトゥリーノ』、『進歩』の編集長をつとめたリノ・ゲデス

で当時のブラジル黒人運動家のアフリカに対する姿勢をどのようなものとして評価できるか考えてみたい。

二　アフリカとブラック・ディアスポラに関する記事の分析
——トピックの選定と論調にみられる傾向

第二章で詳細にみたとおり、当時の黒人新聞の基本的なありようとは、読者として黒人を想定し、黒人自身が編集、運営するというものだった。全般的にいえば黒人は経済的に恵まれていなかっただけに、経営は不安定になりがちで、長く続かない場合が多かった。

そのような黒人新聞が伝えた内容とはいかなるものであったのだろうか。本節では、アフリカおよびブラック・ディアスポラ関連の記事が相対的に多く掲載された『ジェトゥリーノ』、『起床ラッパ』、『進歩』の三紙をとりあげ、それらの記事が他のおもな主題をふまえつつ、どのように扱われているかみていきたい*2。まず、全体でみるならば、当然ながら国内の黒人にまつわるトピックにかなり偏重しており、一般的な時事報道などはむしろ少ない。二〇世紀前半でも比較的早い時期の黒人新聞は、生誕、結婚、死去といった慶弔のニュースやゴシップ、ダンスパーティーの告知など黒人コミュニティ内部の社会生活に関わる話題でほとんど占められていたが*3、しだいに黒人の啓蒙や意識向上を目的に人種問題などの主題がクローズアップされるようになっていった。バスティードのいう「教育・抗議の新聞」という側面（Bastide 1983［1951］: 130）が徐々に比重を増していったわけである。それでも、社会生活に関するトピックは、第二章でも触れた詩や散文などの短編文学作品とあわせ、おおまかにいって広告を除いた紙面のうち半

表Ⅲ-1　黒人新聞3紙におけるアフリカとブラック・ディアスポラの記事（20世紀前半・サンパウロ）

	アフリカ		ブラック・ディアスポラ	
	記事数	紙面に占める割合	記事数	紙面に占める割合
ジェトゥリーノ	9	0.6%	39	3.0%
起床ラッパ	13	0.9%	81	5.1%
進歩	40	3.5%	71	5.4%
3紙合計	62	1.7%	191	4.5%

出所）筆者作成。

注）新聞自体がそもそもブラジルの黒人に関連するトピックを中心としているので、アフリカやブラック・ディアスポラに関する話題もそうした主題の記事のなかで言及されている場合も少なくない。したがって、かならずしも中心テーマとしてでなくとも、アフリカやブラック・ディアスポラに言及している記事はそれぞれに該当するものとした。両方に言及がある場合は、記述の比重が大きい方に分類した。上記3紙を選んだのは、アフリカおよびブラック・ディアスポラに関する記事の大部分がこれら各紙に集中しているからである。ちなみに分析対象全体のなかで上記3紙の占める割合は、およそ53%である。利用した新聞資料の詳細については本書巻末「付録 20世紀前半のサンパウロにおける黒人新聞紙面資料」を参照のこと。

「記事数」のカウントに際しては、複数号にまたがって掲載された記事の場合、号ごとにそれぞれ1本として計算した。また、「紙面に占める割合」の算出にあたっては、記事数ではなく、その記事の占めるコラム（紙面を構成している縦の段）数を基にした。すなわち、どちらかのテーマに言及のある記事が占めるスペースを半コラム単位で数え、それを当該号全体のコラム数で割るというかたちをとっている。各号ごとに比率を出したうえで、それを平均したものが上の表の数値である。全体のコラム数は広告も含めた紙面全体を対象に算出しているが、欠損・汚損などにより判読不能となっている部分については計算から除外した。

分前後を占め続けたといってよいだろう。このほか、黒人の啓蒙の一環ととらえられようが、かつての黒人の英傑や奴隷制廃止に功績のあった（白人を含む）著名人に対するオマージュの記事も目立つ。一方、アフリカやブラック・ディアスポラに関する記事は、この三紙においてさえわずかにすぎない（表Ⅲ-1参照）。

とはいえ、実際に紙面を確認できる号の範囲でいうと、『進歩』はアフリカに関する記事を平均すればほぼ一号に一本の割合で、ブラック・ディアスポラに関する記事を同じく一号に二本弱の割合で、それぞれ掲載している。また『起床ラッパ』では、創刊からしばらくは散発的にしかみられなかったこの種の記事が一九三〇年以降急増し、二年ほどのあいだにブラック・ディアスポラに関するものが一号あたり三〜四本の割合で掲載されるなど、中心的な主題でないわりには一定の存在感は示していたといえるだろう。

そうしたなかでとりあげられた具体的なトピックやその論調にはどのような傾向をみてとれるだろうか。アフリカ（人）に関する記事はもちろんのこと、ここではブラジル以外の地域のブラック・ディアスポラに言及している記事も考察の対象とする。米国や一部のカリブ海地域でアフリカ志向のひとつの具体的なかたちとして表れたパン・アフリカニズム運動を、ブラジルの黒人運動家たちはどのように評価していたのか。そして、彼らはみずからの問題をアフリカ（人）や他地域のブラック・ディアスポラを包摂する広い文脈のなかに位置づけてとらえるようなパン・アフリカ的視野をどの程度有していたといえるのか。本節ではこうした観点からも問題の核心に迫ってみたい。その意味で、ブラック・ディアスポラに関する記事はアフリカ自体についての記事に勝るとも劣らない価値を持っているのである。そこで、まずはアフリカ（人）関連の記事、ブラック・ディアスポラ関連の記事それぞれについて、トピックの選定と論調に焦点を合わせていくつかの傾向を指摘し、しかるのちに全体としての評価ならびにそれらの記事の背後にある編集者たちの意図についての検討をおこなうことにする。[*4]

アフリカおよびアフリカ人に関する記事

アフリカに関連したものでは、具体的にどういったトピックが好んでとりあげられたのであろうか。地域でいうならエチオピアに関する話題が抜きんでて多く、それ以外については南アフリカとリベリアがいくぶん目につく程度であるのを除けば言及はきわめてまれである。[*5] つぎに内容に目を向けると、ほとんどのトピックは政治、社会、経済か文化、芸術、スポーツのいずれかに分類でき、前者の方があきらかに多い。前者では人種差別、奴隷の慣習、植民地主義、後者では文学といった話題がそれぞれ目立つ。さらには視点の置き方に応じて、アフリカ（人）を主体として個人レベルでとりあげたもの（A）、主体として集団レベルでとりあげたもの（B）、客体としてとりあげたもの（C）、という三つのカテゴリーに分けて考えることも可能である。（A）のトピックには、たとえばエチオピア皇帝や仏領

表Ⅲ-2　アフリカに関する記事の分野・論調ごとの数（20世紀前半・サンパウロ）

	分野a)		対象としてのアフリカ(人)のとらえ方b)		
	政治・社会等	文化・芸術等	主体（個人）	主体（集団）	客体
ジェトゥリーノ	7	2	4	3	2
起床ラッパ	9	4	1	7	5
進歩	27	13	12	20	8
3紙合計	43	19	17	30	15

出所）筆者作成。

注）表Ⅲ-1で「アフリカ」に分類した62の記事を対象とし、すべての記事を「分野」、「対象としてのアフリカ（人）のとらえ方」のそれぞれについて分類した。

a)「政治・社会等」には政治や社会のほか経済などのトピックをとりあげた記事を、「文化・芸術等」には文化や芸術のほかスポーツなどのトピックをとりあげた記事を、それぞれ分類した。

b) 3つの分類は、本文中の（A）、（B）、（C）にそれぞれ対応するものである。


植民地のエリートといった政治の重要人物や才能ある作家、スポーツ選手を対象としたものなどがあり、また（B）に関しては、第一次大戦中の仏軍におけるアフリカ人兵士の貢献やアドワの戦いでのエチオピアの勝利などが目をひく一方で、アフリカの伝統的文化や社会に関するトピックはほとんど見受けられない。そして（C）に分類されるトピックの多くは政治・社会に関するものであり、代表的なものとして南アフリカにおける人種差別や欧州列強がエチオピア、リベリアに対して抱いていた植民地主義的野望などが挙げられる。アフリカに関する記事を分類し、右記の分野・視点ごとの記事の数を示したのが表Ⅲ-2である。

つづいて記事の論調の検討に移るが、その特徴をとらえるのに有用なことから、以下でも右の三つのカテゴリーを用いながら論を進めていきたい。まず全体の傾向として、アフリカ（人）を主体に据えた（A）、（B）のようなトピックには肯定的もしくは称賛の、そして（C）のように客体に据えたものには（主体であるヨーロッパ人）や白人に対する）否定的あるいは非難のトーンが、それぞれ基本的には認められる。たびたび紙面を飾ったエチオピア皇帝に関する話題は（A）の典型である。

「諸王の王」、「神に選ばれし者」［……］ラス・タファリは、摂政として一二年間エチオピアを治めてきた。［……］新皇帝即位の宣言のあと、［……］「この地上にアビシニアの王に並びうるような力などいっさいなく、その前にあっては、神の意向により他のいかなる王といえど、またそれらをすべてまとめたとしても、とるにはたらない」と謳った宣言書が出された。

――『進歩』第八号（*Progresso* 1929b）

一方、（C）を特徴づける否定的なトーンは、奴隷取引に関する記事を別にすれば、多くの場合、あくまでも客観的な報道の体裁を逸脱することなく感じさせる程度であるか、そうでなければ外部からの寄稿や他紙からの転載記事において鮮明に表れているかのいずれかであり、編集者自身の否定的見解や批判が明確に示されていることは少ない。*6（C）に属する記事を二つ、部分的に抜粋してみよう。

もしリベリアが諸植民地と同様の財政政策を採用していたなら、物質的にはかならずやそれら植民地なみに発展していたであろうが、同時にリベリアの政治的独立は巧妙きわまりない帝国主義諸国の国民の手によって奪われていたであろう。［……］「食人者」の共和国（とさげすみ称せられもするリベリア）は、諸列強の「文明」の恩恵に浴した（周囲の）植民地のように騒擾の広まらなかった、静かな湖であることに気づく必要がある。

――『起床ラッパ』第二期第六号（Mattar 1928;（ ）内引用者）

白人による「白い南部アフリカ」という教育は、当然の帰結としてアフリカ人をして「アフリカは黒人のもの」といわしめる。［……］ヨーロッパはヨーロッパ人の、アジアはアジア人の、そしてアフリカはアフリカ人のものである。アフリカ人は一度もヨーロッパを侵略したことはなく、かの地をみずからの国だと主張したこともなければ、かの地において自分たちに有利な法律を成立させようとしたこともない。それなのに、なにゆえ侵入者たちが国のあるじを支配し、その安寧を減じようとせねばならないのか。

——『起床ラッパ』第二期第二六号（Batho 1930; 強調原著）

これら二つの抜粋には、リベリアを脅かす欧州植民地主義に対する批判と南部アフリカにおける白人支配への非難をそれぞれ認めることができるが、前者は欧州列強を直接糾弾するような表現を用いてはいないし、逆に後者の方は非難の調子はより強いが、この記事自体、「あるアフリカ人」による寄稿であって、編集者の見解として示されているわけではない。

また、（A）、（B）に多くみられる称賛の内容をつぶさに検討してみると、それらが西洋的な価値観を基準になされていたことが容易にうかがわれ、アフリカに固有の要素や伝統的側面はほとんどとりあげられていない。[*7] 例を二つほど挙げてみよう。

われらの議会を際立たせ、彩りを添えている三人の黒人下院議員たちは、西洋の教育がつくりだしたなかでももっとも傑出した非西洋人たちのあいだより選ばれた。［……］セネガルはジャーニュ氏（Diagne）[*8] を選出した。［……］フランス文化を身につけ、われらのあいだで、ともに、われらのように生活することの可能になったアフリカ人たちのなかでも、あきらかに彼はもっとも知性ある者のひとりである。

——『ジェトゥリーノ』第四三号（*Getulino* 1924a）

フランスでは、「リング」のアイドル、カルパンティエ（Carpentier）[*9]の惨敗と英雄シキ（Siki）[*10]の王座獲得はいまだ毎日のお決まりの話題である。［……］彼はアフリカのサン＝ルイから戦争のはじめの頃にフランス植民地軍の一員としてパリにやってきた［……］彼の連隊がパリで動員解除となり、彼はここにとどまってボクシングに身を投じようと決心した。［……］シキのもっとも際立った特徴のひとつは、白人の助言に従う精神である。

――『ジェトゥリーノ』第二九号（O'Brien 1924）

右に抜粋した記事のうち、前者はフランスのある雑誌からの転載であることが明記されているし、後者も言及はないものの同じく転載であることが十分に考えられる。しかし、いくら編集者自身の手になるものでないとはいえ、こういった内容の記事が何らの留保もなく転載されていることは注目に値する。そして、アフリカの伝統的な価値や文化に言及した数少ない記事においても、好意的にとりあげているのは結局のところ欧州で評価されたものであって、その他のものに対してはヨーロッパ人と変わらぬ好奇のまなざしさえうかがえるのである。

最近、ヨーロッパでは「黒人芸術」と称されるものがはやりである。装飾家たちは、アフリカのわりあい未開の部族の美的モチーフのなかに、これまで支配的だった美的感覚や流行に革命を起こそうと思わせるに十分な美的要素をみいだしてきている。

――『ジェトゥリーノ』第五一号（*Getulino* 1924b）

アフリカは名高い黒人大陸である。［……］そこではすべてが大きく、不格好である。巨大な象、大西洋沿岸の異常に大きなサメ、その必要な営みゆえ不格好な人びと、野蛮な信仰の神々への祈禱といったものは、この大陸を

表Ⅲ-3　ブラック・ディアスポラに関する記事の分野・地域・論調ごとの数（20世紀前半・サンパウロ）

	分野[a)]		地域（および論調）[b)]			パン・アフリカニズム[c)]	
	政治・社会等	文化・芸術等	米国（肯定）	米国（否定）	他地域／特定なし	理念・主張	外観
ジェトゥリーノ	32	7	18	9	12	3	6
起床ラッパ	72	9	47	2	32	11	11
進歩	22	49	56	1	14	0	1
3紙合計	126	64	121	12	58	14	18

出所）筆者作成。

注）表Ⅲ-1で「ブラック・ディアスポラ」に分類した191の記事を対象とし、すべての記事を「分野」、「地域（論調）」のそれぞれについて分類し、さらに内容的に「パン・アフリカニズム」に関係する記事のみ、その記述の対象ついても分類した。

a)「政治・社会等」には政治や社会のほか経済などのトピックをとりあげた記事を、「文化・芸術等」には文化や芸術のほかスポーツなどのトピックをとりあげた記事を、それぞれ分類した。

b) 人物（人びと）を中心的対象とする記事の場合はその出身地によって、それ以外の記事の場合は地域が特定されているか、いないかにより、米国のものとそれ以外（地域の特定なしのものも含む）とに分類した。米国に関連するものについては論調が肯定的であるか否定的であるかでさらに分けた。米国以外の地域の黒人に対して否定的な論調の記事は見当たらない。

c) パン・アフリカニズムの具体的な理念、主張にまでふみこんで言及している記事以外はすべて「外観」の方に分類した。具体的には、会議・大会の開催、それらへの動員人数といった話題が多い。


それぞれの博物館のために珍しいものを探し求める博物学者たちの好奇心の的にしている。

——『進歩』第一七号（*Progresso* 1929k）

ブラック・ディアスポラおよびパン・アフリカニズム運動に関する記事

つづいてブラジル以外の地域のブラック・ディアスポラに言及している記事の検討に移るが、記事が実際に占めた紙面の分量の点からいえば、むしろこちらの方がアフリカ自体に関するものをあきらかに凌いでいる。

ではトピック選定の傾向からみていくことにしよう。分野および地域によってブラック・ディアスポラ関連の記事を分類したのが表Ⅲ-3である。まず地域に着目すると、米国の黒人に関する話題が他を圧倒している。そのほかは、英仏領カリブやハイチの黒人が若干とりあげられているものの、残る大半の中南米地域の黒人はほとんど紙面には登場してこないといってよい。ただ、ブラック・ディアスポラの出身地ではなく、とりあげられている彼らのエピソードの舞台ということでいうなら、米国についで多いのはフランスである。また、内容的に政治・社会・経済と文化・芸術・スポーツに大別されるのはアフリカに関するトピックの場合と同様であるが、ブラック・ディアスポラ関連のトピックに関しては二つのジャンルは言及される頻度においてアフリカの場合ほど差は大きくない。さらに、前項で用いた三つのカテゴリー、（A）、（B）、（C）はブラック・ディアスポラに関するトピックにも適用できるので、この分類にしたがって具体的な例を挙げてみよう。まず（A）にあたるものとしては、パン・アフリカニストや仏領カリブのエリートなど政治分野の主要人物と並んで、文学、彫刻、映画、演劇、音楽、スポーツ、科学といった分野の名のある俊英たちがとりあげられ、一方（B）をみると、とりわけ米国の黒人にスポットがあてられており、政治的運動や第一次大戦での国への貢献をはじめ、彼らのさまざまな活動について紹介されている。そして（C）には、米国における黒人へのリンチや人種分離のほか、ハイチに対する米国の介入についてのものなどがある。

やはり三つのカテゴリーに即してみてみるなら、論調に関してもアフリカ（人）についての記事の場合と同様の全体的傾向を指摘することができる。すなわち、（A）、（B）に属する記事は肯定的、（C）にあたる記事は否定的なトーンであるというのが、それぞれの基本的なあり方である。ただしブラック・ディアスポラに関する記事の場合、例外が存在し、パン・アフリカニズム運動と米国黒人のブラジルへの入植計画という二つのトピックについては記事によってトーンが異なり、肯定的にとれるものもあればあきらかに否定的なものもみられる。この二つについては、あわせてのちほど別個にとりあげることとする。

カテゴリーごとにもう少し詳細に論調について検討してみると、まず（C）における否定的なトーンはアフリカに関する記事の場合よりも、より明白であるといえる。

（米国は）黒人に対して残酷な戦争を仕掛けている。アメリカ文明の逸脱、腫瘍たるリンチという大砲を、みずからの黒い息子たちに向けてきたのである。しかしながら、アンクル・サム〔米国や典型的米国人の表象たる架空の人物〕がアメリカ文化やこんなにも言い広められている同国の人道的意識の不協和音をそこにみいだそうとすることもなく、リンチは繰り返される。

——『進歩』第一六号（*Progresso* 1929i:（　）および〔　〕内引用者）

かの進んだ共和国において不気味なる秘密結社クー・クラックス・クランにより引き起こされた暴動の痛ましいニュース（が伝えられた。）〔……〕この悪魔の結社のおもな目的は黒人、旧教徒、ユダヤ人の迫害である。〔……〕文明と進歩の先端を行っていると得意になっている国民が、どうしたら有色人に対してかくもおぞましき憎悪をいまだあらわにすることができるのかと考えると、ばかばかしく、腹立たしいかぎりである。

——『ジェトゥリーノ』第六二号（Mesquita 1924:（　）内引用者）

一方、（A）、（B）に属する記事の論調に目を向けると、そこで称賛の対象とされているものの多くは、ひとことで表すなら米国の黒人の「進歩」である。ただし、そのわりには米国の黒人との協力や連携への願望、そうした必要性の訴えなどはいっさい見当たらない。

あらゆる分野の活動においてあきらかになった黒人の知的能力を提示するという、いともたやすい作業を続けて、みずからの社会的価値を疑いなきかたちで示した米国の黒人たちをもう何名か、大いなる喜びをもって敬愛する読者諸氏に紹介いたします。名高い黒人天文学者ベンジャミン・バネカー（Benjamin Banneker）〔……〕、自動ピアノの発明者、ニュージャージー生まれのジョセフ・ハンター・ディキンソン（Joseph Hunter Dikinson; ママ）。[11]［……］ワシントン生まれのチャールズ・V・リッチー（Charles V. Richey）は発明の特許をおよそ一五も取得しました。

——『起床ラッパ』第一九号（Boooker 1926;（　）内引用者）

北アメリカでは、白人に依存することなく暮らし繁栄するため、黒人はみずからを社会的に組織化した。かの地において彼らは、みずからの新聞、大学、銀行、商売、農業、製造業、芸術を有している。黒人の偉大なる芸術家は、巨大な劇場をやはり黒人の「紳士」たちのみで満員にすることができるだろう。ブラジルでは、家政婦や給仕人たちからなるダンスクラブやカーニバルの群衆を除いて、黒人はなにものも組織してはこなかった。

——『黒人種の声』第二七号（Campos 1933）

また黒人種の特性といったものは、アフリカの伝統的価値と同様、ほとんど話題にされておらず、やはり白人社会の尺度が重きをなしていたことをうかがわせる。[12]そして、そうした点に触れている数少ない記事も、白人に典型的なステレオタイプを引きずっている。

踊りと歌の創作者として、その少女（リトル・エスター）[13]はまさに黒人ならではの天賦の資質を発揮している。テンポのよい歌とセンセーショナルなリズムをともなった、エキゾチシズムあふれるあのよじり、身ぶりは、まったくわれらの人種独特のもので、黒人のみが創造でき、ほんのわずかな者だけが披露することのできるものという印象を私に与えた。

——『起床ラッパ』第二期第三四号（Henrique Cunha 1931a;（　）内引用者）

以上、ブラック・ディアスポラに言及した記事の論調にみられるいくつかの傾向を挙げたが、ここであとまわしにしてあったトーンの一貫していない二つのトピックについての考察に移りたい。そのうちのひとつである米国黒人のブラジルへの入植計画は、ブラック・ディアスポラに関するもののなかでは、もっともあからさまに意見表明のなされた主題でもある。米国黒人の入植計画にまつわるニュースは、一九二〇年代に少なくとも二度ほどはブラジル国民のあいだに論議を巻き起こしたとみられる。[*14] 同情的な立場も一部見受けられたものの、[*15] この問題に関しての支配的な論調は程度の差こそあれ否定的なものであった。つぎの抜粋にみられるのは、もっとも激しい反発のひとつである。

黒人の入植という深刻なる脅威を前にして政府のとった愛国的な姿勢をわれらは全面的に支持し、また黒人の入植はあきらかにブラジルの黒人問題の解決にとっての最大の打撃を意味するゆえ、われらはペンと言論をもって断固としてそれに抗議する。［……］米国の黒人問題の解決はブラジルのそれとはきわめて異なる状況のなかに位置づけられる［……］北米の黒人の流入は、ブラジルにおける黒人種の漸進的な消滅という、かの数学的事業にとって致命傷となるであろう。

——『ジェトゥリーノ』第九号（Florencio 1923）

抜粋最後の一文において念頭に置かれているのは、人種間混淆を通じた、ネイションの核となるべき新しい混血人種の形成過程であると想像される。そして反対の根拠としてもっとも言及されているのは、つぎの抜粋が指摘するように、米国の黒人によって異人種間の憎悪がブラジルにも持ち込まれることへの懸念である。

北米からの黒人入植者がブラジルに流入することに反対して頻繁に用いられる議論のひとつは、米国黒人が白人

Eduquemos Nosso Povo
Negros do novo e do velho mundo, uni-vos
O Mundo Negro
Movimento Pan-negro
O Membro do Conselho
Cartilha de Historia Negra Prepareça por Pessoas Brancas
AMERICA Contemporanea
O Clarim d'Alvorada
Assignatura para 1932

図Ⅲ-3　世界の黒人たちの動向についての特集欄を掲載した『起床ラッパ』の紙面（1931年）

に対して持っている反感についてわれらに警告するものである。それは人びとを確信させる巧みさをもって、彼らがその荷物のなかにしのばせて人種間の抗争をこちらに運んでくるであろうと主張する。［……］北米の黒人はわれらの国内の平和を乱すと考えられ、彼らの流入は恐れられている。

――『ジェトゥリーノ』第二五号（E. de Moraes 1924）

黒人新聞のスタンスを見極めにくい、もうひとつのトピックがパン・アフリカニズム運動である。記事の多さでいうと、パン・アフリカニズム運動はブラック・ディアスポラ関連のトピックのなかでけっして首位ではないが、主要なもののひとつであることは疑いない。ただし、このトピックに関する記事のかなりの部分は、万国黒人改善協会（Universal Negro Improvement Association: UNIA）の機関紙『ニグロ・ワールド』（*The Negro World*）をはじめとする海外のパン・アフリカニズム関連の出版物の記事を単に翻訳、転載したものである。[*16] とくに『起床ラッパ』は、一九三〇年あたりから「ニグロ・ワールド（O Mundo Negro）」（副題は汎黒人運動（Movimerto Pan-negro））と銘打った定期特集欄を設け、ガーヴィーによるものを筆頭に当時の米国で展開されていた黒人運動の動向などを報じていた。[*17] それらの素材をポルトガル語に訳して提供したのは、バイーア在住の理事二人（本書第二章参照）を通じて『起床ラッパ』紙とつながりを持つに至った同地の語学教師マリオ・デ・ヴァスコンセロス（Mario de Vasconselos）であったという（Leite 1992: 77-78）。

この過《あやま》てる理屈を打破するために、黒人たちは人種に対する誇り、愛、尊重に基づいた対抗の心理を培っていくべきである、というのは、つまるところわれらはコーカソイドのイデオロギーを受け入れているがゆえに白人のプロパガンダのえじきとなっているのであるから。［……］すべての黒人男女を対象としたアフリカ化の補完的教育のための機は熟しているのだ。

——『起床ラッパ』第二五号（Gray 1930;『ニグロ・ワールド』からの転載）

二〇世紀の文明においては優等人種も劣等人種も存在しない。遅れた国民というものはあるが、そのことは彼らが劣っているということではない。人類に関するかぎりすべての者は平等である。［……］ただひとつの人種が生活の維持に資するようなあらゆるものを独占、保有し、それによってそれ以外の人種に不幸と悲しみをもたらすことがまかり通るような、そのような人種の優越などは存在しない。

——『起床ラッパ』第二期第二六号
（*O Clarim d'Alvorada* 1930g; ガーヴィーの演説の一節を転載したもの）*18

転載とはいえこうした記事が頻繁に掲載されていた黒人紙もあり、そうした事実からはパン・アフリカニズム運動に対する肯定的な意味での関心を想定することもできるが、いずれにしても確たる共感や積極的な支持を裏づけるような表明を紙面にみいだすのは難しい。そのうえ、パン・アフリカニズムでも、たとえばガーヴィーの唱えたような急進的な分離主義に対しては、つぎのような断固たる拒絶さえみられた。

北米の黒人たちがかの地において、アフリカはアフリカ人のものだと崇高なる抗議の叫び声を上げるのは、まだよい。北米の黒人たちがみずからの祖父母が生を受けた地に移住したいと考えるのもわかる。いや、彼らにとっては理にかなった問題だ、知ってのとおり、彼らは人種間の互いにすさまじい憎悪により社会から拒絶されているのだから。［……］それらすべて大いに結構だが、ブラジルの黒人がそうした考えに従おうなどと考えるのは、けっして受け入れられない愚かさの極みだと私は思う。アフリカはそれを望むいかなる人のものでもある、ただしブラジルの黒人を除いて［……］アフリカにおいて、読み書きのできるこの少数の者たちが、教養のない大勢の人びとのただなかで何をしようというのか。このお金のない者たちがアフリカで何をするというのだろう。

——『ジェトゥリーノ』第六四号（Guerra 1924）

くわえて、ガーヴィーの主張においてやはり中核のひとつである人種の純潔性についても、批判こそされていないものの転載を含め言及はいっさいない。ガーヴィーに関しての記事自体は少なくないだけに、とりあげ方にみられるそうした偏向は単なる偶然の所産とはいまひとつ考えにくい。しかし、右のような明確な態度表明はいずれにしても例外で、転載でない自前の記事のほとんどはパン・アフリカニズム運動の動向を紹介するのみで、つぎの抜粋にみるがごとく主観的な見解の織り込まれている度合いは低い。

目下、それぞれが黒人の解放と呼んでいるものに関して、互いに異なる二つの潮流が存在する。米国人バーガート・デュボイスの指導する一方は、プロパガンダによって支配者側の諸政府から被支配者側の利益となる権利を最大限に引きだすため、有色人種の団結を唱えている。例のマーカス・ガーヴィーという別の米国人（ママ）の率いるもう一方の流れは、白人が望むと望まざるとにかかわらず、黒人のためにアフリカを取り戻すことを目指している。［……］しかしながらアフリカの奪回という考えが勢いを得つつあり、木材を貫くキリのごとく海をこえ、諸大陸に広がって少しずつ支持を拡大しつつあることはたしかである。

——『ジェトゥリーノ』第二八号（Vasconcellos 1924;（ ）内は引用者）

三　黒人新聞のアフリカとブラック・ディアスポラに対する言及の評価

主観的評価なき言及

これまでの考察から、黒人新聞におけるアフリカおよびブラック・ディアスポラに関する言及はどのように評価できるのであろうか。出発点として、まずは先行研究において示された見解のなかで本章の問題意識に関連するものを挙げ、それについて検討することからはじめよう。フェラーラは黒人新聞に関する自身の著作のなかで、つぎのように述べている。「黒人新聞におけるアフリカへの言及の少なさは、当時〔二〇世紀初頭から中葉にかけて〕のブラジルでは一般的であったこの大陸についての知識不足と、繰り返し表明された（ブラジルの）黒人はブラジル人だという見方とによって、ある程度は説明される」（Ferrara 1986［1981］: 189;〔 〕および（ ）内引用者）。一方、バスティードは「高く評価されるのは、いかなる場合も西洋化された欧州または米国の黒人、すなわちみずからの父祖のものではなく白人諸国の諸価値に同化した黒人」（Bastide 1983［1951］: 149）であり、黒人の評価というものが「アフリカニズムという一般哲学のかたちで表されたり、神話が形成されたりするまでに高じることはめったになかった」（Bastide 1983［1951］: 153-154）という見解を示している。

バスティードの指摘している傾向は、すでにみたように前節の分析からも確認されるものである。フェラーラの評価の方であるが、まず「アフリカへの言及の少なさ」という点はトピック全体からみた割合という意味でなら、もちろん異論を唱える余地などない。しかし、ブラジル黒人の地位向上や境遇改善を主たる目標としていた黒人新聞にとって、アフリカに関してであれブラック・ディアスポラに関してであれ、国外のトピックへの言及は絶対的な意味においても少なかったと、はたしていいうるであろうか。国外の話題にはまったくといっていいほど触れなかった黒人紙もたしかに存在するが、『起床ラッパ』紙などは前述のとおり「ニグロ・ワールド」なる特集欄まで設け、国外のアフリカ（系）人の動向に関するさまざまな記事を毎号掲載していた時期もある。また、このような事実は、「言及の少なさ」を説明する二つの要因の一方としてフェラーラが挙げている「知識不足」という点の持つ重みをも減じてはいまいか。当時のブラジルでアフリカに関する知識が限られたものであったことは想像にかたくないが、ある程度の情報が黒人運動家たちのもとには届いていたのも事実であり、彼らの知識のレベルがアフリカへの言及を制約する要因として実際どれほどの重要性を持っていたのか、疑問である。アフリカやブラック・ディアスポラの問題を扱うことが黒人新聞の直接の目的ではないことを前提にすれば、言及は意外に少なくないという印象さえ受けるし、[*19]注意をひくのはむしろ、そうした全体の分量のわりには黒人運動家の見解や姿勢が明確に打ちだされている記事がきわめて少ないことの方である。国内の問題に関する記事と比べたとき、この点はじつに特徴的である。

言及の意図――西洋的価値基準にのっとった汚名返上・劣等感の払拭

では、アフリカやブラック・ディアスポラに関するトピックをとりあげた編集者の意図とはいったい何であったのか。比較的容易に認めることのできるのはつぎの二点である。まず、西洋の基準からみて評価される黒人への言及、称賛については、当時広まっていた「黒人種の劣等性」という認識の不条理を訴えることにくわえ、なにより黒人自身の劣等感を払拭することをねらったものと理解される。他方、米国における人種差別や黒人への迫害に対する言及、非難に関しては、白人に対する抗議とともに、自分たちが置かれている状況の不当性についてブラジル黒人のあいだの意識を高めようとする意図を、その背後にはみることができよう。しかし、みずからの見解や姿勢を表明するわけでもないのに、パン・アフリカニズム運動に関連したトピックを繰り返しとりあげたのはいったいなぜであろうか。転載や客観的報道の類が大半であったが、その中身をあらためて検討してみると、パン・アフリカニズム運動の理念よりもどちらかといえば「外観」に関連した内容が目立つことに気づかされる。[*20]

黒人の壮大なる大会がニューヨークで開幕するに至り、通りという通りに数日来配置されているプラカードは「世界最大の黒人大会」と謳っている。この大会は、万国黒人改善協会の後援によりマーカス・ガーヴィー氏を主宰者に、合衆国、西インド〔カリブ海の島々〕、北アフリカを中心に世界中から多数の代表の参加を得て組織された。〔……〕その開会式は、六つの楽団に導かれたおよそ三万人の黒人代表たちによるニューヨーク市内パレードをおもな内容としていた。先頭には、黒人兵士に囲まれ、きらびやかに着飾ったマーカス・ガーヴィーが行進した。

――『ジェトゥリーノ』第五八号（*Getulino* 1924c;〔 〕内引用者）

むろん直接的な言明はないが、理念への共鳴よりも卓越した動員力や個々の意識の高さに対する感銘の方がブラジルの黒人運動家のあいだでは支配的だったと考えるなら、パン・アフリカニズム運動に対する「値踏み」なき言及もある程度うなずける。それはもちろん、つぎの抜粋に明示されているようなブラジル黒人のあいだの意識の低さと団結の欠如を戒めようとする意図にかなうものだったはずである。

アメリカにおいて黒人による扇動とその進展が著しく、西半球全体で反響を呼ぶほどであるということは、黒人の完全な解放をめぐる偉大なるマーカス・ガーヴィーの運動をみればあきらかである。〔……〕それでは、われらはどうか。――大半がダンスパーティーに興じている――しかし、こうした状態は終わりにせねばならない、黒人は一方でこのうえない侮辱を受け、結果としてブラジルにおけるみずからの威信失墜を招くような状況にさらされているのだから。

――『起床ラッパ』第二期第二六号（Sousa 1930）

『起床ラッパ』紙の編集長をつとめたレイテはガーヴィー主義の影響についてつぎのように回想しているが、これとて、編集者たちが触発されたのは主張の内容そのものよりは、ブラジルの黒人運動と比べた場合の議論の深みや洗練度、そしてアピール力であったという意味合いとして理解できないだろうか。

ガーヴィー主義運動はわれらのあいだでは限定的なものにとどまったが、われらがおこなっていたものについて、いくばくかのあいまいさを取り除くのには役立った。われらは主義主張を説き、広めることをしようとしていた。マーカス・ガーヴィーの考えが入ってきて、われらの考えを補強した。

（Leite 1992: 80; 傍点引用者）

いずれにせよ、パン・アフリカニズムの理念に対しての確たる共感や同運動への積極的な支持が黒人新聞の紙面において表明されることは基本的になかった。すでにみたような、アフリカにおける植民地支配や人種差別に関しての批判的記事から受ける、やや淡泊な印象なども考えあわせて判断するなら、全般的にブラジル外のアフリカ人、ブラック・ディアスポラに対する言及の背後にあったのは、なによりもまずブラジル黒人の意識を高めるという意図であったと結論づけることができるだろう。この点においては、フェラーラの見解はまさに的を射ている。「アフリカに関するニュース記事の多くは、ブラジルの黒人に黒人としての意識を植えつけるために、アフリカの政治・歴史過程の断片的な要素をとりあげて伝えるというもうひとつの目的を反映している」(Ferrara 1986［1981］: 202)。

ニュースソースへのアクセスと編集者の志向

『起床ラッパ』は前述のごとく、黒人新聞のなかでもアフリカやブラック・ディアスポラに関する主題を比較的多く掲載したものであったわけだが、こうしたトピックをとりあげるか否かには、編集者の志向性の相違などが反映されていたのであろうか。まず前提として忘れてはならないのが、前節でとりあげた三紙はそもそも当時の黒人新聞のなかでもまとまった号数が史料として残されているという点である。全体の分量が多ければ、それだけアフリカやディアスポラについての話題も多くなるという傾向は否定できない。ただ、同程度の号数が残されていながら、『黒人種の声』だけはこの種のトピックが三紙に比べあきらかに少ない。編集者に由来する何らかの要素がやはり主題の選定にも影響を及ぼしていたのであろうか。

『起床ラッパ』の編集者レイテに関していうなら、前章でもみたように教育やキャリアの面で思い当たる要素はない。『起床ラッパ』の場合、これらの情報の提供者にして翻訳者であったヴァスコンセロスの志向によるところの方がむしろ大きかったといえるのかもしれない。レイテ本人はすでに指摘したように、パン・アフリカ的ビジョンに共感していたようにも思えない。ヴァスコンセロスについてはほとんど情報がなく、彼がなぜそのような志向を持つに至ったかは不明である。

その点、『ジェトゥリーノ』と『進歩』の場合は、編集長ゲデス本人の事情がある程度反映されていたのではないか。ドミンゲスも指摘しているように、さまざまな一般紙での勤務経験により、彼自身がアフリカやブラック・ディアスポラについてのニュースへのアクセスを可能にする通信社とのつながりを持っていたと想像される(Domingues 2010: 146-147)。ただ、ゲデスの二紙にしても、そうした主題のとりあげ方はすでに指摘した傾向を逸脱するものではない。ゲデスは詩人としても活動し、詩作のスタイルの面では白人の模倣にはとどまらない黒人の特質を反映したものを提示したとして評価されているが（Malinoff 1982）、運動家としての彼は、身だしなみにしても行動規範にしても西洋的な基準において黒人たちの向上を訴えたのであった（Domingues 2010: 149, 162）。

編集者ではないが指導者の志向自体が反映しているとすれば、逆にあえて言及しないという意味においてであるが、『黒人種の声』ではないだろうか。アルリンドは同紙の編集長の責にあったわけではないが、同紙の発行母体であるブラジル黒人戦線の初代総裁であった。彼が並行して主導していた新祖国運動（第二章参照）で礼賛していた君主制のブラジルとは、白人、黒人、先住民からなるもので、新来の移民に対しては共和政や民主主義などそれと反する要素を持ち込んできた存在として敵意が向けられた（Domingues 2006: 529-531; Moura 1994: 195-196）。『黒人種の声』のアフリカに対する沈黙は、そうした「ブラジル人としての黒人」を強調したいアルリンドの姿勢が反映されたものとみるのは、やや乱暴な見方であろうか。最後の点についてはつぎの第四章にて詳しく論じたい。

四　アフリカ志向性の希薄さ――外因説は妥当か

これまでみてきたように、パン・アフリカニズム運動であれ、欧州列強によるアフリカの植民地支配の問題であれ、それらに対しブラジル黒人運動家たちが積極的に関与していこうという姿勢はみいだしがたい。こうしたトピックに少なからず言及している意図は、ブラジル黒人の意識を高めるという程度の限定的なものであったと推察される。これらのことから判断するなら、二〇世紀前半のブラジル黒人運動におけるアフリカ志向はけっして強いものではなかったといえよう。むろん米国においても、パン・アフリカニズム的方向性は黒人運動全体からみれば主流であったわけではない。しかし、少数派としてさえ明確なアフリカ志向性を持った主張の唱えられる余地がこの時期のブラジルになかったのは、いったいなぜであろうか。米国とは異なるブラジルの政治社会的状況といった国内要因に結びつけて考える以前に、国外との関係性の方で検討すべき点が二つあるように考えられる。先行研究の指摘するブラジル黒人の「孤立」、そして本章における考察から浮かび上がってくる米国黒人に対する反感という二点である。これらの要素はそれぞれ、ブラジル黒人のアフリカ志向の発現を妨げるという面がはたしてあったのであろうか。最後に検討しておきたい。

まず本章の冒頭でも触れたように、よくいわれるブラジル黒人の「孤立」がアフリカ志向の脆弱性に関わっているという仮説がありうる。「知識不足」を指摘するフェラーラの見方も基本的にはその延長線上にあるといってよい。しかしすでにみたとおり、断片的で内容としても具体性を欠いていたかもしれないが、アフリカやブラック・ディアスポラに関するニュースが黒人運動家たちのもとに定期的に入ってきていたことは疑いない。[*21] 黒人新聞のとりあげた話題の幅をみても、ブラジル黒人の「孤立」は、かりに実際の行動の面で国外のアフリカ人、ブラック・ディアスポラとの連携、協調の可能性を減じたとしても、少なくともアフリカ志向自体の強弱を根本的に左右するほどのものではなかったとみてよいのではないか。

それに、ブラジルの黒人を国外の黒人、アフリカ人とつないでいたのはかならずしも情報だけではない。多数のアフリカ人留学生を受け入れていた米国や、[*22] 帝国主義体制のもと宗主国を同じくするアフリカの植民地と交流のあった英仏領カリブの場合とはもちろん比べようもない。しかし、他地域のブラック・ディアスポラとのあいだには直接の接触もみられた。たとえば、レイテによればパルマーレス市民センターの長をつとめたフォイズ＝ギテンズは英国の黒人であったし（第二章参照）、黒人社会文化クラブの図書館担当はトリニダード出身であった（Leite 1992: 62, 111）。それ以上によく知られているのは、米国の黒人紙のひとつ『シカゴ・ディフェンダー』の編集長アボットがブラジルを訪問したことである。このときはサンパウロの黒人運動家たちとの接触はなかったとされるが、のちに『シカゴ・

"O Clarim da Alvorada" NO EXTERIOR
A França, melhor amiga da raça negra!
MARCUS GARVEY
"THE CHICAGO DEFENDER"
Bar Sumaré
Canninha Sumaré

図Ⅲ-4　ガーヴィー、ジョセフィン・ベイカー、第一次大戦時のセネガル兵、『シカゴ・ディフェンダー』等の記事を掲載した『起床ラッパ』の紙面（1930年）

ディフェンダー』と『起床ラッパ』紙は、それぞれの発行した新聞をお互い送付しあうようになった(Leite 1992: 79)。いずれにせよ、アフリカ志向性の希薄さの要因を「孤立」に求めるというのは、いまひとつ説得力に欠ける見方だといわざるをえない。ブラジルの黒人運動家たちはアフリカにおける植民地支配やパン・アフリカニズム運動の動向といった国外の事情を一応は認識していながら、アフリカ志向の強いスタンスを意識的に選択しなかったと解釈するのがむしろ自然であろう。

　ただ、国外との関係性においてもうひとつ、検討しておかねばならない仮説がある。パン・アフリカニズム運動のような明確なアフリカ志向をブラジルの黒人運動家が受容しなかったのは、もしかすると単に米国の黒人への反感からだったのではないのか。こうした推測へといざなう材料は少なくない。米国黒人のブラジルへの入植計画が浮上した際に表明された反発はすでにみたが、それにくわえ彼らに対してはつぎにみるような一般的な嫌悪感さえ示されることもあった。

　北米のこの絶大なる進歩ゆえ、北米の黒人たちは人種の誇りをひけらかし、自分たちは南米の黒人たちより優れていると思ってさえいる。金を持っていないからといって、おそらくわれらのことを社会のくずとでも思っている。［……］ここサンパウロには同郷の者同士でしか固まらない北米の黒人たちがたくさんいる。彼らは自分たちだけで自身のためだけに生きているのだ。そして彼らの多くは、彼らを受け入れているこの地に敬意を表して話すべきときでも、人種の誇りからポルトガル語を話さない。［……］わたしは、われらが兄弟たる、ある有色人種を敵視しようというのではない。しかし同時に、彼らによってわれらが敵視されたくもないのだ。

――『起床ラッパ』第二期第一号（Horacio da Cunha 1928a）*23

しかしながら表Ⅲ-3からもあきらかなように、米国黒人の活動に言及した記事全体からすれば好意的な論調のものの方がやはり多く、また右に抜粋した記事についても、それへの反論ともとれる「気高き」米国黒人を称賛する記事が同じ新聞のつぎの号に掲載された（L. 1928）*24。そして、米国黒人のブラジルへの入植問題に関しもっとも多くの紙面をさいて反対の論陣を張った『ジェトゥリーノ』紙に至っても、万国黒人改善協会のニューヨーク大会閉幕時の展示会に同紙のバックナンバーのコレクションも出品される予定であることを誇らしげに報じている（*Getulino* 1924c）。米国黒人への反感というものをブラジルの黒人運動家たちに共通する一般的態度として想定すること自体、このように妥当だとはいいがたい。

それに、根本的にいってそもそもブラジルの黒人運動家たちには、意志さえあれば米国流のパン・アフリカニズムに依拠などしなくとも、彼らなりのアフリカ志向性を発展させうる余地もあったのではないか。二〇世紀初頭あたりからブラジルでは黒人に対して学問的関心が向けられはじめ、ニーナ・ロドリゲスらの研究によってブラジル黒人やアフロ・ブラジル文化のさまざまなルーツが解き明かされていった。ブラジル北東部の知識人をおもな担い手とし、一九三〇年代の二度にわたるアフロ・ブラジル会議（Congresso Afro-Brasileiro）を頂点とするこうした動きに対し、しかしながら黒人運動の側の反応はじつにそっけない。黒人新聞にみるかぎり、わずかに『ジェトゥリーノ』紙が、奴隷海岸（大西洋奴隷貿易の時代にヨーロッパ人が現在のベニン湾沿岸に与えた呼称）の人びとの彫刻芸術を主題にしたニーナ・ロドリゲスの論稿を丸ごと転載しているのが目につく程度である。[*25] そして実際、とりわけアフロ・ブラジル会議に対して、黒人運動家たちはおおむね批判的であった。彼らの見解はつぎの抜粋にいい尽くされている。

まちがいなく、アフロ・ブラジル研究はわれらをいかなるところへも導かない誤った道へと方向づけられつつある。［……］二度のアフロ・ブラジル会議が開催され、唯一の成果がカンドンブレ（Candomblé; アフロ・ブラジル宗教のひとつ）のあらゆる方面への広まりであったことをわれらは覚えている。［……］今までのところ、わずかな例外を除けば、アフロ・ブラジルの諸問題に関する研究はただ記述的で、表面的である。［……］黒人に生きている存在でなく「もの」をみるこの皮相さの背後にあるものは著しい人種偏見である。［……］われらが博識なる名高きアフリカ学者たちのいかなる者も、白人の心理にかくも根強くいまだ息づいているこの人種偏見に言及せず、それが黒人の心理と心情に及ぼす、それを消沈させるような影響を認識し理解してもいない。

——『起床ラッパ』第三期第一号（Bastos 1940;（ ）内引用者、「 」原著）

現状変革という意味での無力さに対するこうした反発も手伝ってはいたであろうが、いずれにしてもアフロ・ブラジル研究によってブラジル黒人の直接的なルーツがあきらかにされはじめたにもかかわらず、そういったものに黒人運動家たちが目を向けていた節はほとんどみられない。黒人種の起源や古代文明にまつわる神話、そしてエジプトやエチオピアの古代伝説への言及といった、パン・アフリカニズムに感化されたと思われる象徴的内容の記事さえわずかではあるがみいだすことができるというのに、[*26] ブラジル黒人の大部分にとって直接のルーツであるギニア湾岸およびコンゴ・アンゴラ地方[*27]への言及は皆無といってよいほどである。

ギニア湾岸に関してはもうひとつだけ、この地方と縁のある人物の名の入った記事をかろうじてみつけることができる。その寄稿者とは第一章でも言及したポルフィリオ・アラキジャである。弁護士の彼は、もともと一九世紀に奴隷から解放されバイーアからラゴスに渡った「ブラジル帰り」の一族としてアフリカの地に生まれ、のちにバイーアに移り住むという経歴の持ち主であった。彼などはギニア湾岸の事情にも明るかったはずだし、同地にとどまった親族などを通じて最新の情勢さえ知りえたであろう。厳密にいうとこの記事はサルヴァドールの一般紙『タルデ』（*Tarde*）に投稿されたものの転載というかたちのもので、その内容はギニア湾岸とは直接関係のないものであった。[*28] しかし、彼が記事に添えた手紙も同時に掲載されており、そこには自分が幼少期にギニア湾岸にいたことが触れられている。単にひとつのエピソードにすぎぬかもしれないが、ブラジルの黒人とその本来の故地とをつなぐような人物と接点があっても、それをきっかけにルーツの探究へとつなげていこうというような積極的な姿勢は、黒人新聞の紙面のどこをみてもみつけ出すことはできないのである。

以上のことから理解されるのは、米国黒人に対する意識がどうあれ、それとは関係なくブラジルの黒人運動家たちにはみずからのルーツの探求、回帰といった志向自体が希薄だったこと、そしてそのような方向性はむしろ意識的に回避されていた向きがあったということである。ブラジル黒人の「孤立」にせよ、米国黒人に対する反感にせよ、国外との関係性の文脈からのみアフリカ志向性の希薄さを語るのは、結局のところ問題の本質からの逸脱でしかない。ともすればアフリカ志向性をブラック・ディアスポラにとっての必然であると無意識のうちに想定するあまり、その希薄さの外因性が想起されがちであるが、アフリカ志向に関するブラジル黒人運動の消極性には国内の政治社会的状況などに基づいた彼ら自身の認識のあり方が深く関わっていたと考えられる。

図Ⅲ－5　黒人新聞『起床ラッパ』の創設者のひとりで編集長をつとめたジョゼ・コレイア・レイテ

五　むすび――「アフリカ性」にみずから背を向けて

二〇世紀前半におけるブラジル黒人運動のアフリカ志向は、発現が阻害されたのでも、本質に関わりない別の事情から自制されたのでもない。黒人運動家たちが自国の黒人の置かれた状況をふまえつつ彼らの地位向上、境遇改善という目標に向けて最善と考えていた方向性が、そもそもパン・アフリカニズムのような明確なアフリカ志向とはかならずしも合致するものではなかったと考えるべきであろう。すでに引用した米国黒人のブラジルへの入植に反対する記事にもみられるように、ブラジルの黒人問題と米国のそれとでは解決方法が異なるという認識は黒人新聞において幾度となく表明されている。

　しかし、一方で黒人新聞はアフリカや他地域のブラック・ディアスポラに関する話題をたびたびとりあげた。ブラジル黒人の意識向上のため、アフリカ内外の黒人種の政治エリートや芸術の才に秀でた人物を称え、白人による人種偏見・差別を告発したが、それらの多くは他地域のブラック・ディアスポラが発信したもののいわばうけうりであり、原文そのままの転載さえ珍しくない。こうした型どおりのトピックにくわえて、ブラジルの黒人運動家たちはパン・アフリカニズムに対して、その言説の持つアピール力をもおそらくは求めた。本質的な方向性は異なっていたにもかかわらず、そのうわべだけは利用したいという矛盾こそが、編集者の見解の表明をともなわない数々の言及となって紙面に表れたのだといえよう。レイテの述懐には、米国流のパン・アフリカニズムとブラジル黒人運動とのあいだのこうした「揺れ」が率直に示されている。「（ブラジルに伝えられた米国の黒人運動家の）いくつかの著作は教理的で哲学的なものだった。マーカス・ガーヴィーが夢想家とみなされていたように、私もここ（ブラジル）でやや夢想的になってしまい、輸入されたわれら本来のものではない別の利益に基づいた運動を起こしたいと望んだりした」(Leite 1992: 78: ( )内引用者)。アフリカへの帰還に対して決然たる拒否が示されたことからも、それを含む急進的なガーヴィー主義がブラジル黒人運動とのギャップのとりわけ大きなものであったことは想像にかたくない。もう少し一般化していうなら、黒人新聞の紙面から推測するかぎり、「アフリカ性」、すなわちヨーロッパ的価値とは異なるアフリカ的価値といったもの全般に対し、意図的に背を向けていたように思える。そして、アフリカ人およびブラック・ディアスポラ全体の連帯やアフリカにおける植民地支配への抗議といった点においても、ことさら積極的であった様子もない。

その主張の本質にかならずしも共鳴してはいなくとも、動員力や組織化という面でブラジルの黒人運動家たちはパン・アフリカニズム運動を含む海外の黒人運動をかなり意識していた。米国など他地域の黒人に活動規模で大きくおくれをとっていることへの彼らの苛立ちは、つぎの抜粋にみるようにアフリカ人、ブラック・ディアスポラによる運動の国際舞台にみずからも上がりたいという願望になって表れもした。

(黒人を無能とみなす者たちにとって)先ごろブリュッセルで開催された、世界のあらゆる地域の黒人、あらゆる色合いの混血、つまりはすべての人種の子孫たちの代表が出席した会議は目に入っていない。それぞれが自民族の権利を擁護するために集まった。ところがブラジル黒人はその会議に代表を送っていない。――なぜか。四〇年来、われらは宴に興じてきたからだ。もはやたくさんだ。[……] われらが新聞記事を発表していけば、将来、非抑圧諸民族会議にもわれらの代表を送ることができるようになろう。世界に対して、ブラジルの黒人も活動をおこなっているのだということを示すために。

――『起床ラッパ』第二期第三号(Leite 1928c)

しかしながら、こういった表明のなかに世界のアフリカ人、ブラック・ディアスポラとの積極的な連帯の意志やパン・アフリカニズム運動に対する共感までも読みとるのは、本章で指摘してきたように早計である。かならずしもブラジルの事例を専門としていないパン・アフリカニズムの研究者はとくに、そうした点を過大視する傾向にある。この時期のサンパウロの黒人運動について、フォンテーヌはパン・アフリカニズム的側面のあることを指摘したが(Fontaine 1986: 272-274)、それはせいぜい表層的なものでしかない。また、ウォルターズの「ブラック・ナショナリスト的」、「分離主義的」(Walters 1993: 285)であるという評価も、そのごく断片をとらえてのものにすぎない。

そしてアフリカ志向性の希薄さを決定づけたのは、けっして彼らの「孤立」ではなかった。ブラジル黒人運動においてアフリカ志向を感じさせる断片的な痕跡は、発展の阻害された本来あるべき方向性の未成熟な姿なのではなく、パン・アフリカニズム運動というアピール性の強い主張からの影響が、それとは異質な固有の方向性ゆえ限定的なものにとどまった結果とみるべきであろう。アフリカ志向の脆弱性については当時のブラジル黒人運動に内在する主体的な要因を探っていく必要があるということになるが、この点に関しては本章で掘り下げなかった、「繰り返し表明された(ブラジルの)黒人はブラジル人だという見方」というフェラーラのもうひとつの指摘も含め、つづく第四章にて論ずることにしたい。

ブラジルの黒人が同時代のアフリカと向き合い、それについて発信したという点で、サンパウロの黒人新聞は二〇世紀前半という時期において、ブラジル黒人とアフリカの接点をかたちあるものとして体現していたほとんど唯一のものといえる。しかしながら、そこに認められるアフリカへの姿勢は、一九世紀にみられたアフリカへの「帰還」や二〇世紀終盤以降に顕在化してきたルーツ志向などの現象に比べ、あきらかに消極的である。いや、むしろ「アフリカ性」を忌避していたとさえいってよいだろう。対象がアフリカ人であれ、ブラジル外の黒人であれ、二〇世紀前半の黒人新聞が積極的に言及し、ときに称賛したのは、白人の目からみても評価できる「文明化された」黒人だった。

「帰還」はバイーア、「黒人新聞」はサンパウロと場所こそ違えど、この前後にみられた事象とのコントラストは、同じ国とは思えぬほど鮮烈である。

＊1　小田（1975［1971］: 61-66）を参照。つづく引用の最初の二つの文章は同書による。
＊2　アフリカやブラック・ディアスポラに関するトピックの扱いに関しては黒人紙のあいだでも大きな差があり、わりあい頻繁にとりあげているものもあれば、ほとんど触れていないものもある。前者に属するものに『ジェトゥリーノ』、『起床ラッパ』、『進歩』があり、本章の分析も必然的に材料としてこれら諸紙に大きく依拠している。
＊3　『ピン』、『自由』（*A Liberdade*）、『宇宙』などに、そうした傾向が顕著にみられる。Ferrara（1986［1981］: 45）は一九二三年までの黒人新聞第一期を特徴づけるものだとしている。
＊4　本章の分析に用いた黒人新聞については、本書巻末の「付録　20世紀前半のサンパウロにおける黒人新聞紙面資料」を参照のこと。
＊5　表Ⅲ-2で対象としたアフリカ関連の六二の記事を地域別に分類してみると、エチオピアに関するものが一七で全体の四分の一以上を占め、単一地域としては圧倒的な言及の多さとなっている。これに続くのが南アフリカの六、リベリアの二であり、残りの三七は単に「アフリカ」として地域を特定していないか、複数の地域に少しずつ触れているものである。
＊6　表Ⅲ-2において「アフリカ（人）を客体としてとらえている」記事として分類した一五の記事の内訳は、奴隷制に関するもの六、南アフリカの人種差別に関するもの五、植民地主義に関するもの四である。同じ通信社のニュースなどを情報源にしていると思われる記事であっても、奴隷制の問題に対してはかなり強い調子の非難がうかがえるものもある（たとえば、*Getulino* 1923b）が、植民地支配の問題の場合、宗主国に対する批判はそれほど直接的でない（本文に引用したもの以外にも、*O Clarim da Alvorada* 1930hなど）。南アの人種差別問題に関しても、植民地支配の場合と同様である。
＊7　表Ⅲ-2で「文化・芸術等」に分類した記事一九のうち、そのトピックがアフリカの伝統文化に関わっているのは、伝統信仰（*Progresso* 1928d）、言語集団（*Progresso* 1929a）、サン（San; 南部アフリカに居住する先住民族のひとつ）の生活（*Progresso* 1929e）、矢の使用法（*Progresso* 1929g）をそれぞれとりあげた四つの記事であるが、いずれもわずかな記述しかな

く、とくに後二者には好奇のまなざしもうかがえる。また、引用ではあるが本文および注25で触れている彫刻に関する記事も伝統文化に関するものだといえよう。残る一四の記事の内訳は、古代に関するもの四、芸術・スポーツが四、博物館や博覧会に関連したものが三、キリスト教関連が二となっている。

*8　セネガル出身で、フランスで初の黒人下院議員となったブレーズ・ジャーニュ（Blaise Diagne）のこと。

*9　二〇世紀前半に活躍し、ヘビー級の世界王者にもなったフランスのボクサー、ジョルジュ・カルパンティエ（Georges Carpentier）のこと。

*10　二〇世紀前半に活躍し、カルパンティエとのタイトルマッチに勝ち、ライトヘビー級の王座を奪取したセネガル出身のボクサー、バトリング・シキ（Battling Siki; 本名Baye Fall）のこと。

*11　Joseph Hunter Dickinsonのことと思われる。

*12　本文中に引用したもの以外に黒人種の特性について言及しているのは、*A Voz da Raça* (1933c) ひとつくらいだが、これとて他所の引用である。

*13　一九二〇年代から三〇年代にかけて活躍した米国黒人の少女エンターテイナー、エスター・ジョーンズ（Esther Jones）のこと。芸名はむしろ「ベイビー・エスター」（Baby Esther）」の方が知られている。

*14　本文中に抜粋した記事がとりあげているのは、結果的にブラジル政府により拒絶された一九二〇年代はじめのマトグロッソ（Mato Grosso）州への米国黒人の入植計画と思われるが、このほかにも以下の記事は、一九二〇年代終盤に今度はパラ（Pará）州への入植計画の噂が流れたものの、こちらは早々に立ち消えになっていたことを報じている。*Progresso* (1929f). この米国黒人のブラジル入植計画についての詳細は、レッサー（1992）を参照のこと。

*15　たとえば、本文でも抜粋している「合衆国の黒人とブラジルの黒人」（E. de Moraes 1924）という記事の最後の三段落などは、ブラジル政府によって拒絶されてしまった米国黒人の入植に同情的なスタンスを示しているものと理解できる。

*16　表Ⅲ-3においてパン・アフリカニズム関連のものとして分類した三二の記事のうち、一六が『ニグロ・ワールド』などの記事を翻訳し、転載したものである。これ以外も大多数は編集者の見解や姿勢が明示されていない記事である。

*17　バトラーによれば、この特集欄は第二期第三一号（一九三〇年一二月九日付）からである（Butler 1998: 110, 249）。紙面の入手できる範囲では、たしかにこれより前には確認できない。第三一号のほか、第三三号から第三九号までの各号（い

ずれも第二期）に掲載されている。ただし、ヴァスコンセロスの翻訳、寄稿による単発記事は特集欄開設前にも存在する。Gray (1930).

＊18　この演説の原語の全文は、Garvey (1925: 118-123) に収録されている。

＊19　アフリカへの言及に関してのフェラーラの「少ない」という評価は、同時期にパン・アフリカニズムを生んだ米国のケースを念頭に置いてのものではないかと想像される。

＊20　表Ⅲ-3にみるように、パン・アフリカニズムに関する記事を「理念・主張」にまで踏み込んでいるものと、運動の「外観」の叙述だけにとどまっているものとに分けると、前者は後者よりも少なく、しかも一四ある前者の記事のうち一一までが転載である。

＊21　たとえばつぎに抜粋する記事なども、サンパウロの黒人運動家たちが国外のアフリカ人、ブラック・ディアスポラの動向にもある程度は通じていたことを裏づけているといえるだろう。「わが兄弟たるサンパウロの有色人たちは、会話のなかでわれらが兄弟たる北米の有色人たちの進歩について語るときにくり返しいう、彼らは電話機、ラジオ、ピアノラなどの発明者であると。」(Horacio da Cunha 1928a)

＊22　この点に関しての詳細は、ラルストン、モウラン (1988 [1985]: 761-767) などを参照のこと。

＊23　この記事では、米国の黒人をひとつの「人種」としてブラジルの黒人とは別個のものとして扱っている。このとらえ方がけっして一般的だったわけではないが、いずれにせよ当時のブラジルでは「人種」、「民族」、「国民」といった概念のあいだに交錯がみられていたことは確かである。第四章を参照のこと。

＊24　この記事の署名L.とはレイテのことと推定される。

＊25　Nina Rodrigues (1924). なお、転載されたのはニーナ・ロドリゲスが雑誌『宇宙』(*Kosmos*) の第八号（一九〇四年）に寄稿した記事である。これはまるごと、“Pintura e escultura” のタイトルで以下にも収録されている。Nina Rodrigues (1988 [1932]: 160-170). 同書第六章の注11 (p.160) を参照されたい。

＊26　たとえば、Booker (1927) やO. M. da Silva (1933) などを参照せよ。

＊27　ブラジル向け奴隷の二大供給地は、ギニア湾岸とコンゴ・アンゴラ地方だった。たとえば、J. H. Rodrigues (1964 [1961]: 16-26) を参照のこと。データベース「航海」の推計によれば、大西洋奴隷貿易の全期間を通してブラジルが受け入れた奴

隷のうち、およそ七〇%が「中部アフリカ西部」(コンゴ・アンゴラを中心とする地方)からともっとも多く、つづいて約一八%が「ベニン湾」からだった。同湾とあわせてギニア湾を構成するもうひとつの「ビアフラ湾(Bight of Biafra)」(現在はボニー湾; Bight of Bonny)からも合算すると、ブラジル向け奴隷の約二一%がギニア湾からとなり、「中部アフリカ西部」とあわせれば九割あまりをこの二つの地方で占めていることになる。

＊28 『タルデ』に投稿された記事も、もともとはフランスのある新聞に掲載された同国の黒人議員に関する記事をアラキジャが翻訳して紹介したもので(本章の二節でも引用した記事; *Getulino* (1924a))、『ジェトゥリーノ』はそれを彼が『タルデ』編集部にあてた手紙とあわせて掲載している。アラキジャおよび彼の親族に関しては、本書第一章を参照のこと。

第四章

二〇世紀前半の黒人新聞の言説にみる人種とネイション

――混血のブラジル人への執着

一　差別・排除の弱さゆえの統合志向？

われらは黒人たちを統一して自分たちの国家を（アフリカに）建設しようとしている。その理由は。われらはそうするように強いられているからだ。世界中でそうするように強いられている。［……］われらはフランス人でありイギリス人でありアメリカ人である。だがわれら万国黒人改善協会は、黒人のあいだにおける国籍問題を真剣に検討した［……］そしてわかったことは、支配集団の人種的思想と抵触する場合には、われらの国籍はまったく意味をなさないことを発見した。

――マーカス・ガーヴィー「万国黒人改善協会の原則」*1

（ガーヴィー 2008［1922］: 248;（　）内引用者）

ブラジル人種（Raça Brasileira）の「重要な」構成要素たるブラジルの黒人たちの際限なき惨めさをみよ。〔……〕われらが生きてきた〔ブラジルの発展に貢献してきた〕雄壮な過去の栄光さえ、あらゆるかたちの偏見・差別を前にしては、われらの災いを取り除き、われらをネイションの概念のなかに完全かつ絶対的に含めさせるには足りぬほどである〔……〕

ブラジル人たるわれらが白人同胞に比して、そしてより腹立たしいことに〔移民などの〕外国人に比して、劣った尊厳のないひどい地位へと追いやられている。

〔……〕ブラジルの黒人の問題はブラジル社会の「あらゆる」分野（政治、社会、宗教、経済、労働、軍事など）における黒人の絶対的で完全なる統合の問題である。

――アルリンド・ヴェイガ・ドス・サントス「黒人青年会議――ブラジル黒人へのメッセージ」『起床ラッパ』第二期第一七号

（V. dos Santos 1929;〔 〕内引用者、「 」、（ ）および強調原著）

米国とブラジルにおいて、それぞれの傑出した黒人運動指導者が発した二つのメッセージは、同じ年代ながら内容の対照性が際立っている。むろん、マーカス・ガーヴィーのような分離主義的志向が米国の黒人運動全体を代表しているわけではないし、両国で黒人の状況がまったく同じであったわけでもない。とはいえ、どちらの国でも人種主義という名の逆境に黒人たちがあえいでいたことに変わりはない。

ブラジルに関していえば、二〇世紀前半の黒人運動はアルリンド・ヴェイガ・ドス・サントスが訴えたような統合志向一辺倒であった。本書第三章では、同時期の黒人新聞の内容分析を通じ、米国でのパン・アフリカニズム的な黒人運動もたびたび記事にしながらも、自分たちの運動の方向性はけっしてそれに同調させることはなかったことをあきらかにした。いったいなぜであろうか。一八八八年に奴隷制が廃止されて以降も、米国でのようにジムクロウ法と呼ばれた人種分離の法制度や黒人に対するリンチこそなかったものの、アルリンドが嘆いたように有形無形の人種主義がはびこっていたにもかかわらずである。その理由については、少なくとも体系的な分析やしっかりとした検証はなされていない。

ところでブラジルについては、よく知られているように同国出身の歴史家・社会学者ジルベルト・フレイレが『大邸宅と奴隷小屋』で提起して以降、人種間の関係が協調的で異なる人種と文化の混淆を特徴とする社会であるとの見方が絶大な影響力を持つに至った。そこで先の問題意識に引き寄せて考えるなら、そうしたブラジル社会のとらえ方が黒人運動の統合志向に何らかの影響を与えていたのではないかという仮説が浮かび上がってくる。つまり黒人に対しても白人と対等なかたちでの包摂を謳う言説が、統合実現に向けた黒人運動の期待を膨らませるところがあったのではないかということである。

ここで、ひとつ留意しなければならない点がある。二〇世紀前半に関するかぎり、ブラジル黒人運動はヴァルガスによる独裁的体制の樹立により一九三七年で実質的に停止へと追い込まれた。『大邸宅と奴隷小屋』の刊行は一九三三年であるものの、「人種民主主義」の名のもとフレイレ流のブラジル認識が定着していくのは一九四〇年代以降のことである。一九二〇年代から三〇年代にかけての黒人運動最盛期にはフレイレの著作から直接の影響はなかったと考えるのが妥当であろう。ただ、フレイレの議論はゼロから突如生じたわけではない。実際、一九世紀中にはすでにその原型と呼びう

図Ⅳ-1　黒人のアフリカへの帰還を訴えたジャマイカ出身の黒人運動家マーカス・ガーヴィー（1929年）

るような見方が存在していたことをこれまでの研究[*2]があきらかにしている。

そこで本章は、「人種民主主義」や混血が生みだしたブラジル人といったイデオロギーの源流が二〇世紀前半のブラジル黒人運動に影響を与えたのか否か、与えたのだとすればどのようなかたちでだったのかをあきらかにすることを目的とする。二〇世紀初頭の時点ではどの程度のものを源流として想定できるかについては、先行研究に依拠するかたちでその概略を確認するにとどめ、その影響の如何をサンパウロで数多く発行された黒人新聞紙面をおもな分析材料として検証することの方を主眼とする。黒人新聞の発行はこの時期の黒人運動を特徴づける主要な活動形態のひとつであり、その紙面は当時の黒人運動家たちの認識や考えを知るうえでもっとも重要な史料である。

ブラジル黒人運動は局面に応じて異なる方向性を示してきたが、そうした方向性の相違、変化がいかなる要因によりもたらされるのかを検討するうえで、本章は重要な示唆を与えうると考える。また同様に、米州地域におけるアフリカ系の人びとの地位向上、境遇改善を目指す運動に、国や地域の違いという要因がどのようなかたちでヴァリエーションをもたらすのかという分析にも結果としてつなげられればという期待も込めている。

二　黒人も「人種民主主義」に感化されていたか

二〇世紀前半のサンパウロ州における黒人運動に関しては相当な数の研究が積み重ねられてきた。そのわりに、本章が意図するようにブラジルの人種やネイション[*3]をめぐる見方と関連づけて分析しているものは意外なことに少ない。

そうしたなかにあって、前節で提示した問題意識ともっとも通底していると思われる見解は、ともに米国の研究者の手になる二つの著作のなかにみいだせる。バトラーは「一九二〇年代、三〇年代のサンパウロの黒人運動家たち」は「個々人が自身の状況を能力により改善できるような人種民主主義の実現を基本的には信じていた」とする

(Butler 1998: 65)。アンドリューズも「(黒人運動家たちにとって) 人種民主主義の神話は崩れ去っていた。(だが、) 人種民主主義への願望は依然としてすこぶる健在であった」(( ) 内引用者、強調原著) とややいい方を換えて指摘している (Andrews 1991: 139)。ただ、両者ともなぜそのようにいえるのか明確な根拠は示していない。またアンドリューズは、次節でみるような米国との対比によりブラジルを人種偏見・差別のない社会としてイメージする発想が、黒人運動により共有される場面もあったことを指摘している (Andrews 1996: 489)。しかしながらそうした事実以上のこと、すなわちその理由や意図などについては踏み込んでいない。

一方、ネイションとしてのブラジル人像の希求とその障害となっていた人種主義思想とが、[*4] 黒人運動にどのように投影されているのか探ったものとして、ペレイラとリマによる論考 (Pereira e Lima 2014) を挙げることができる。知識人たちは独立以来、奴隷制が廃止され共和国となって以降はとりわけ、ヨーロッパの諸国民にひけをとらないネイションとしての特質を模索してきたが、ブラジル人の半分近くを占める黒人種や人種間の混血を否定的にとらえる人種主義思想の影響を前にして、その肯定的な方向性をみいだせずにいた。ただこのペレイラとリマの論考でも、当時ブラジルの多くの知識人たちが唱えた白色化 (branqueamento)[*5] に対する反発が黒人新聞にみられたことなど、いくつかの点を除いては十分に議論されていない。

こうした研究状況もふまえたうえで、前節よりもう少し絞り込んだかたちで問題設定をしておこう。本章では、黒人新聞における言説のうち、人種間の関係とネイションとしてのブラジル人という二点に関するものに焦点を合わせることとする。この二つは頻繁に言及された主要な関心事であったのみならず、前者は黒人新聞の論調に、後者は同時代のブラジル知識人たちの見解に揺らぎや不一致がみられた主題でもあった。そこで、これら二つの点それぞれについてあらためて黒人新聞がどのように論じているかをまず確認し、そのうえでフレイレにより洗練されたものとなる前のブラジル認識がそこにどのように影響を与えていたのかの検討をおこなうこととする (四節・五節)。それに先

図Ⅳ-2　「人種民主主義」の概念を提起したブラジル人の学者ジルベルト・フレイレ（1945年）

だって、こうした分析に必要な程度においてフレイレ以前のブラジルの人種間関係、ネイションのとらえ方をあらかじめ特定しておく（三節）という流れで議論を進めたい。

なお分析の材料とする黒人新聞は、第二章、第三章と同じく二〇世紀前半にサンパウロ州内で発行されたものとする。*6

三　「人種の天国」言説と黒人を含む「ブラジル人」の構想――フレイレの議論の源流

人種偏見を持たず人種間の混血からなるというブラジル人像が二〇世紀の中盤を中心に内外を席巻していくうえで、『大邸宅と奴隷小屋』という著作が果たした役割の大きさについてはあらためて論ずるまでもない。ただ、その根幹といってもいい発想そのもの、すなわち異人種間の融和と混淆はフレイレがとりあげるよりもはるか以前から流通していたことはそれほど知られていない。『大邸宅と奴隷小屋』の意義とはなによりも、奴隷制下のサトウキビ農園における農園主一家と奴隷との関係や黒人、先住民からの文化的影響を学術的に論ずることにより、漠然とした印象にその裏づけとなるような具体的な内実を与え、説得力を持たせた点にある。だからこそ、それらを誇るべきブラジル人像の核として称賛した彼のメッセージが多くの人びとの共感を呼んだのであろう。

では調和的な人種間関係という見方のもともとの起源はどこにあったのだろうか。米国とブラジルの奴隷制廃止の比較研究を手がけてきたアゼヴェドによれば、一九世紀に入るとヨーロッパや米国の奴隷制廃止運動家たちのあいだで、後者における奴隷制の残虐性を際立たせる意図のもと、それとの対比でブラジルが「人種の天国（paraíso racial）」というイメージとともにしばしば言及されるようになったという（Azevedo 1987: 76-82; 1996: 152-159）。彼女は、奴隷制廃止運動家たちのそうしたイメージの源泉がイギリス人旅行作家ヘンリー・コスター（Henry Koster）のロンドンで出版されたブラジル滞在記（Koster 1816）であったのではないかと推察している（Azevedo 1996: 155-156）。主人が奴隷を人間的に扱っている、自由身分の有色人が社会的上昇を実現している、人種偏見が存在しない、など表現のヴァリエーションはさまざまであるが、こうしたブラジルの「人種の天国」的イメージへの言及は一九世紀に書き残されたもののあちらこちらにみいだすことが可能である。

これらの見方は、やがてブラジルの奴隷制廃止運動家たちにも共有されるようになっていく。「ブラジルでは奴隷制は人種間の混淆であり、合衆国ではそれは人種間の戦争である」（Nabuco 1976［1900］: 126）、「奴隷制は、われらにとって幸いなことに、［……］二つの人種の相互の憎悪を生みださなかった」（Nabuco 2000［1883］: 16）といったジョアキン・ナブーコ（Joaquim Aurélio Barreto Nabuco de Araújo）の著作の一節はしばしば引き合いに出される。こうした認識は混血を含むより広い範囲の知識人たちのあいだにも広まっていたことをアンドリューズは指摘している（Andrews 1991: 131）。彼の引用しているムラート（mulato; 黒人と白人の混血に対する呼称のひとつ）の知識人ティト・リヴィオ・デ・カストロ（Tito Livio de Castro）の「偏見を和らげる持ち前の民主主義的精神の結果、［……］農園は人種間の争いなど起こることなく形成された」（Castro 1889）という一節は、驚くほどフレイレの議論に類似している。具体性には欠けるものの、異なる人種同士が調和的に暮らしているという見方そのものは、二〇世紀に入る頃までにはかなり流布していたと考えてよいだろう。

一方、混血のブラジル人という認識の方はどうであろうか。ブラジルというネイションを三人種の混淆と関連づける発想もまた、一九世紀にまでさかのぼることができる。ナブーコの「黒人種は［……］ブラジル人の不可欠な構成要素」であり、「その数え切れない献身と苦労とにより［……］他者［白人のこと］のために祖国を築いたのであって、その祖国を自分のものだということのできる資格がはるかにもっとあるのだ」(Nabuco 2000［1883］: 14-15;〔 〕内引用者）という一節を引きつつ、人種にまつわる諸問題を幅広く研究する社会学者ギマランエスは、やはり奴隷制廃止運動のなかに起源を求めることができるとしている（Guimarães 2004: 274）。だが実際には、さらに以前の独立期にすでに同種の表明はみられていた。「わずか数世代のうちに均質なネイションを形成することができるよう、いまこそわれらのあいだの奴隷制をあとかたもなく葬り去るときだ。［……］身体的形質の面でも、市民的地位の面でも、かくも異種混淆な状態を終わりにすることはもっとも必要とされることだ」（J. B. D'Andrade e Silva 1823: 8）という「独立の父」ジョゼ・ボニファシオ（José Bonifácio de Andrada e Silva）の主張は黒人新聞のひとつ『ジェトゥリーノ』によっても引用されている（Guedes 1924）。多様な人種をひとつの同質性を持ったネイションへと作りかえていくことへの関心は独立期以来のものであったといえよう。

ところが一九世紀も終盤に入り奴隷制廃止が近づいてくると、黒人も少なくとも法制度上は白人と対等の立場になるという現実が重くのしかかり、また折しも人種主義思想も暗い影を落としはじめた。知識人たちのなかには、黒人種の劣等性という前提条件を受け入れたうえでネイション形成の悲観的な先行きを示唆する者、それゆえ「白色化」を通じた白人のネイションを目指すべきだとする者もいれば、人種主義思想を否定しネイション形成のためには他の問題にとりくむべきと唱える者もいた。たとえばこの時期の学界および言論界において精力的に発言したシルヴィオ・ロメロ（Sílvio Vasconcelos da Silveira Ramos Romero）は「ブラジル人は人種混淆の表現なのであり、混血の国民である。それがよいか悪いか議論するのは適当でない、それは事実でありそれで十分だ」としつつも、「いずれにせよ、［……］アフリカ人の貿易の廃止と今後も続く見込みのヨーロッパ人移民の流入により、白人が構成要素として支配的になっていく」と主張した（Romero 1888: 91-92）。

一九世紀後半から二〇世紀前半にかけてのブラジルにおける知識人たちのネイションをめぐる思索、人種主義思想との葛藤については、スキッドモアの著作（Skidmore 1993［1974］）を皮切りに研究の著しい進展がみられてきた。ただここでは二〇世紀初頭の状況として、多様な人種からのネイションの統合が模索されていたものの、統合の具体的なかたちや評価・展望についてはさまざまであったという点を確認するにとどめたい。むろんフレイレが描きだしたような混淆文化を共有するネイションという構想もまだそこにはない。

四 「人種の天国」言説と差別体験の狭間で

人種偏見・差別の認知をめぐる論調の揺らぎ

統合志向というと黒人が直面する問題の軽微さを想像させてしまうところがあるかもしれないが、黒人運動が生起したからには、その前提として黒人の社会統合がけっして実現してはいない現実があったことは軽視すべきでない。すなわち黒人たちが経済社会的上昇をこころみれば壁にぶち当たり、さまざまな場に立ち入ろうとすれば拒絶や排除に遭うといった状況のことである（Fernandes 1978［1964］: 13-14; Andrews 1991: 138）。要するに人種主義が彼らの統合を阻んでいたのであり、黒人運動はそうした状況を打開するために生じたのだといえる。本項では黒人新聞において人種間の関係がどのように認識され、それに対しいかなる見解が示されていたのかを見極めていきたい。

ブラジルで最初の本格的な黒人運動が浮上したサンパウロ市およびその近隣諸都市は、二〇世紀初頭、周辺におけるコーヒー生産を背景に急激な工業化、都市化を経験していた。少し前に奴隷制から解放されていた黒人たちの一部も、そうしたなかで経済的・社会的上昇を果たしつつあったが、その過程でヨーロッパなどからの移民との競合に敗れたり、白人からの差別や排除を経験したりすることも多かった。二〇世紀前半のブラジル黒人運動のおもな担い手

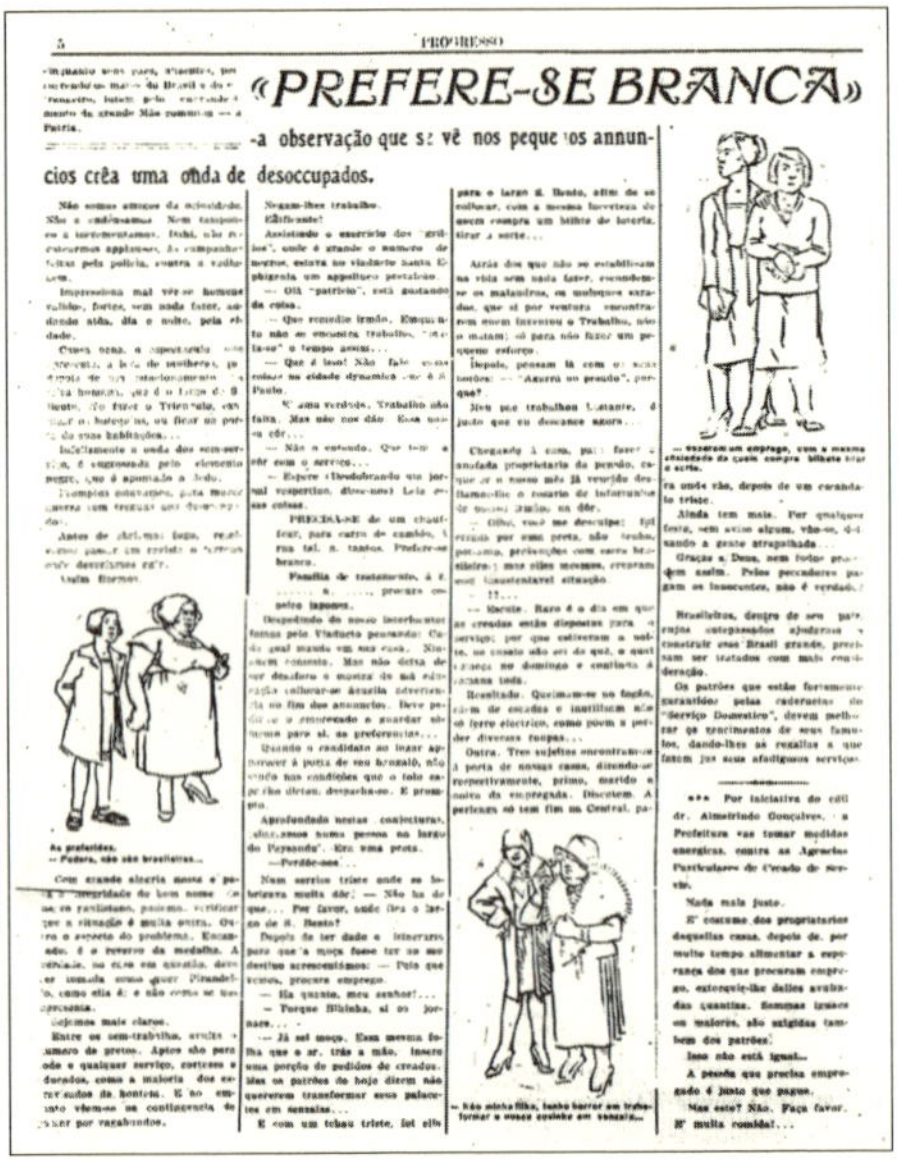
PROGRESSO

«PREFERE-SE BRANCA»

—a observação que se vê nos pequenos annuncios crêa uma onda de desoccupados.

図Ⅳ-3　「白人が望ましい」とする求人広告への批判記事を掲載した『進歩』の紙面（1929年）

となったのは、そうした黒人たちであった。*7

人種偏見・差別的事例に対する告発、非難については多くの先行研究がとりあげている。その具体的な対象として、アンドリューズは求職におけるハンディキャップや公職採用での締めだし、バー、ホテル、レストラン、理髪店での立ち入りもしくはサービス提供の拒否、市街の広場における人種ごとの空間的分離の慣習などを挙げているが、*8 そのほかにもダンスホール、修道会、孤児院における受け入れ拒否や黒人連邦議員の選出に際しての中傷報道といったものも見受けられる。*9

こうした個別の事象がしばしば「偏見・差別（preconceito）」という語を使って糾弾された一方で、ブラジル黒人新聞の体系的分析としては初となる著作を残したフェラーラも指摘するように（Ferrara 1986［1981］: 115）、人種偏見・差別の存在を否定するような記述もままみられた。「こんにちブラジル全体に、黒人をブラジルの社会共同体にさらにいっそう統合していこうとする健全な意識が存在する」（『起床ラッパ』第二期第一二号 *O Clarim d'Alvorada* 1929a: 2）。こうした表明は前述のような日常的な人種差別の存在と相容れるようには思えない。それにもしそれが真実だとするならば、そもそも何のための黒人運動であろうか。

もういくつか該当する記事をみていくことにしよう。

われらはいかなる差別も認知しておらず、これまで説いてきたこと以上の考えを抱くものではない。〔……〕われらばかりが真実を語っているとはかぎらないが、かといって同胞のすべてに同調せねばならぬというわけでもない。つまり壮大な考え〔ブラジルにも人種偏見・差別が存在するという考えのこと〕をあれこれ論じているような人びとのことである。〔……〕偏見・差別が現実のものである米国では黒人のものは黒人のもの、白人のものは白人のものであるが、ここはそうではない。ブラジルのものはすべてわれらのものでもある。何であれ偏見・差別とはみなしえぬ些細なものを除いては。

——『起床ラッパ』第二七号（Leite 1926b;〔　〕内および傍点引用者）

われらの地における小さな偏見・差別の存在を主張する黒人が多数いる。真実ではない、わが有色人の同胞よ。存在するのはわれら有色人の幾人かの上昇をつねに阻もうとする何人かの教養のない、ねたみ深い者たちだ。

——『起床ラッパ』第三〇号（Horacio da Cunha 1927）

どちらも人種偏見・差別の存在を否定しているが、一方で偏見・差別が存在すると訴える黒人たちもいたことが述べられている[*10]。その言い回しから、両者を分けているのは体験の違いではなく、とらえ方の違いだと解されよう[*11]。同じものを偏見・差別とみなすのか、それとも些細なもの、もしくは無教養、ねたみと考えるのかということである。

とすれば、偏見・差別ととらえてもおかしくはないものをあえてそうしなかったのはなぜであろうか。というのは、繰り返しになるが、黒人運動である以上、それを問題視することにこそ存在意義があるはずだからである。先行研究における定番的な解釈は、白人からの偏見・差別も含めた黒人の惨めな状況のおもな原因は黒人自身にあると考え、教育や品行に価値を置くよう自省を促し意識を高めるためだというものである。[12] そうした側面はたしかにあったであろう。しかし、はたしてそれだけであろうか。

規範としての「人種の天国」とその限界

前項では人種偏見の有無をめぐり黒人新聞の見解が分かれていることを確認した。すでにみたような人種偏見の不在に関する言及は「人種の天国」というブラジルの見方を意識したものであることは想像されるものの、少なくとも単純な現状認識としてそれが受け止められていたとは考えにくい。それでは「人種の天国」という見方をあえて持ち出した黒人運動家たちはいかなる意図をもってそうしたのだろうか。黒人新聞紙面上の言説の背後にある意識に本項では迫ってみたい。

いささか長くなるが「正当化されえぬ偏見」と題された記事の抜粋からみてみよう。

> 論議の的である肌の色の偏見・差別は、米国人がときおり声高に叫んでいるものだが、ここ南米にもその模倣者たちがいる。
> [……] この地域における黒人種への侮辱はつねにあの者たちから発せられるのだ、すなわち寛大なる受け入れへの返礼として、彼らを移民として受け入れることをためらうことのなかったこの国の原則を遵守すべきはずの者たちである。
> ブラジルには偏見・差別は存在しないし、存在してもならない。そんなばかげた排他主義は黒人がその富の種をまいた国ではびこることなどあってはならない。[……]

サンパウロ市で数日前、ある事業者が心痛を理由に店舗を閉めた。自身の息子が黒人女性と結婚したことが理由だと、マルティネリ・ビル[*13]ばりの大きな字体を使って巨大な張り紙が伝えていた。

この尊大な配管業者は、息子の妻がここで生まれ一度も国外に出たことのないブラジル人であることも忘れ、財をなすため当地生まれの者たちを欺いたのだった。

当局はしかるべき手続きののち、この国の慣習に従わず自身が服すべき法を批判しはじめるような輩に処分を下して追放すべきだったのだ。

もしわれらの政府が必要なときにのみ黒人に目を向けるというのでなかったとしたなら、想定よりも早くまた別の差別のケースをとりあげることにはきっとならなかっただろうに。

——『進歩』第二〇号（*Progresso* 1930b; 傍点引用者）

「また別の差別のケース」とは、ある娯楽・ダンスクラブの年越しパーティーで会員の養女である黒人の少女が退場させられたというエピソードのことを指しており、記事では引き続きこれをとりあげ、問題視している。この引用からは二つの点が導き出される。ひとつは「人種の天国」をブラジルの現状としてではなく、本来の、あるべきブラジルの姿として位置づけている点である。さまざまな人びとを分け隔てなく受容していた社会として理想化された「古きよきブラジル」、規範としてのブラジルのありようとでもいったらよいだろうか。そしてもう一点として、そうしたブラジルを脅かす人種主義を外来のものとし、移民をその主たる担い手として想定し責任を帰すさまを指摘できる。

ひとつひとつ引用することはしないが、どちらの点も黒人新聞の複数紙にまたがり表明されている[*14]。また、引用記事のなかにも政府の無策を批判する部分があったが、公職からの排除に関しては、民衆のあいだでは人種偏見・差別

図Ⅳ-4　最初は黒人青年会議のエンブレムとして『起床ラッパ』紙上に登場して以降、たびたび同紙に掲載された、手鎖を断ち切る黒人のイラスト

はないとしつつ、暗におそらくは支配層を道徳的逸脱として非難するつぎのような記事もみられる。[*15]

> 黒人は［……］理由もわれらには思い当たらぬままにいくつかの公職から排除されている。
> そうした事実は、みてのとおり、民衆の意識と激しく対立する。というのは民衆は実際、肌の色の偏見を抱いてはいないからである。
>
> ——『進歩』第六号（Carneiro 1928）

人種偏見・差別の否定がみられる記事は、本章が対象とする範囲のかぎりでは、人種間関係について論じた記事全体のなかの少数にすぎない。それらとて「人種の天国」をブラジルの現状を表すものとして額面どおりに受け止めていたようには考えられない。ただ、それを本来のブラジルの姿と信じ、それに反するような出来事を憂慮し、警鐘を鳴らすというスタンスがみられたことはたしかであろう。

しかしながら、そうした「人種の天国」を規範として位置づけるような論調も一九三〇年頃を境にあまり目立たなくなっていった。この時期の黒人運動は後半になると人種偏見・差別に対する批判のトーンが強まっていくことが多くの先行研究により指摘されているが、[*16]まさにそれと反比例する格好であった。「人種の天国」を「ごまかし」と断じているつぎの記事はその一例である。

> サンパウロ州地方部の町々では、あらゆる商店において肌の色の偏見・差別が重大な事実となっていることがほとんどである。理髪店、バー、レストランはあらゆる理由で、あらゆる手段であわれな黒人たちを締めだしておいて、あの永遠の「ごまかし」(の常套句)の登場となるのだ。「ブラジルには人種偏見・差別がない」。
>
> ――『起床ラッパ』第二期第二三号 (*O Clarim d'Alvorada* 1930b; ( ) 内引用者、「 」原著)

そして個別の事例ばかりでなく、ブラジルにおける人種主義の特性や本質についての鋭い洞察までもが現れるようになった[*17]。

> 実際に存在し、われら黒人にかくも損害を与える偽善的で覆い隠された偏見・差別を根こそぎにするためブラジル黒人戦線は創設された。この偏見・差別は地下要塞を持ち、その攻撃からわれらはみずからを防御することはできない。それは隠れた位置から攻撃をしかけてくるとともに、それへの反撃からは身を守っているのだ。
>
> ――『黒人種の声』第一一号 (P. Rodrigues 1933; 傍点引用者)

黒人運動の姿勢が先鋭化し、人種偏見・差別に対する批判が前面に出るようになったことで、「人種の天国」に言及することはたとえ規範としてであっても矛盾を感じさせずにはおかなくなったのだろう。そして先行研究でもしばしば引用されるつぎのような見解は、米国との対比を通じて形成された「人種の天国」という概念が、人種主義への抗議に際しての戦略的な効用のみならず、心の片隅にあったかもしれない望みとしても、黒人運動家にとってはもはや現実味を失ったかのようにさえ思わせる。

ブラジルのわれらは黒人に対し何をしたのか。米国人よりも思いやりがあると自任し黒人たちをリンチはしなかった。けれど、それ以上のことをしたのだ。梅毒と怠惰のなかにうち捨て、黒人種を完全に根絶やしにしたのだ。どちらが好ましいか――ブラジルのセンチメンタリズムか、米国の残虐か。われらのセンチメンタリズムは殺人ではないのか。米国人は年間五〇人の黒人をリンチする。われらはブラジルにおいて黒人種全体を抹殺する。

――『起床ラッパ』第二期第三一号（Leite 1930）

制約としての「人種の天国」言説

人種偏見・差別に対する否定は、じつは前項、前々項とは異なる、もうひとつ別の文脈においてもみいだすことができる。それはおもに白人からなる主流社会から黒人運動に対して向けられた、人種間の対立を煽っているという批判に対する反論である。既存の社会において相対的に優位な地位にある白人たちの側からしてみれば、本音はともかくとして「人種の天国」はブラジル社会の現状そのものにほかならなかった。前項で引用した記事の別の箇所を引いてみよう。

そこらの外野で多くの者たちがいっている。ブラジル黒人戦線には同意できない、というのは同戦線はそのなかに黒人の会員だけを有する団体で、悪しき人種問題をつくりだし、存在もしない恨みや偏見・差別を生みだそうとしているからだと。

［……］ブラジル黒人戦線が社会の悪意や不和、偏見・差別を吹き込むために黒人会員を集めているなどと言明するのは、もし道義に反することでないというのなら、ばかげたことである。黒人戦線の切望する目的はそのような主張とは反対のもの、すなわちいま存在している悪は取り除き、思いがけず生じてくるような悪を防ぎ、撲滅す

ることであるというのに。

――『黒人種の声』第一一号（P. Rodrigues 1933）

これ以外にも、外部から受けた批判とそれに対する反論が黒人新聞のなかには散見される。*18 そこには運動の正統性を認めさせるうえでの困難さがにじみ出ている。この引用の最後の文における「悪」とはむろん人種偏見・差別のことである。この記事が掲載された『黒人種の声』は、当時の黒人新聞諸紙のなかでももっとも先鋭的なものとして知られるが、同紙にして反論のトーンはこの程度の控えめなものである。「悪」に言及しながらも、それはあくまで逸脱であり本質はほかならぬ「人種の天国」であるかのような物言いとなっている。ペレイラとリマの引用している「もしも私が話せるとしたなら」と題された記事は、人種偏見・差別の存在を否定してはいないものの、白人主流社会からの圧力の大きさ、そして黒人運動家の認識と本音が如実に表れているので、ここでも引用しておこう。*19

> 黒人を白人と同等に？　一度たりとてない！　そして九月七日〔独立記念日〕がやってきた。独立か、死か。われらの

A VÓZ DA RAÇA

O PRECONCEITO DE CÔR NO BRASIL SÓ NÓS OS NEGROS PODEMOS SENTIR

S. Paulo Sabado 18 Março Anno 1933

ORGAM OFFICIAL DA "FRENTE NEGRA BRASILEIRA" SEMANARIO INDEPENDENTE

DEUS PATRIA RAÇA e FAMILIA

"A VÓZ DA RAÇA"

Francisco Costa Santos

AOS FRENTENEGRINOS

COM VISTAS ao Dr. Chefe de Policia

FRANCISCO COSTA SANTOS

図Ⅳ-5　ブラジル黒人戦線の機関紙『黒人種の声』の創刊号紙面（1933年）

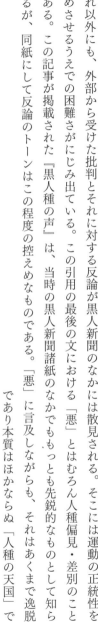

旗はずっとはるかによくなった。ブラジル性。そしてブラジル性を形成するため基礎が必要だった。そしてそのときはじめて三つの人種の混淆が発見されたのだ。〔……〕われらの五月一三日〔奴隷制廃止の記念日〕はわれらの歴史上、最大の偽善だ。解放された黒人？　ブラジル市民たる黒人？　シーッ、お静かに、とにかくお静かに。

――『起床ラッパ』第二期第三四号（Cardoso 1931；〔　〕内および傍点引用者）

このように「人種の天国」という見方は、白人主流社会の側を通した間接的なかたちでも黒人運動に影響を及ぼしていたことが理解できる。人種偏見・差別を告発し、その撲滅を働きかけるうえで、相手がそもそもそれらの存在を否定しているという状況は大きな障害であったはずである。訴えかける相手が「人種の天国」を現状だとする以上、自分たちの認識とは矛盾していてもあえていったん同じ土俵にあがり、「人種の天国」のより十分な実現を訴え、人種偏見・差別をそこからの逸脱として戒めるという戦略も、選択肢としては有力なもののひとつであったにちがいない。みずからの訴えの正統性を主張し、運動を着実に展開していけるという利点がそこにはある。いくつかの先行研究[*20]が黒人の意識を高める意図によるものと分析する、人種偏見・差別を存在しないとする言明も、じつのところ白人主流社会の論理に合わせたうえで自分たちの主張に耳を傾けさせようとする意識が背後にはあった可能性は否定できない。黒人運動の方向性の如何に対する「人種の天国」言説の影響は、すでにみたような規範としてよりも、むしろ制約としての方が本質的といえるのではないだろうか。黒人新聞は人種偏見・差別をどれほど非難し、それをブラジル社会に根を下ろした構造的な問題とさえ認識していようとも、白人主流社会全体をそれに手を染めているとしてつるし上げるまでには至らなかったのである。

五　黒人を中心的要素とするネイション像

ブラジル人としての正統性の主張

本章のもうひとつの着眼点、ネイションとしてのブラジル人のありようは黒人新聞のなかでどのように論じられていたのだろうか。こちらは人種間関係についての論調ほど複雑ではなく、単純で一貫している。

それらの外国人たちはわれらのことを白人でない、純粋な白人ではないといつもいっている。実際、われらはそうでなく、［……］そのことを恥じる者はいかなる類いの混淆もない非文明的な地へと立ち去るべきだ。だが、ここは違う。われらはひとつの人種、混血人種に属しているのだ。

——『起床ラッパ』第二期第一二号（Raul 1929）

この記事には人種混淆の結果としてのブラジル人という見解[*21]のほか、人種主義思想に基づいたブラジル批判の存在と、それに対する反論もみてとることができる。また、単に混血人種としてとらえるのでなく、そのなかで黒人を中心的な構成要素として位置づける主張も少なからずみられる[*22]。

さまざまな大陸、すなわちアメリカ、ヨーロッパ、アフリカの、そしてさまざまな肌の色の三つの要素がひとつになってひとつの国民が誕生した。未来はこの国民に歴史上における首位の座をおそらくは用意している。［……］［このあと国土防衛に功績のあった黒人の軍人や、技師、ジャーナリスト、法曹家などブラジル史に名を残した黒人を列挙して］

アフリカ人種の優位性の証拠は観察者の目に際立つものがある。［……］混血していようといまいと、よい気質、高貴な心、気高く威厳のある精神のブラジル黒人であり、それゆえわれらの人種の混淆に寄与する必要な要素なのだ。

――『ジェトゥリーノ』第六四号（Nazareth 1924;［　］内引用者）

ここでは黒人が優れ、ブラジル人の形成において重要な位置を占める根拠を、黒人が過去に傑出した人物を数々輩出していることに求めているが、これは当時の黒人新聞にしばしばみられた常套手段である。

一方、ブラジル人は人種間の混血により形成されるとしながらも、白色化に対しては徹底した拒絶、非難がなされた。[*23]

政府のであろうと、そうでなかろうと、オリヴェイラ・ヴィアナ（Oliveira Vianna）[*24]氏のいうようにわれらを「アーリア化（aryanizar）」[*25]したいという風潮は、黒人に、インディオに、そしてこの国の社会の周縁にいる他のブラジルの混血の人びとに害を及ぼす。

――『起床ラッパ』第二期第一七号（V. dos Santos 1929;「　」原著）

ただし、ごくわずかながら白色化を肯定するかのような記事も存在した。[*26]

われらがなすべきことはそのこと（相互扶助のため自分たちで団結すること）であり、さらにつぎのことである。われらが人種を永続させようとはしないこと、そうではなく、そう、われらは恵まれた人種、すなわち白人のなかに溶け込もう。というのは、繰り返そう、われらはアフリカ人ではなく、生粋のブラジル人なのだから。

――『バンデイランテ』第三号（D'Alencastro 1918a;（　）内引用者）

しかし、この記事とて末尾近くで「人種の分離という狂気を広め、われらと白人のなかにおぞましい偏見・差別を根づかせることは、ただ祖国に対する反逆罪を犯すことにほかならない」としており、単に混血の推進を唱えているのみにも思え、本当に白色化のことを意図していたのかは疑わしい。

いずれにせよ、黒人新聞のなかで言及されたブラジル人像は、典型的にはしばしば黒人を中心に据えた三人種の混血により形成されたものとして描かれ、優位な白人種が他の二人種を圧倒していくようなイメージは拒絶されるかたちでほぼ一貫していた。そして忘れてはならないのは、すでに示したように、こうした混血のブラジル人像がナブーコなど過去の傑出した人物によっても提示されている点である。こうした事実は、黒人がブラジル人のなかにあっていかに正統で不可欠な要素であるかという主張に対する権威づけになりうる。過去および現在の偉人や知識人たちの黒人に対する肯定的な叙述や発言を黒人新聞がしばしば引用しているのは、その証しといえよう。

ネイションと人種をめぐる言説の影響

フレイレが提起したブラジルの見方の源流として「人種の天国」言説と並んで確認しておいたのは、ブラジル人を混血のネイションとして規定しながらその評価や展望が定まらずにいる思想状況であった。それは黒人運動にはどのように投影されたのであろうか。

まず指摘できるのは、一九世紀終盤から二〇世紀序盤にかけてのさまざまな知識人たちの思想内容を、黒人運動家たちが十分かつ的確には把握してはいなかったようにみえる点である。いや厳密には、同時代の知識人たちの見解に対する黒人運動家たちの評価が、客観的なそれとはかならずしも一致していなかったというべきだろうか。

前述のロメロに対する扱いがもっともわかりやすい。すでに指摘したように、彼は黒人を称賛し混血のブラジル人像を支持したが、一方でブラジル人の白色化を予見してもいた。だが黒人新聞においては、彼の「(黒人種は）われらの富の主たる要因であった」、「黒人がブラジルにおいてなしてきたことすべてにおいて彼らに属する場所を要求する」といった一節の引用とともにロメロの前者の側面はクローズアップされても、後者は無視される傾向にあった(E. de Moraes 1923)。また当時、人種主義思想のテーゼを否定した知識人たちもすでに登場していたが、たとえばそのなかのマノエル・ボンフィン（Manoel José Bomfim）やエドガール・ロケッテ＝ピント（Edgard Roquette-Pinto）は黒人新聞において名前こそとりあげられているものの[*27]、彼らが人種主義思想を否定したことについてはなぜかほとんどとりあげられていない。

黒人運動家たち自身による人種主義思想に対する反駁は、過去の黒人の英傑たちを並べ立てるか、もしくはブラジルの開拓・発展に対する奴隷の貢献を抒情的に訴えるかによるおきまりのパターンに終始するか、せいぜいつぎのような漠然とした言明にとどまった。

〔……〕外国人の著述家――ゴビノー[*28]やラプージュ[*29]のような――がここで生みだされた人種の混淆を知ることなく、われらの文明の素晴らしき飛躍も見通さずに偏見に満ち満ちてブラジルを中傷する〔……〕

――『ジェトゥリーノ』第二五号（E. de Moraes 1924）

ただ、そもそも彼らは人種主義思想を全面的に否定しようとしたわけではあるまい。というのも前項でみたように、自身を含むブラジル人についても「ブラジル人種」、「混血人種」などと「人種」という語を用いて表現することがきわめて多いからである。むしろ、基本的には人種主義思想の影響を受けながら、不都合な点を場当たり的に明確な論拠もなく否定しているといった方がよく、論理性、一貫性をみいだそうとすること自体、ナンセンスというべきなのかもしれない。

ペレイラとリマが指摘したとおり、ブラジルにおけるネイションの模索と人種主義思想とが錯綜する当時の状況は黒人運動にも投影されてはいた。ただし黒人新聞の紙面からは少なくとも、それぞれの主張を正確に理解したうえで吟味し論評するというよりは、断片ごとに都合のよいものを取り入れ、そうでないものは無視するといった様相が強く感じられる。そして、ネイションとしてのブラジル人がなぜ黒人を含み、なぜ黒人が中心的な要素なのかについては、同時代人の言論よりは奴隷制廃止運動家たちによる一世代前の言説にあいかわらず依拠していたといえる。ただひとつ、白色化についてだけは例外的に敏感に反応し、論拠は漠然としていたものの決然とした否定がおこなわれたのであった。

六　むすび――「人種の天国」という壁、「混血のブラジル人」という拠りどころ

本章では、二〇世紀初頭の時点における「人種の天国」イメージや混血のブラジル人をめぐるさまざまな思潮をフレイレにより確立されたブラジル解釈のいわば前段として位置づけ、その黒人運動への影響について考察した。「人種の天国」という見方は、少なくとも黒人新聞の言説のうえでは、仮説として提示したように単純には彼らの統合志向に結びついてはいなかった。大勢とはいえないまでも当初は規範として「人種の天国」を訴えることもあったが、やがてそうした論調も見受けられなくなった。人種偏見・差別の告発、非難との両立が困難であったことがうかがわれる。

ただ、白人主流社会がブラジルの現状を「人種の天国」とみなしていたことが、黒人運動の方向性に影響を与えていたことはみてとることができた。黒人運動家たちが、直接言葉にはしないまでも「人種の天国」の実現を信じていた、あるいは願っていたかどうかは、黒人新聞の紙面からだけでは判断することができない。しかしながら白人主流社会に対し訴えかけるためには、本音はどうあれ「人種の天国」をあるべき姿として受け入れ、人種偏見・差別はそこからの逸脱として非難するというかたちをとる必要性があったことはたしかであろう。

他方、ブラジル人を混血のネイションととらえ、黒人をその主要な源のひとつと位置づける認識の方は、ぶれることなく終始一貫していた。当時のブラジル黒人運動家たちが「人種の天国」という虚偽の自国像に翻弄されながらも、主流社会への統合志向に迷いを生じさせなかったのは、黒人はブラジルの不可分な要素であるという自負があったことが大きかったのではあるまいか。ただ、そうした信念はどこから生じたのであろうか。すでにみたように、フレイレがブラジル人を混血のネイションとして学術的に提示してみせたのは当時の黒人運動の活動期間最終盤であったし、かといってフレイレに先行して人種主義思想の克服をこころみたロケッテ＝ピントやボンフィンから影響を受けた節もない。

しかし、よくよく考えてみれば、黒人運動にとって人種主義思想は前提として否定すべきものなのであって、白人知識人やエリートたちのように混血のネイションを構想するうえでの難題として苦悩する必要などそもそもなかったはずである。しかも、「独立の父」や奴隷制廃止運動家のような主流社会に属する偉大な先人たちが、本音はともかく混血としてのブラジル人を提起しているとなれば、その主張の妥当性を担保するには十分だったにちがいない。

冒頭で引用したガーヴィーは「国籍はまったく意味をなさない」と断じたが、二〇世紀前半のブラジル黒人運動家にとってはブラジル国籍であることに大きな意味があった。ただそれは、ブラジルが実態として文字どおり「人種民主主義」の国だったからではない。そのようにみなされていたことこそが、黒人運動の方向性に大きな影響を与えたのだといえよう。「異人種間の融和的関係」という見方は、黒人たちが実際に経験していた人種偏見・差別の現実とはどれほどかけ離れたものであろうとも、主流社会の「公式見解」である以上、本心ならずともブラジル社会の「本質」としてはいったん受け入れざるをえない面があった。そのうえで、現実がそこからいかに乖離しているかを訴えていく戦略をとるよりほか、有効な手立てがなかったのである。あるいはせいぜい、「異人種間の融和的関係」が本質であることを願い、そこからの逸脱を戒めるというスタンスはあったとしても、客観的な現状認識としては到底認めることなどできなかった。そうした複雑な状況にあって、歴史上の英傑により繰り返されてきた「黒人を主たる構成要素のひとつとする混血のブラジル人」という主張の方は、より直接的なかたちで黒人運動家の力となった。白色化という彼らにとってきわめて不穏な動きが浮上してきても、分離主義に走ることなく、真っ向から糾弾する姿勢をとったのは、そうしたブラジル人像がすでにかたちづくられていたからだといっても過言ではあるまい。

＊1　訳はガーヴィー（2008［1922］）によるが、本書の他の部分における表記との整合性を持たせるため、一部のみ筆者が訳語を変更した。

＊2　あとの節において詳述しているが、とりわけアゼヴェド（Azevedo 1987; 1996）、アンドリューズ（Andrews 1996）、ギマランエス（Guimarães 2004）、スキッドモア（Skidmore 1993［1974］）の研究を参照されたい。

＊3　単に同じ国籍を持つ「国民」ではなく、帰属意識や特定の文化の共有などに基づく共同体としての「国民」を指すという意味合いを込めて、本書では「ネイション」という語を用いる。ネイションについてはさまざまなとらえ方があるが、一九世紀から二〇世紀前半にかけてブラジルの知識人の多くは同質性と固有性を有する共同体としてこの概念をとらえていた。ブラジル人の人種的多様性を前提とすれば、ネイションとしてのあるべき姿を構想するうえでは、人種の問題を避けては通れないことになる。

＊4　本書において「人種主義思想」という表現は、一九世紀終盤から二〇世紀前半にかけてヨーロッパを中心に世界的に広

まった、博物学や人類学などを用いて理論化のこころみられた人種主義をおもに指すものとして用いている。「科学的人種主義」などと呼ばれることもしばしばあるが、実際には疑似科学であった。にもかかわらず、ナチス・ドイツの事例を筆頭に現実社会にも大きな影響を与えた。フォンテット（1975）などを参照のこと。

＊5　ヨーロッパ人移民の大量導入とそれとの混血を通じブラジル人を人種的に白人に近づけていくことを指す。

＊6　二〇世紀前半であっても一九四五年以降のものは本書では分析の対象から外している。ヴァルガスの独裁体制が終わり政治状況が変わったこともあるが、フレイレの提起したブラジルへの見方が広まりはじめたことで黒人運動をとりまく文脈も変化したと筆者は考えている。

＊7　詳しくは本書第二章を参照。

＊8　Andrews（1991: 138）. 原注にそれぞれの事例に該当する記事が複数挙げられている。

＊9　それぞれ以下を参照。*O Alfinete*（1918）; Florencio（1921）; Leite（1928f）; Cambará（1918）.

＊10　同種の議論はほかにも*O Clarim d'Alvorada*（1927）にもみられる。

＊11　同じ号に人種偏見・差別を非難する記事と、その存在を否定する記事とが同居している場合なども、そうした解釈の妥当性を高めていよう。たとえば、Oliveira（1918b）と*O Alfinete*（1918）やCelso（1923）と*Getulino*（1923a）など。

＊12　たとえばButler（1998: 94-95）; Fernandes（1978［1964］: 34）をみよ。

＊13　一九二〇年代に建築が始まり、サンパウロ市の象徴となった高層ビル。

＊14　たとえば、人種偏見を広める者は「われらの歴史に対する無知、他のいかなる文明も考え抱いたこともない伝統的な諸価値に対する軽視の証し」だとする記述（Lima 1934）のほか、人種主義は移民が持ち込んでいるとする見方は、ほかにL. de Souza（1929）; A. V. dos Santos（1933c）など多数。

＊15　公職からの排除にくわえ、移民への優遇という点で支配層を批判する記事もある。I. V. dos Santos（1933）.

＊16　Andrews（1991: 153）; Butler（1998: 100-128）; Ferrara（1986［1981］: 121-141）など。

＊17　本文で引用したもの以外にも、「法の名づけた『平等・博愛』という仮面をかぶりわれらのあいだを跋扈している人種偏見・差別」といった表現もみられる。*A Voz da Raça*（1934）.

＊18　たとえばOliveira（1918b）のように、黒人運動の比較的早い段階でも「人種間の対立を広めている」といった批判がな

されていた。

＊19　同様に、人種偏見・差別が存在しないとは言明していないものの、一般紙『リオ日報（*Diário Carioca*）』による人種偏見・差別の存在の否定、ブラジル黒人戦線に対する非難を伝える記事もある。Soares（1934）。また、別の一般紙からの非難に反論した記事として、A. V. dos Santos（1933a）がある。

＊20　注12を参照。

＊21　ほかに、たとえばU.C.（1924）; A. V. dos Santos（1933c）; E. de Moraes（1924）など。

＊22　ほかに、たとえばSoter（1934）など。

＊23　ほかに、たとえばA. V. dos Santos（1933c）など。

＊24　Francisco José de Oliveira Viannaのこと。二〇世紀前半のブラジルにおける白色化主唱者の代表的存在で、現在のフルミネンセ連邦大学（Universidade Federal Fluminense）法学部の前身において講師をつとめた。

＊25　「アーリア化」とは「アーリア人」化することであり、「白色化」と同じ意味合いでここでは使われている。「アーリア人」とは「科学的人種主義」においてもっとも優れた人びととして位置づけられ、ゴビノーによればそれは白人の祖先のひとつで、ゲルマン系諸民族のなかにその性質がもっとも受け継がれているのだという。

＊26　たとえば*Auriverde*（1928）では、黒人が人種融合の過程で他と溶け合って消えていくとして、米国の黒人問題よりもずっと単純な解決策であるとしている。

＊27　たとえば*Progresso*（1929h）はボンフィンの黒人に対する肯定的評価をとりあげているが、A. V. dos Santos（1934）は逆にボンフィンのことを「ブラジルにおける黒人の影響を否定している」と批判している。また、ロケッテ＝ピントについてはLeite（1928d）において「黒人の文学的未熟さ」を唱えたとして非難されている。

＊28　アルチュール・ド・ゴビノー（Joseph Arthur de Gobineau）のこと。一九世紀フランスの著述家・外交官で、いわゆる「科学的人種主義」の先駆的存在として位置づけられている。

＊29　ヴァシェ・ド・ラプージュ（Georges Vacher de Lapouge）のこと。ゴビノーよりももう少し若い世代の、同じフランス出身の人類学者。やはり「科学的人種主義」の代表的人物のひとり。

第五章

ブラック・アトランティックのなかのブラジル
——アブディアス・ド・ナシメントの思想（一九六〇—七〇年代）における
アフリカ志向とその背景

一　ブラジルの黒人をアフリカと結びつける——どのように？　なぜ？

われら（ブラジル黒人）の反抗は十分に意識している。米国、南アフリカ、アンゴラとモザンビーク、あるいはイアン・スミス[*1]のローデシアにおける黒人の抑圧は、白人が優位である国ならどこにおいてもあらゆる有色人にのしかかる同一の抑圧のそれぞれ個別の形態なのだということを。［……］こうした恒常的な状態——略奪と抑圧——が黒人を特徴づけ、それはネイション、文化、その他さまざまな枠組みのなかで認められるのだ。［……］われらの国（ブラジル）における差別の戦略は、ある見地からすると、米国において実践されているものよりも巧妙で残酷だ。というのは、その被害者にいかなる防衛の機会も許さないからだ。［……］ブラジル黒人の大半は押しつけられた似非人種民主主義（pseudodemocracia racial）に麻痺させられてしまっているのだ。［……］（ブラジルの黒人は）なぜ自身のアフリカから受け継いだ文化を恥じるのか。［……］価値判断の唯一の尺度として、人生の真の理想として、美の最上の基準として、なぜ白人性をあがめるのか。［……］科学主義的な欺瞞により隠蔽されたこの人種主義は、黒人が自身の固有の価値を維持するために立ち向かわなければならない、もっとも恐ろしく狡猾な暴力だ。

（A. do Nascimento 1982［1968］: 66-74;（　）内引用者）

こんにちであればブラジルの黒人運動家がアフリカに言及することは珍しくない。だが、引用した一節は一九五〇年代、六〇年代に発表されたものである。この時期、ブラジルの黒人をアフリカと結びつける認識が表明されることは皆無に等しかったといえるだろう。一九六四年に軍政が始まると、少なくとも一九七〇年代半ばまでは、そもそも黒人運動による主張そのものが厳しく制限された。そんな時代に孤軍奮闘ともいうべき精力的な活動を続けたひとりの黒人運動家がいる。その名をアブディアス・ド・ナシメント（以下、アブディアスと略記）という。冒頭の一節も、彼が発信した数々のメッセージのうちのひとつから抜き出したものである。

アブディアスはまだ一〇代だった若き日にブラジル黒人戦線に加入し、黒人運動の洗礼を受けた。第四章でみたように、同戦線を活動の頂点とする二〇世紀初頭から一九三七年までのサンパウロにおける黒人運動は、人種偏見・差別を告発しながらも「人種の楽園」という認識をたてにした白人主流社会からの批判を前に、ブラジル社会の本質がさまざまな人種の（あくまでも対等な）融合にあることは否定しなかった。それゆえ黒人のブラジル人としての側面を強調し、それとは逆の効果を持ち人種的融合をも脅かしかねない、ルーツであるアフリカとのつながりをアピールすることなどなかったのである。アブディアスがリオデジャネイロに拠点を移し、一九四〇年代に黒人運動家として頭角を現してからも、当初の彼の主張内容は二〇世紀前半のサンパウロにおける黒人運動の延長線上に位置するものであった。

だがアブディアスは一九六〇年代後半には、ブラジルは人種主義を内在化させている社会であるとして決然とした批判を展開するようになっていた。軍事政権から目をつけられ、一九六八年に米国に亡命したのち、同地さらにはアフリカを含む世界の黒人運動家、黒人の政治的指導者たちと交流しつつ、彼は国際的な黒人運動の舞台でことあるごとにブラジルにおける人種間関係の実像を訴え、ブラジルの黒人と世界の黒人とが経験してきた歴史、現在直面する問題の共通性について語った。そうした観点は、軍政による締めつけが少しずつ緩和されていく一九七〇年代後半に本格的な再興を果たしたブラジル黒人運動にも確実に受け継がれている。

図V-1　アブディアス・ド・ナシメント（1954年）

アブディアスはまさにブラジル黒人運動の転換点に位置する運動家だといえるが、その方向性の転換は何によってもたらされたのだろうか。なぜ彼は、アフリカに目を向けるようになったのであろうか。そして、ブラジル黒人の問題をアフリカや他の国々の黒人とどのように結びつけて語ったのであろうか。本章の問題意識はここにある。彼のたどった経歴をみれば、亡命により国際的な黒人運動との接点ができたことが彼の思想の変節に大きく関わったと想像するであろう。だが、アブディアス本人はつぎのようにいってそれを否定する。「米国での暮らしで、ブラジルの人種主義と黒人の闘いについての私の立場に影響を与えた点は何もない。」（Semog e Nascimento 2006: 156, 167）もしもこれが真実であるなら、はたして何がアブディアスのアフリカ志向を生みだしたのか。それを見定めることができれば、同時期のブラジル黒人運動にとってどのような状況の変化が大きな意味を持っていたのかを究明するうえでの手がかりにもなるであろう。

二　国外の思想に触発された「抵抗・反抗するブラジル黒人」という見方

アブディアスはブラジル黒人運動史上、比類のない存在感を示しているだけあって、彼のことをとりあげている著作はきわめて多い。ただ残念なことに、そのほとんどが彼の活動の軌跡や主張の断片を紹介するだけにとどまっている。それでも、学術的な分析といいうる数少ない論考のなかには、問題意識が本章に近く、しかも緻密に論証されているものが数篇含まれており、考察のための貴重な道しるべを与えてくれている。

なかでも特筆すべきなのが、ギマランエスの「一九六〇年代における抵抗と反抗――アブディアス・ド・ナシメント」と題された論文（Guimarães 2006）である。少々長くはなるが、その結論の要点を確認しておこう。ギマランエスは、「アブディアスの思想がブラジルの知識人たちの主流から乖離しはじめた」のは、「最初にネグリチュード、ついでより重要である、抵抗と反抗の概念を取り入れたことによってであった」（Guimarães 2006: 166-167）とする。「ブラジルの知識人たちの主流」とは、フレイレに代表される、ブラジルを基本的には「人種民主主義」の国だと考える立場のことである。一九三七年から四五年までのヴァルガスによる独裁体制に利用されたことで、「人種民主主義」という語は一九四〇年代後半にはブラジル社会にすっかり浸透していた。

ネグリチュードや抵抗、反抗といった概念にアブディアスが触れたのは、一九四〇年代終盤、彼が編集長をつとめた黒人新聞『キロンボ』（*Quilombo*）とフランスの黒人文芸誌『プレザンス・アフリケーヌ』（*Présence Africaine*）とのあいだの知的・人的交流を通じてのことであった。ネグリチュード[*3]は、一九三〇年代にマルティニーク出身のエメ・セゼールやセネガル出身のレオポルド・セダール・サンゴール（Léopold Sédar Senghor）ら、フランス領植民地の黒人たちが留学先のパリで興した文学運動の中心に据えられた概念で、黒人性、黒人の文化的価値といった意味合いのものである。一九四七年に創刊された『プレザンス・アフリケーヌ』誌はネグリチュード運動のもっとも主要な場であった。一方、「抵抗（résistance）」と「反抗（révolte）」は、植民地だったアルジェリア出身でフランスで活躍した哲学者アルベール・カミュ（Albert Camus）の作品『反抗的人間』（*L'Homme révolté*）（カミュ 1956［1951］）において提起されたものである。カミュもまた『プレザンス・アフリケーヌ』誌と関わりを持っていた（M. Barbosa 2013: 172）。

ギマランエスの論考に戻ろう。アブディアスの手になる論説、声明、小論、および彼の参画した会議等の宣言などを時系列的に検証したうえで、もっとも重要な変化は「ブラジル黒人の歴史を文化的抵抗と政治的反抗の歴史として語るようになったこと」（傍点筆者）だと、ギマランエスは指摘する（Guimarães 2006: 160, 166）。その転換点として挙げているのが、本章冒頭でも引用した一九六八年刊行の編著『反抗的黒人』（*O negro revoltado*）に寄せた同名の序文（A. do Nascimento 1982［1968］）である（Guimarães 2006: 160）。「アブディアスのネグリチュードは、少なくとも一九六四年になるまでは[*4]、人種民主主義との決別を示す政治的な演説、原稿のかたちで表明されることはなかった」（Guimarães 2006: 163）としていることから、ネグリチュードもアブディアスの思想形成に影響を与えはしたものの、人種主義や文化的同化圧力に対抗するブラジル黒人の主体的な行動を提示するための着想を与えたという点で、ギマランエスは「抵抗」、「反抗」の方をより重要視しているのであろう。ギマランエスはほかにも、より細かい点について参考となる指摘をいくつかしているが、それらの一部はあとでとりあげることにする。

他の先行研究についても、短めに触れておきたい。いずれもギマランエスの論文と食い違うような見解を示しているわけではなく、むしろ対象をより絞り込んだうえで、その点に関してギマランエスよりも厚みのある議論をおこなっているものといった位置づけになる。まずはムーアがアブディアスの著作の再版に寄せた序文（Moore 2002）をとりあげたい。このなかで、国際的な黒人運動の舞台へのアブディアスの「デビュー」として位置づけられているのが「第一回世界黒人芸術祭への公開状」（"Carta aberta ao Primeiro Festival Mundial das Artes Negras"）である。ギマランエスも指摘しているが、前述の序文「反抗的黒人」に先立つこと一年半近く前にアブディアスが発表したこの公開状は、「抵抗」、「反抗」の語こそ使ってはいないものの、「人種民主主義」がじつはその仮面の下に白色化や人種主義を隠したイデオロギーであると告発した最初の本格的な声明文でもあり、本章においても注目すべき文書である。

一方、ネグリチュード概念に焦点を合わせた研究もある。バルボーザの論考（M. Barbosa 2013）は、アブディアスや彼が主宰していた黒人実験劇場（Teatro Experimental do Negro; 以下、ＴＥＮと略記）の仲間たちがネグリチュードを受け入れ、その意味合いを徐々に変化させていった過程について丹念に解き明かしている。ブラジルの誇るべき特質と当時は広く信じられていた人種間の融合・調和に抵触しないよう、アブディアスらは当初、ネグリチュードを排他的、敵対的なものではなく、ブラジルが許容すべき多様な価値のひとつであることを強調した。しかし、一九五〇年の第一回ブラジル黒人会議（Primeiro Congresso do Negro Brasileiro）の場で知識人たちがネグリチュード概念をレイシャリズム（racialism）[*5]だとして批判したことを契機に、これに反発した黒人運動家たちはネグリチュードの内容をより対抗的な方向へとシフトさせていったというのが要点である。

また、ブラジル黒人運動に関する論文を精力的に発表しているドミンゲスは、ルイス・デ・アギアール・コスタ・ピント（Luiz de Aguiar Costa Pinto）のよく知られた一九五三年刊行の著作『リオデジャネイロの黒人』（*O negro no Rio de Janeiro*）をとりあげ、当時の批判がネグリチュード概念の虚構性という側面にも向けられていたことを示している（Domingues 2005; Costa Pinto 1998［1953］: 255-259）。ドミンゲスはさらに、ゴメスとの共著の論文において、アブディアスらが当初、ネグリチュードを穏健なトーンで表明しようとした要因として、当時の「進歩派」知識人たちとの共闘という戦略があったこともあきらかにしている（Domingues e Gomes 2013）。

以上、関連する先行研究からは、アブディアスの思想においてアフリカ志向が発現し、それが強まっていく経緯について、おおむねつぎのような解釈を導き出すことができるだろう。一九四〇年代終盤よりネグリチュードの概念を取り入れたものの、当初は「アフリカ性」を前面に押しだすことはなかった。しかしながら一九五〇年代に入り、ネグリチュードに対し知識人たちから否定的な見方が向けられると、主流集団の側の論理である「人種民主主義」を前提としたスタンスを徐々に変え、黒人を文化的に同化させようとする圧力を告発し、非難するようになっていった。軍政期に入り一九六〇年代後半になると、「人種民主主義」への批判はいよいよ明確になり、一九六八年の「反抗的黒人」においてはさまざまなかたちの支配に反抗し続けてきた存在としてブラジルの黒人を描き、アフリカを含む世界の黒人たちの境遇と重ね合わせるに至った。

こうした先行研究の成果もふまえたうえで、あらためて冒頭の問題意識に照らして考えるなら、具体的にはどのような問題設定が本章には可能であろうか。ギマランエスの結論は、「反抗的黒人」という小論の内容がそれ以前とよりも、むしろ亡命以降のアブディアスの思想との方に継続性があり、結果として亡命生活が思想的に影響を与えなかったとする本人の証言を裏づけることになったというものである。だが、ギマランエスの論文は「反抗的黒人」がそれ以前の主張からいかに変化しているかの方に重きを置いており、亡命以降の思想のどこまでを先取りしていたのかについては十分に検証しているようには思えない。しかも、ギマランエスはかならずしもアフリカ志向を尺度にしているわけではない。そこで、アブディアスがブラジル黒人の問題をアフリカとどのように結びつけて論じるに至ったのか、要点を網羅するかたちで整理したうえで、その要点ごとに彼の主張のうえでどの時期までさかのぼれるのかをあきらかにすること(四節)を本章の目的のひとつとする。もうひとつ追究してみたいのは、それらアフリカとの関連づけそれぞれが表明されるようになった要因である。その際、ギマランエスがその重要性を指摘するネグリチュードや「抵抗」、「反抗」といった外来の概念が、その他の考えうる国内的要因と比べたとき、どの程度の重みを持っているのかという点にとくに着目してみたい(五節)。それに先立ち、つづく三節で本章の議論に必要な範囲でアブディアスの活動の軌跡を提示し、ブラジル黒人運動史のなかの彼の立ち位置を確認しておこう。

三　ブラジル黒人運動史のなかのアブディアス[*6]

アブディアスは一九一四年、サンパウロ州北部の地方都市フランカ（Franca）の貧しい黒人家庭に生まれた。少年時代は働きながら初等学校と夜間の会計学校に通うという苦労の日々を送った。彼は初等学校の年末パーティーで生徒たちがおこなう劇や詩の朗読などの出し物に出たくてしかたがなかったが、結局一度も出演メンバーには選ばれなかった。のちになってから、それが彼にとっての人種差別の原体験のひとつであったことを認識したという。

一九三〇年、一六歳になったアブディアスは州都サンパウロ市に出て陸軍に志願兵として入隊する。そして三二年頃には軍人の身分のまま、ブラジル史上はじめて黒人大衆の動員を実現した組織ブラジル黒人戦線に加入し、当時サンパウロで横行していた商店や娯楽施設などによる黒人客拒否への制裁として実行された、理髪店や映画館への集団での破壊行為に参加したりもしていた。そして三六年、黒人であるがゆえに裏口から入るよう指示され、バーで乱闘騒ぎを起こしたアブディアスは、軍の同僚でこの後も彼の盟友でありつづけたセバスティアン・ロドリゲス・アルヴェス（Sebastião Rodrigues Alves）とともに逮捕されてしまう。一カ月ほど勾留ののち解放されたが、陸軍からは事実上の除隊処分を受けたのだった。

この直後、彼は当時の首都リオデジャネイロへと移り住む決断を下す。新天地で彼は当初、仕事も不安定で苦しい生活を強いられたが、一方では新たな世界との出会いも果たしている。それは彼が住んだ市内のファヴェーラ（favela; スラム）や近郊の街で、人びとが親しんでいたサンバやアフロ・ブラジル宗教などの、いわゆるアフロ・ブラジル文化である。彼自身、近くのエスコーラ・デ・サンバ（escola de samba）[*7]のリハーサルをみに行ったり、テレイロ（アフロ・ブラジル宗教の儀礼場）に足繁く通ったりした。生地やサンパウロ市ではなかったこうした経験は、「自分のなかのアフリカ的側面に対する意識」を深化させ、自身のアイデンティティ形成に寄与したという。

このあと、反体制運動への関与で半年ほど投獄されたりもしたが、サンパウロでの軍人時代から続けてきた大学での経済学の課程をなんとか終え、銀行員としての職を得た。しかしそれも私的な理由でほどなく辞し、旧友を含む五人の文学者とともに気ままな南米大陸周遊の旅に出る。そして訪れたペルーの首都リマでたまたま観た演劇は、その後の人生を大きく左右するほどの衝撃をアブディアスに与えたのだった。その演目は米国の劇作家ユージン・オニール（Eugene O'Neill）作の『皇帝ジョーンズ』（*The Emperor Jones*）である。主人公の黒人ジョーンズ役を黒塗りの白人俳優が演じているのを観て、アブディアスのなかで初等学校での悔しい思い出から、彼が経験してきた理不尽な扱い、ブラジルで黒人の置かれている状況まで、すべてがつながるかたちでその意味を悟ったのだという。

彼は強い決意をもってリオデジャネイロに戻り、一九四四年に数人の仲間とともに黒人実験劇場（ＴＥＮ）を立ち上げた。こうした経緯から、それが単に芸術表現のみを目的とした団体ではなかったことは明白であろう。一九四九年にアブディアスがおこなった講演（A. do Nascimento 1966［1949］）に基づいていえば、演劇はむしろ手段であり、その題材にアフロ・ブラジル文化を取り入れることにより、抽象的な目標を掲げるだけでは動員できない、文化や教育のレベルが総じて低い黒人大衆を惹きつけることが可能になるという。また黒人たち自身が従来の従属的な役柄にかぎらない主役を含むさまざまな役を演じることにより、彼らのなかに自尊心を生みだすことも狙いのひとつとして挙げられている。ＴＥＮは一九四五年の『皇帝ジョーンズ』を皮切りに、一九五七年までのあいだにリオデジャネイロおよびサンパウロ市にて八本の作品を一八期にわたって上演した。*8

図Ⅴ-2　『オセロ』を演じるアブディアス（1946年）

こうした演劇による「心理・社会学的実験」（A. do Nascimento 1966［1949］: 80）と並行して、ＴＥＮは政治、社会の領域における活動も展

図Ｖ－３　『魔術』のリハーサル中のアブディアスら黒人実験劇場の面々（1957年）

開した。主要メンバーだったイロニデス・ロドリゲス（Ironides Rodrigues）やアギナルド・カマルゴ（Aguinaldo Camargo）らが講師をつとめて成人識字教室や歴史・文化に関する講座を開講し、事実上の機関誌として『キロンボ』を発行し、[*9] 黒人に関連するさまざまなニュースや論説を掲載した。さらには黒人運動家や専門家を集め、黒人をめぐる諸問題について議論する場の企画も数回おこなっており、確認できるものだけでも、全国黒人大会（Convenção Nacional do Negro; 第一回は一九四五年にサンパウロで、第二回は四六年にリオデジャネイロで開催）、全国黒人会議（Conférencia Nacional do Negro; 四九年、リオデジャネイロ）、第一回ブラジル黒人会議（1º Congresso do Negro Brasileiro; 五〇年、リオデジャネイロ）、人種間関係研究週間（Semana de Estudos sobre Relações de Raça; 五五年、リオデジャネイロ）などがある。全国黒人会議には、一九三〇年代にブラジル黒人戦線で要職にあったフランシスコ・ルクレシオ、イザルティーノ・ヴェイガ・ドス・サントスがそれぞれ参加しており、アブディアスが旧世代の黒人運動家たちとも接点を持っていたことがうかがえる。また第一回ブラジル黒人会議は、ＴＥＮを中心とする黒人運動家たちにくわえ、アブディアスとともに中央組織委員会を構成した二人、すなわちＴＥＮと関わりの深かった知識人アルベルト・ゲレイロ・ラモス（Alberto Guerreiro Ramos）とアフロ・ブラジル文化研究の大家エディソン・カルネイロ（Edison Carneiro）のほか、前述のコスタ・ピント、さらにはロジェ・バスティードら、ブラジル黒人研究の分野における内外の精鋭たちが参加しており、[*10] アブディアスの人間関係の幅広さとともに、当時の彼の位置づけを物語っている。[*11]

しかしながら一九五〇年代終盤からは、財政難などさまざまな理由によりＴＥＮの活動は低迷に向かう（Domingues 2011: 54-55）。それでもアブディアス自身の黒人解放の闘いに賭ける執念は、軍政期に入ってからでさえ衰えることはなかった。一九六六年、セネガルの首都ダカールで開催される第一回世界黒人芸術祭に向け、ブラジル代表団が組織される際、参加を希望していたTENが拒絶されると、アブディアスは前節で言及した「公開状」を芸術祭に宛ててしたため、[*12] そのなかで「人種民主主義」の真の姿を暴き、異人種の調和という虚飾に満ちたイメージを流布して世界を欺こうとするブラジル政府の姿勢を糾弾した。これは開催国セネガルやフランスの雑誌に掲載されるかたちで一般にも公開された。[*13]

ポルトガル領（当時）のアンゴラやギニア・ビサウからブラジルにやってきていたアフリカ人たちとも接触していたアブディアスを、軍事政権がいつまでも野放しにしておくはずもない。[*14] 当局からたびたび尋問を受けるようになった彼は、わが身に迫りつつあった危険を感じとり、一九六八年一一月、米国へと旅立った。この直後、大統領権限を強化して国民への統制を強める軍政令第五号（Ato Institucional nº. 5）が公布され、アブディアスの帰国は困難になり、米国滞在は結果として足かけ一四年の長きにわたることになる。出国の少し前、アブディアスは黒人運動家と学者との対立の様子を生々しく記録した第一回ブラジル黒人会議の会議録『反抗的黒人』を刊行し、その序文はブラジル本国で出版されたものとしてははじめての本格的な「人種民主主義」批判であったが、それは結局、「置き土産」のようなかたちになってしまった。

米国では当地の黒人運動家たちとの関係を築きながら、いくつかの大学に招かれ客員講師などをつとめ、一九七一年にはニューヨーク州立大学バッファロー校（State University of New York at Buffalo）に招聘されて「新世界におけるアフリカ系文化」講座の教員となり、ブラジルに帰国するまで同職をつとめることとなる。この間、黒人を主題とする数々の国際会議にも参加し、米国以外の国々の黒人運動家たちやアフリカ人の政治的指導者たちとの交流も深めていった。具体例を挙げるなら、ブラジルから唯一の参加者となった第六回パン・アフリカ会議（The Sixth Pan-African Congress; 一九七四年、ダルエスサラーム）や、米州黒人文化会議（Congresso de Cultura Negra das Américas; 第一回は一

図Ⅴ-4　サンパウロで開催された第3回米州黒人文化会議でのアブディアス（1982年）

九七七年にコロンビアのカリで、第二回は一九八〇年にパナマ市にて開催）などがある。[*15] なかでも一九七七年にナイジェリアのラゴスで開催された第二回世界黒人・アフリカ芸術文化祭（Second World Black and African Festival of Arts and Culture: FESTAC '77）では、オブザーバーとして国際フォーラムに参加し、発言や非公式に配布したペーパーにより、ブラジル代表団が提示した「人種民主主義」的なブラジル像を否定し、アブディアスの発信を阻止しようとした陰謀を告発するなど、いやがうえにもその存在感を示した。[*16]

軍政が政治開放へと舵を切りつつあった一九七八年、ブラジルに一時帰国したアブディアスは黒人統一運動（ＭＮＵ）の創設に立ち会い、[*17] 再生しつつあったブラジル黒人運動にも大きな影響を与えた。新世代の黒人組織の代表格であるＭＮＵに関していうなら、運動体としての声明等においてはパン・アフリカ的な言説がことさら強調されているわけではない。[*18] だが、各種国際会議等への積極的な参加など、活動のうえではアブディアスのそれを受け継いでいる部分は確実にある（Gozales 1982: 61-62）。また、文化の方により比重を置いた団体ではあるが、一九七四年にサルヴァドールで誕生したイレ・アイエ[*19]をはじめ、アフリカ性の主張を明確に打ちだすものも少なくない。アブディアスが、アフリカに背を向けていた一九三〇年代までと、アイデンティティの一部としてアフリカを積極的に位置づける七〇年代後半以降という、ブラジル黒人運動の対照的な二つの時代を橋渡しする存在であったことが理解できるであろう。

一九八一年の完全帰国後、アブディアスは国内外でブラジル黒人のためのさまざまなとりくみを継続しつつ、連邦下院議員（一九八三～八六年）、ついで連邦上院議員（九一～九二年および九七～九九年）をつとめ、回復された民主政治の場を通じても黒人の境遇改善に尽力した。二一世紀に入ってからも、ユネスコが人種主義との闘いへの貢献を称える一回限りのトゥサン・ルヴェルチュール賞（二〇〇四年。エメ・セゼールと共同受賞）をはじめ、彼の功績に対する顕彰、活動を回顧する企画などがあいついでいたが、二〇一一年、その反骨精神に満ちあふれた九七年間の生涯はついに幕を閉じたのであった。

四　アブディアスの思想におけるアフリカ志向とその意図

キロンビズモ——ひとつの到達点

それでは、このような活動を積み重ねていくなかで、アブディアスはどのような思想を形成していったのであろうか。その標準形として想定しうるのは、しばしば彼の思想のひとつの到達点とみなされるキロンビズモ(quilombismo)であろう。奴隷制期の米州各地には頻繁にみられた逃亡奴隷共同体のことをブラジルではキロンボ(quilombo)と呼ぶが、アブディアスはこれにちなんだ名づけをしている。この概念をアブディアスが提起したのは、亡命生活も最終盤の一九八〇年に出版した自著においてであった。その最後を飾る「キロンビズモ」と題された小論には、「アフリカ系ブラジル人大衆の歴史・文化的過程から立ち現れる科学的概念」なる副題がつけられ、さらに「わが兄弟たるブラジルの黒人たちへの著者からの提言」というメッセージがわざわざ添えられているあたり（A. do Nascimento 1980a [1974]）、アブディアス本人にもそれが自身の思想の集大成との意識があったことをうかがわせる。

キロンビズモとは具体的にどのような考え方なのか。ギマランエスはその要点として、すでにとりあげたのとは別の論稿でつぎの六つの点を挙げている（Guimarães 2002: 99-105）[*20]。

①反資本主義：黒人の真の解放には、単に軍政以前の政治経済制度を回復しても意味はなく、経済的搾取や人種主

義を不可能とするような社会への抜本的な変革が必要である。

②二極化に基づく人種意識の覚醒：ムラートもアフリカ系ブラジル人としてのアイデンティティを自覚し、白人支配層の片棒を担いだりして亀裂を生みだすべきでない。

③抑圧された多数者集団：ブラジル発展の原動力となったのは黒人奴隷であり、黒人はブラジルの肉体と精神そのものである。にもかかわらず、少数者集団たる白人たちは権力、富を独占し、こんにちまで黒人を平等に扱ってこなかった。

④排除とテロ：黒人は雇用からなかば締めだされ、居住地域も他から隔離されて、警察による暴力につねにさらされている。

⑤市民権の侵害：黒人に対する警察の日常的な権利の蹂躙は、自身や家族を守ることのできない無力感や劣等感を黒人のなかに植えつけている。

⑥反帝国主義：キロンビズモは、独自の文化的、政治的な一体性を守ろうとする集団の解放を目指すナショナルな側面を有する。それと同時に、搾取、抑圧、貧困、そして人種や宗教に起因する不平等と闘うあらゆる諸集団との連帯という国際的な側面もある。

このように、アブディアスはブラジル黒人について、人種差別に根ざした扱い、暴力、搾取などにつねにさらされ抑圧された状況にあり、そこから解放されねばならない存在と認識しており、その解放の方法を提起しているのである。もう少し補足しておく必要があろう。まず時代背景に関して、キロンビズモが提唱された一九八〇年といえば、ブラジルでは軍政の終幕という展望が開けはじめ、民主化運動の高揚など変動のうねりが起こりつつある時期であった。①や⑤は反軍政で気勢を上げる左翼運動や人権運動との連携を意識した点であるとギマランエスは分析している。またブラジル黒人の解放に関しては、②、③で白人との混血を含むアフリカ系人こそ、人口構成上、多数者集団であり[*21]、国への貢献からいってもブラジル人の正統だと規定し、さらに①や⑥も考え合わせるなら、軍政からの解放を機にブラジルがアフリカ系人を中心とした国として生まれ変わるべきことをアブディアスは主張していると解釈できよう。前年に米国で刊行された著書の序章で、彼はつぎのように論じている。

真の現実である黒人のブラジル（Black Brazil）を制度として確立し、それをもって虚構である既存の権力を代替する。その権力はアーリア人・資本主義勢力（Aryo-capitalist power）の象徴にしてヨーロッパ・米国に盲従する模倣者なのだ。黒人の自決に基づいた権力を制度として確立する。その権力はパルマーレス[*22]の例、そして搾取する者、される者の存在する余地なきアフリカの伝統である民主的な共同体主義の例に着想を得たものである。

（A. do Nascimento 1989［1978］: 10）

アフリカからのインスピレーション

では、アフリカ志向という観点からはどう整理できるであろうか。アブディアスはブラジルをブラック・アトランティックのなかにどのようなかたちで位置づけたのか。ギマランエスが言明しているのは、③と④が当時まだアパルトヘイト体制下だった南アフリカとの類比によるものだという点くらいである。だが、アフリカとの関連づけはこれ以外にもみられる。まず⑥に関していうなら、国際的な連帯の対象には南アフリカの黒人解放運動やディアスポラの黒人たちによる運動との連帯が含まれていることはあきらかである。アブディアス自身、キロンビズモはパン・アフリカニズムと結びついたものだと明言している（A. do Nascimento 1980d: 155）。さらに①が示唆する社会主義[*23]については、それがブラジル黒人の歴史のなかにみいだせるもので、そしてもとをただせばアフリカの伝統へとつながるものとして位置づけている。

キロンボは従来の定義にあるような逃亡奴隷を意味しない。キロンボは友愛に基づく自由な集まり、連帯、共生、実存的協同を意味する。キロンボの社会は、経済的平等主義に向けた社会政治の進歩、そして人類の進歩における先進的な段階を表している。[……] 経済的システムとしては、キロンビズモは共同体主義ならびに(もしくは)ウジャマーというアフリカの伝統がブラジルの環境に適応したものを意味している。

(A. do Nascimento 1980d: 161)

ウジャマー(ujamaa)とは、タンザニアの初代大統領ジュリアス・ニエレレ(Julius Kambarage Nyerere)がみずから唱えた社会主義の基礎に位置づけた概念で、アフリカの伝統的な友愛・協同的な精神のありようだとしている(ニエレレ 1973 [1962])。また、キロンボについては、その成員に黒人だけでなく、先住民や貧しい白人をも含み、人種の違いをこえた共生が実現しており、その経済システムは共同体に根ざした十分な分配的側面を有するものであるとの見方がしばしばなされてきた。[*24] キロンボをウジャマーと重ね合わせてとらえるアブディアスの見解も、そうした考え方を踏襲したものとみられる。

このほか、「キロンビズモ」の冒頭部分では、アフロセントリズムの源流のひとつであるセネガル人の学者シェイク・アンタ・ジョップ(Cheikh Anta Diop)の著作を引用しつつ、ヨーロッパ文明の起源にあたる古代エジプト文明は黒人が作り上げたのだという歴史認識を紹介している(A. do Nascimento 1980d: 146)。その際、アブディアスは、ヨルバ人の起源が古代エジプトにあると論じられている部分(Diop 1974: 184-187)に注意を促し、数のうえからいっても文化的影響の面でもヨルバ人とのつながりが深いブラジル黒人の「優れた血統」を暗に示してもいる。

まとめてみよう。黒人種が負わされてきた劣等性の汚名を払拭することの意義はむろん大きいが、キロンビズモという概念の根幹をなす部分というわけではない。したがって古代エジプト文明とのつながりを除けば、ブラジル黒人のアフリカとの結びつきはおもに歴史的経験、不当な認識枠組み、ネイションのなかの位置づけ、社会文化的特質という四つの点における共通性というかたちで表明されている。

第一の点は、すでに言及したものであるが、アフリカやディアスポラの黒人が経験してきた搾取、抑圧、人種主義とそれに対する抵抗と闘いは、ブラジルの黒人もこんにちに至るまで共有してきているものなのだという主張である。その背後には、「人種民主主義」が想定するようにそれらの苦難とは無縁などといったことは、ブラジル黒人とてけっしてないと訴える意図があったと理解できる。

つづいては、ヨーロッパ中心的な「科学」が搾取や抑圧と共犯関係にあり、ブラジルにせよ他の地域にせよ、黒人の前に大きな障害として立ちはだかってきたという見解である。「キロンビズモ」の一節をみてみよう。

支配体制を構成する知識人は、抑圧をイデオロギーにより隠蔽してきた張本人である。黒人の生物学的・社会的劣等性を主張する「科学的」理論によって、あるいは白色化のイデオロギー（社会的に強制された混淆）もしくは「人種民主主義」の神話を学術的に仕立て上げることによって。このヨーロッパ系ブラジル人知識人は、そのヨーロッパと北米の先達ともども、アフリカ人とその子孫の非人間化を促してヨーロッパ中心的な抑圧者に資する一連の歴史「科学」、人間「科学」をでっち上げた。それゆえ、ヨーロッパ人、ヨーロッパ系ブラジル人の科学は黒人のニーズには合わない。［……］

黒人はこのヨーロッパ中心的な「科学」の「普遍性」、「客観性」の虚偽性をまさにその肌で知っているのだ。

（A. do Nascimento 1980d: 158-159;（　）内引用者、「　」は原著）

ギマランエスは要点として挙げてはいないが、この知識人批判はアブディアスの論稿のほとんどに盛り込まれている主題である。ただ、ここでは他地域の黒人にも共通する要素として位置づけられているが、「キロンビズモ」よりも前の時期においては、むしろブラジルの特殊性として言及されてきた印象の方が強い。*25

三点目は、独立前のアフリカやアパルトヘイト下の南アフリカと同様、黒人はブラジルというネイションにおいて正統にして多数者の位置を占める集団なのであり、少数者集団たる白人に支配されるいわれなどないとする認識である。ブラジルでは黒人という特定の人種集団に基づいた主張や運動が、主流社会から分離主義とのそしりを受けることが多かっただけに、ナショナルな枠組みに抵触することなく黒人性を主張するためにたどり着いた論法だと解釈できよう。ただし、アブディアスは米国の黒人については少数者集団と位置づけており（A. do Nascimneto 1989［1978］: 7-8）、彼らを含むディアスポラ黒人の多くに対しては逆に差異化にもなっていることは留意する必要がある。

最後に四点目として、キロンボという共同体の原理、そこでの人間関係のありようは、友愛、協同といったアフリカの伝統的な精神を体現しているとする言説が挙げられる。これは過去だけの話にとどまらない。むしろアブディアスは、そうした精神をもとにしてブラジル黒人の完全なる解放を可能にする社会のありようを構想しているのである。つぎの一節からもそのことがわかる。

それは、われら自身の歴史的経験に基づいた生、そして、植民地主義と人種主義により破壊されてしまいはしたが、われら自身の社会経済制度について批判的、創造的に究明することで得られた知識を活用して築かれた生を営む存在へと、アフリカ系ブラジル人を再生することである。要するに、未来に向けた社会を、ただしわれらの過去の蓄積のなかから依然として有用で肯定的なものは取り入れることを考慮しつつ、いまの時代に再建することなのだ。

（A. do Nascimento 1980d: 160）

アフリカ志向の成熟過程

それでは、これらの共通性の主張は、それぞれいったいどの時点からアブディアスの思想にみられるようになったのだろうか。まずは「キロンビズモ」に至るまでの主要な論稿にどのようなものがあるか、確認しておこう。彼がブラジル外の黒人に向け発信し、「人種民主主義」への批判を鮮明にした最初の声明文までさかのぼっていくと、以下のようになる。*26

・『キロンビズモ』収録の各篇（一九七四～八〇年、A. do Nascimento 1980a［1974］; 1980b［1979］; 1980c; 1980d 等）
・『ブラジルにおける「人種民主主義」――神話か現実か』（一九七七年、A. do Nascimento 1977）
・『亡命の記憶』収録のインタビュー（一九七六年、Cavalcanti e Ramos 1978［1976］）
・『ブラジル雑誌』四七号（奴隷制廃止八〇周年号）収録の「証言」（一九六八年、A. do Nascimento 1968）
・「反抗的黒人」（一九六七年、A. do Nascimento 1982［1968］）
・「第一回世界黒人芸術祭への公開状」（一九六六年、A. do Nascimento 1981［1966］）

本章冒頭で引用したのは「反抗的黒人」のなかの一節であるが、これをみると歴史的経験の共通性が示されているのは一目瞭然である。また、前述のように共通性よりは固有性としてではあるが、科学という黒人に対する認識枠組みの不当性もはっきりと訴えられている。さらに、冒頭の引用とは別の箇所には、南部アフリカの未独立地域と重ね合わせながらブラジル黒人を多数者集団とする言明もみられる。

（アフリカ人の血が流れている者すべてが黒人だとすれば、ブラジルでは白人は少数者となってしまうので、人種差別も恣意的なものにすぎないとする、とあるジャーナリストの主張に対し）私は問う。その少数者集団である白人が多数者集団たる黒人を略奪し、周縁化するのを何と呼び、どのように形容すればよいとそのジャーナリストはいうのか。

アンゴラ、モザンビーク、ローデシア、南アフリカで起こっているのと同じことは、ここブラジルにはないというのか。むろんブラジル流の形態でという話ではあるものの、少数の白人が多数のアフリカ人を抑圧し続けるということが。

（A. do Nascimento 1982［1968］: 87;（　）内引用者、強調原著）

唯一、友愛・協同という社会文化的共通性への言及のみが、「反抗的黒人」のなかには見当たらない。「キロンビズモ」ほどは明瞭でないものの、議論の原形を確認できる最初のものは、一九七四年の第六回パン・アフリカ会議での講演原稿「文化革命とパン・アフリカニズムの未来」である（A. do Nascimento 1980a［1974］: 42-47, 74-77）。だが、これ以外の主要な論点は亡命直前の「反抗的黒人」においてすでに登場していたことになる。

そのさらに前年の「第一回世界黒人芸術祭への公開状」になると、「ルーツへの忠誠」、「われらはネグリチュードだ」といったアフリカ志向の愚直な発露こそみられるものの、具体的内容にまで踏み込んではいない（A. do Nascimento 1981［1966］: 106）。搾取・抑圧およびそれとの闘いの共有、科学や知識人の敵対性といった主張もトーンは控えめで、ブラジルにおいて黒人は多数者集団であるという言説もみいだすことはできない。アフリカ志向性を基準とした場合でも、やはりギマランエスが結論づけたように、「反抗的黒人」がもっとも重要な転機であることに変わりはないといえそうである。

五　アフリカ志向の淵源をめぐって

国外からの影響の度合い

では、ギマランエスが指摘した外来の概念の影響は、前節で整理したアフリカ志向の発現にとってどの程度のものだったのであろうか。ギマランエスが注目した反抗やネグリチュードのほかにも、ネイションのなかの位置づけに関してはかならずしもアフリカにおける民族解放のモデルを、社会文化的特質についてはウジャマーを、それぞれ外来の要因として想定することができよう。これらはアブディアスの思想にあきらかな変化をもたらすほどの影響力を及ぼしたのであろうか。

そこで、アフリカと関連づけて論ずることで、それぞれの論点においてどれほど新たな地平が開かれたのかという観点から、まずは考えてみたい。黒人に対する科学や知識人の敵対性については、共通性として提示されたのは「キロンビズモ」においてが最初だが、ブラジル黒人をとりまく状況としては「第一回世界黒人芸術祭への公開状」から一貫して主張されてきた。アフリカと共有しているという認識は、おそらくはアフロセントリズムの影響と考えられるが、それにより従来のアブディアスの科学批判に新たな意味づけがなされたようには思えない。この論点に関するかぎり、アフリカ志向そのものが二義的なものだといえよう。

一方、歴史的経験の場合は、アフリカと重ね合わせて語ることに大きな意味があった。すでに触れたように、ブラジル黒人に対する搾取や抑圧が他地域の黒人と比べ遜色ないほど厳しいものであると具体的に示すことにより、「人種民主主義」のような「似非科学」により神話化されてきたブラジルの状況が、じつはアフリカの植民地主義や米国の人種主義と何ら変わらぬものだと告発することができるからである。

では、カミュの「反抗」概念の影響はどれほどだったのか。アフリカとの歴史的経験の共有をはじめて明確に提示した「反抗的黒人」では、冒頭と末尾を含め象徴的なかたちで『反抗的人間』からの引用が複数回なされており、影響は疑いようもない。ギマランエスは、「第一回世界黒人芸術祭への公開状」から「反抗的黒人」までのあいだに、当時入手可能だったスペイン語訳の『反抗的人間』をアブディアスは読んだのだろうと推測している。[*27] だが、「反抗」の概念に感化されてはじめて、ブラジル黒人の経験を搾取や抑圧として認識し、アフリカと重ね合わせるに至ったということなのであろうか。前年の「第一回世界黒人芸術祭への公開状」には、かなり漠然としてはいるが、ブラジル黒人を含むディアスポラ黒人の「血、暴力、闘い、苦難の経験」という程度の表現はみいだせる（A. do Nascimento 1981［1966］: 106）。そして、さらに五年前の一九六一年に刊行されたＴＥＮの脚本集の序文にさえ、つぎのような一節がある。

> ネグリチュードがもたらす帰結と影響をブラジルにおいて受け入れ、黒人は自身の拒絶の手段に磨きをかける。それは略奪と苦難のなかで生じた拒絶であり、文化的同化の拒絶、強制的混淆の拒絶、屈辱の拒絶、貧困の拒絶、隷属の拒絶である。
> 黒人実験劇場とはこのことなのだ。すなわちネグリチュードの一手段にして、一要素なのである。
> （A. do Nascimento 1961: 25）

こうした表明は、歴史的経験に関する認識の原形とみなすに足るものであろう。「反抗」の概念はアブディアスの主張を明瞭で洗練されたものへと進化させたかもしれないが、その源流は「反抗的黒人」よりも前、少なくとも一九六一年には彼のなかですでに湧き出ていたと考えるのが妥当ではないか。ただ、この引用はもうひとつの外来の概念であるネグリチュードの影響を示唆するものともなっている。前述したように、ギマランエスは基本的に文化面に限定して考えていたようだが、ネグリチュードはここでは政治経済面も含めた不当な扱いに対するブラジル黒人の反発の根底にある精神性として位置づけられている。

ブラジルにおいて黒人は多数者集団であるとする見方については、レイシャリズムとの批判をかわしながら黒人性の表明を可能にするという画期的な意味合いがあったことは、前節で指摘したとおりである。ただし、こちらは歴史的経験の場合のような前兆を「反抗的黒人」より前のアブディアスの著述にはみいだすことができない。第四章でとりあげたような、黒人はブラジル人を構成するもっとも中心的な要素であるとする言説は、たしかに一九世紀の奴隷制廃止運動の頃から存在はした。だが、それはあくまでも三人種の混血を前提としたものであって、黒人を多数者、白人を少数者と位置づけるような見方とのあいだにはあきらかな隔たりがある。

ならば、アフリカで進行しつつあった脱植民地化や、国際的な批判が向けられはじめた南アフリカや未独立地域における黒人解放闘争などに直接、アブディアスは触発されたのであろうか。「反抗的黒人」が執筆された一九六七年といえば、すでにアフリカの植民地の半分以上は独立を果たし、アンゴラ、モザンビーク、ローデシア、南アフリカでも黒人解放闘争が本格化しはじめていた時期であり、タイミングとしてはそのように考えてもそう不自然ではない。ただ、それはある近しい人物を通してであったことをギマランエスは示唆している。その人物とは、TENにとっては内輪といってよい間柄だった混血の知識人ゲレイロ・ラモスである（Guimarães 2006: 162-163; 2002: 92-95）。しばしば引用される部分ではあるが、一九五四年の著作で彼はつぎのように主張する。

ブラジルでは黒人は民衆（povo）[*28]なのだ。われらの人口構成において異質な要素などではない。その逆で、ブラジルの人口構成のもっとも重要な母体なのだ。［……］ブラジルの黒人は風変わりなどうでもよい存在ではなく、ネイションの現実を表す指標なのだ。ブラジルにおける黒人の状態は、黒人自身が感じている審美的な面での疎外感と、ヨーロッパ人との同一化を望んでやまない白人の審美的な面での過剰矯正とが原因で、社会学的に問題があるだけである。

(Guerreiro Ramos 1995［1954］: 200)

黒人をブラジル人の正統とみなす根拠は、単に労働力としての貢献でなく、ここではヨーロッパの帝国主義にブラジルを対置させることから導き出されている。こうしたゲレイロ・ラモスの考え方には、マルティニーク出身のフランツ・ファノン（Frantz Fanon）をはじめとする、植民地支配からの解放について論じた思想家たちの影響があるというギマランエスの指摘もうなずける（Guimarães 2006: 162）。いずれにせよ、ブラジルでは黒人が多数者集団であるという言説に関しては、ブラジル外からの影響が大きいといえそうである。

最後に、社会文化的特質の共有について検討したい。この点を根拠に、ブラジル黒人に適したものとして社会主義的な体制への変革をアブディアスが提起していることは、前節でみたとおりである。白人やヨーロッパに対する非難よりも、黒人やアフリカの独自性を前面に押しだしている点には、アフリカと関連づける他の論点にはない固有の意義を認めることができよう。

ブラジル黒人が友愛・協同の精神をアフリカと共有しているという発想もまた、ウジャマーに代表されるアフリカ的社会主義の概念に触発されてはじめて生まれたのであろうか。ブラジル黒人解放の道筋に関してアフリカからヒントを得たという意味合いが強いことはまちがいなかろう。「キロンビズモ」の少し前に書かれた「アフロ・ブラジル芸術・宗教・文化にまつわる雑感」のつぎの一節は、そのことを裏づけている。

［……］われらはアフリカ系ブラジル人として、自身の命運と未来が故郷の大陸のアフリカ黒人の命運と結びつ

いていることを理解しており、ンクルマ、ルムンバ、アミルカル・カブラル、ニエレレ、サモラ・マシェル、あるいはアゴスティーニョ・ネト[*29]の教えと模範は、われらのインスピレーション、刺激、エネルギーとなっている。彼らはみな、真の英雄であり、理論家にして実践家でもあり、植民地主義の障害と白人優位の障壁を乗りこえるすべを知っていた。そしていまや彼らは、主権者たるそれぞれの国民、われらの兄弟でもある人びとをまとめ、われらに闘いのモデルを教えてくれ、アフリカ民族の、そして黒人種の解放に向けて威厳をもって闘う例をわれらに伝えてくれているのだ。

（A. do Nascimento 1980b［1979］: 149-150）

この種の議論がはじめて登場したアブディアスの論稿は、前述のとおり一九七四年の「文化革命とパン・アフリカニズムの未来」である。ウジャマーの場合、それがはじめて公にされたのは一九六二年のニエレレによる演説においてであったから（林 1971）、タイムラグは多少あるが、七四年までの六年ほどはアブディアスの著述が残されていないため、実際は一九六〇年代末には発想は生まれていた可能性もある。そう考えれば、タイミングが不自然だとも一概にはいえない。ほかに源流とみなしうる主張や、影響を与えたとおぼしき要因もこれといって見当たらないことから、ブラジル黒人を多数者集団と位置づける見方の場合と同様、この論点においても外来の概念の影響が大きかったとみるべきであろう。

人種主義を隠蔽する「科学」に対抗しうる「アフリカ性」の提起

ただここで、アブディアスが社会文化的特質の共有という点を持ち出した意図について、あらためて考えてみたい。そこには、社会主義そのものへの期待もあったのかもしれないし、ギマランエスの指摘するような左翼勢力との共闘という戦略的な思惑もあったであろう。実際、アブディアスはまだ米国に滞在している頃から、同じく亡命中だった左翼の大物レオネル・ブリゾラ（Leonel de Moura Brizola）との連携を深め、帰国後はブリゾラ率いる民主労働党（Partido Democrático Trabalhista）に所属して政治活動をおこなっている。だが、それだけだったのであろうか。「キロンビズモ」には英語版が二つ（一九八〇年のオリジナル版と八五年の短縮版）あるが、副題はそれぞれ「アフリカ系ブラジル人の政治的オルタナティヴ」、「社会主義へとつづくアフリカ系ブラジル人の道程」と異なっている。筆者は前者のニュアンスの方に着目したい。つまり、はじめから社会主義ありきというよりは、ヨーロッパ流の物事のあり方に代わる黒人-アフリカ独自の流儀を模索していくなかで、結果としてそれを体現するものに社会主義が当てはまったのではなかったか。

アブディアスは、かなり早い段階から「黒人-アフリカ的価値の回復」（A. do Nascimento 1968: 4）の必要性を繰り返し説いていた。みずからが主宰したＴＥＮの目的について、つぎのように語っている。

> ＴＥＮとは何か。［……］白人-ヨーロッパ起源の要素が強調される、いわゆるブラジル文化の文脈において、一段劣ったレベルに追いやられ、抑圧されている黒人-アフリカ的価値を回復、復権するための手段として、基本的には構想されたものだ。われらの劇場は文化的、芸術的なこころみの実験場であり、その仕事、活動、作品は支配階級のエリート-アーリア主義的文化の優位に対し、明確に、きっぱりと立ち向かうものであった。
>
> （A. do Nascimento 1980a［1974］: 68）

しかしながら、亡命後、一九七〇年代に入ってキロンボやウジャマーの友愛・協同精神を持ち出すまでは、黒人-アフリカ的価値についてアブディアスは具体的なことを明確には論じていない。それより四半世紀も前の時点で、すでにつぎのように述べていたにもかかわらずである。

文化、教育のレベルが通常低い有色人の大衆は、抽象的な綱領によってはけっしてまとまってこなかった。しかし、信仰心や娯楽的な関心など具体的なものによってなら、黒人はいつでもまとまってきた。テレイロやエスコーラ・デ・サンバは、いうなればその土着性ゆえ、大いなる活力に満ち、深く根づいた黒人の組織である。このような事実の確認からわれらが理解すべきこととは、ブラジル社会に存在し、アフリカ文化という源泉に結びついているパイデウマ的残存を操作することを通じてはじめて、われらは有色人大衆を集結させることができるということだ。

(A. do Nascimento 1966［1949］: 79)

しかも、アブディアスは米国に渡ると同時に、オリシャ（Orixá; アフロ・ブラジル宗教の人格化した神々の総称）をモチーフにした絵画をみずから描き始めてもいるのである。[*30]

それにもかかわらず、なぜ言論のうえでは、そうしたアフロ・ブラジル宗教やサンバに少なくとも積極的には言及しなかったのであろうか。同時代のブラジル黒人にとって、それらはキロンボやウジャマーなどよりはるかに具体的で身近な文化表現だったはずなのに、黒人-アフリカ的価値と結びつけて提示することがなかったのはなぜだろうか。たしかに宗教や芸能では、黒人の解放という政治的な主張に結びつけにくい。だが本質的な理由は別なところにありそうだ。アフロ・ブラジル文化についても一定の紙数をさいて論じている一九七七年の著書に、それをみいだすことができる。

アフリカ文化の特徴の「残存」は［……］危険なことに学者により操作されてきたのだ。ブラジル文明の非人種主義的で「調和的な」特性の「証明」として役立つように。

（A. do Nascimento 1977: 98;「 」原著）

アフリカ文化を中身のない風俗（folklore）の地位へと矮小化することは、このヨーロッパ中心的な社会の黒人に対する侮蔑だけでなく、アフリカ系ブラジル人とその文化を利益のために搾取しようとする、この社会に特徴的な強欲をも示している。というのも、アフリカ系ブラジル人の宗教と芸術はかくも馬鹿にされ、「風俗化」されている一方で、観光業においては途方もない儲かる商売を生みだすからだ。［……］アフリカ文化を単なる風俗へと周縁化することは、アフリカ文化の力強く活発な要素を無力化し、形骸化する企みにおける致命的な方法である。つまりは、巧妙な形態のエスノサイドというわけである。

（A. do Nascimento 1977: 114;「 」は原著）

要するに、アフロ・ブラジル文化に重要な意味を持たせることは、他方では「人種民主主義」を正当化し、好奇のまなざしを向けられてしまいかねないリスクを背負うことにもなるのである。実際、一九六六年の第一回世界黒人芸術祭に参加すべく組織されたブラジル代表団には、カポエイラ（Capoeira: 格闘技とダンス、両方の要素をあわせ持つ、アフロ・ブラジル文化の代表的なもののひとつ）の達人たちや名門エスコーラ・デ・サンバのメンバー、さらにはアフロ・ブラジル宗教の女性祭司などが含まれており、[*32] アブディアスはこれを世界に対し「人種民主主義」を証明するためのものだとして辛らつな批判を浴びせている（A. do Nascimento 1981［1966］: 93）。黒人の独自性を強調したいのにもかかわらず、もっとも手近にある豊かなアフロ・ブラジル文化を活用できないジレンマがここにある。アフリカやディアスポラの他の黒人と共有する文化的特質を、あえてキロンボやウジャマーのなかに求めた背景には、こうした事情もあったのだった。

　そもそも、アブディアスを黒人-アフリカ的価値の追求に向かわせたのは何だったのであろうか。ギマランエスは明言こそしていないものの、ネグリチュードの影響を示唆しているように思える。しかし、順序としてはそれよりも少しだけあとになるが、一九五〇年の第一回ブラジル黒人会議の席上、アブディアスら黒人運動家と学者とのあいだで生じた確執もまた、ネグリチュードに勝るとも劣らぬ重要性を持っていると筆者は考える。すでに触れたように、「キロンビズモ」ポルトガル語版には「アフリカ系ブラジル人大衆の歴史・文化的過程から立ち現れる科学的概念」(傍点引用者)という副題が付されている。これはあきらかに、エリートや知識人、そして彼らが自身の地位や立場を正当化すべく捏造した「科学」を念頭に、それに対抗し、代替しようという意図の表れといえよう。つまり、黒人-アフリカ的価値の希求はヨーロッパ中心的な知識人および「科学」への不信と表裏一体なのである。その最初のきっかけとなったのが、第一回ブラジル黒人会議であった。以後、幾度となくこのときの学者たちの「裏切り」[*33]に言及し、「科学」に対する警戒感を表明していくことになる。

　進歩派知識人との共闘から、「人種民主主義」に対する明確な批判へというアブディアスの姿勢の転換を、ギマランエスは前述のように一九六四年と考えている。だが、境目はかならずしもそうはっきりとはしていない。その一〇年も前に「科学主義的な欺瞞により隠蔽された」人種主義という表現をすでに使っていたかと思えば[*34]、逆にその四年後でも、まだ「われらの人種民主主義が実際の現実となるよう――黒人も白人も――努力すべきである」と語っている(A. do Nascimento 1968: 6)。マウエスは、ＴＥＮメンバーが『キロンボ』に発表した記事の分析などを通じ、一九四〇年代、五〇年代の黒人運動をつぎのように評している。つまり、一九三〇年代を特徴づけていた「ヨーロッパ起源の白人的価値」への傾倒から、一九七〇年代の「黒人-アフリカ的な価値」に対する絶対的な忠誠への過渡期であったのだと（Maués 1988: 98）。一九六〇年代も含め、そのくらいの方が現実的な見方であるのかもしれない。

TENのような団体を旗揚げし、白人-ヨーロッパ的価値と黒人-アフリカ的価値のあいだでの葛藤などを描いた作品を次々と上演したことを考えれば[*35]、一九四〇年代なかばにはすでに黒人-アフリカ的価値への志向が多少なりともアブディアスのなかにはあったのであろう。このもともとあった胎動は、一九四〇年代終盤に入ってきたネグリチュードの概念により具体的で洗練された表現を授けられ、さらに第一回ブラジル黒人会議に端を発する知識人への懐疑により推進力を与えられて、黒人-アフリカ的価値に対する信念をしだいに確固たるものとしていったと考えられる。一方で、当初こそ自作の劇『魔術——黒人の神秘』（*Sortilégio: mistério negro*）で黒人-アフリカ的価値を象徴するものとしてアフロ・ブラジル宗教を題材に用いたりもしたものの、ブラジル黒人とその文化を都合のよいようにのみ扱い、利用しようとする支配層や知識人の巧妙なやり口を見抜いたことで、アフロ・ブラジル文化の扱いには慎重になったこともうかがえよう。

六　むすび——アフリカ志向の根底にあった白人知識人への懐疑・反発

キロンビズモの描いた青写真、すなわち多数者集団の黒人-アフリカ的価値に基づいた社会主義的体制の国は、軍政を脱したブラジルでは結果として現実のものとはならなかった[*36]。だが、時は冷戦終結の一〇年ほど前、ニカラグアやグレナダで社会主義革命が起こり、ローデシアが黒人主体のジンバブウェとして生まれ変わり、南アフリカでは反アパルトヘイト運動が激しさを増していた時代である。こんにちの尺度からキロンビズモを非現実的と断ずるのはたやすいが、それではアブディアスの思想におけるアフリカ志向の意義を正当に評価することはできまい。

キロンビズモを基準とした場合、アブディアスがブラジルの黒人をアフリカや他のディアスポラの黒人と重ね合わせているポイントは、いくつかに整理できることを示した。すなわち、搾取、抑圧、人種主義、そしてそれらを正当化し、隠蔽する「ヨーロッパ中心的な科学」という共通の困難にともにあえいできたが、ブラジルではアフリカと同様、黒人は本来ネイションの中心的な存在なのであり、アフリカ人と共有する友愛、協同といった精神に基づいた体制への変革をともなう「真の解放」がなされなければならないというのである。

これらの点の多くは、先行研究の指摘や本人の証言どおり、米国への亡命よりも前の時期にアブディアスの主張のなかにすでに現れていた要素だった。つまり、ブラジルを出て米国や他の米州諸国、そしてアフリカの黒人指導者とのあいだで重ねた接触や交流が、彼のアフリカ志向の根幹を形成したわけではないということである。ただ、亡命前のアブディアスが触れた外来の概念や思想に影響された部分は小さくなかったことも事実である。ギマランエスがもっとも注目した「反抗」以上に、アフリカ志向の観点からすれば、ネグリチュードや植民地からの民族解放の思想に触発された面が強かったことをあきらかにした。そして、亡命後の一九七〇年代になってはじめて提起された唯一の点、すなわち友愛・協同の精神の共有については、先行研究では十分に議論されていないが、着想そのものはウジャマーに象徴されるアフリカ的社会主義から得たであろうことを確認したうえで、本章ではつぎのような仮説を立てて検証した。つまり、その本意は社会主義の訴えよりは、むしろヨーロッパ中心的な物事のありように代わる黒人-アフリカ的価値の模索にあったのではないかと。そのような志向はアブディアスの行動や思考に早い段階から認められていたが、それを身近にあるアフロ・ブラジル文化にすぐ求めようとはしなかった。その豊饒さが「人種民主主義」の証しとして知識人に利用されがちであったことが、そこには関係していたと考えられる。

一九三〇年代までのサンパウロの黒人運動にみてとれたアフリカの敬遠から、一九七〇年代後半以降のアフリカ志向への転換は、アブディアスの思想でみるかぎりは、ブラジル外からの影響を少なからず受けつつも、彼のなかで徐々に大きくなっていったブラジルの知識人への反発によるところも大きかった。アブディアスの認識では、さまざまな「科学」を弄して人種偏見・差別やヨーロッパ系主流文化への同化圧力といった現実を隠蔽し、レイシャリズムの名のもと反論の余地さえも与えようとしないのが彼らなのであった。だが、本章でみてきた国外要因にせよ、国内要因にせよ、その影響がアブディアスにのみ限定されるようなものは何ひとつない。だとすれば何が、アブディアスを一九六〇年代後半から七〇年代にかけて、ブラジル黒人では孤高のパン・アフリカニストともいうべき存在へと押し上げたのだろうか。なぜこの時期、ブラジル黒人の問題をアフリカと関連づけて論じようという者がほかには出てこなかったのだろうか。

答えの半分は、やはり亡命にあるのだろう。本章でもみてきたように、思想形成に対しては本質的な影響をもたらすことはなかったものの、アブディアスは米国で経験したブラジルとの唯一の違いは表現の自由であったと語っている（Semog e Nascimento 2006: 156, 167）。ブラジル国内にとどまった黒人運動家たちは、かりに同じような思想を発展させていたとしても、軍政下ではそれをアブディアスのように忌憚なく表明できる状況にはなかったであろう。残りの半分は、検証は難しいが、アブディアスの個人的資質というところに最終的には行き着いてしまわざるをえないのかもしれない。亡命を余儀なくされるまでに体制への批判をいとわず、学者たち相手にも不公正をひるまず指摘する類いまれなる反骨心は、けっして無関係とはいえまい。そして、一九四〇年代なかばの時点で、ブラジル黒人の解放に向けて演劇を通じた黒人-アフリカ的価値の復権をこころみようとした発想も、アブディアスの鋭いセンスがあればこそのものだったのであろうか。あるいは、単なる偶然の産物にすぎないのか。旅先のペルーで『皇帝ジョーンズ』を観たのはたまたまだったとしても、そこから黒人劇団の立ち上げ、活動、運営へと傾けた情熱には、偶然という言葉では片づけられないほどのものがあるように感じられてならない。

＊1　Ian Douglas Smith. 少数者集団である白人が、黒人からさまざまな権利を剝奪して支配する体制下にあったローデシア（現ジンバブウェ）で、首相をつとめた人物。

＊2　引用部分のうち最後の段落は、もとはアブディアスがリオデジャネイロの新聞に寄稿した記事（一九五四年一〇月三一日付）の一部で、一九六八年刊行（初版）の編著書のなかで引用するというかたちをとったものである。

＊3　ネグリチュードについては、岡倉（2002: 52-53）、伊谷ほか（1999: 322-323）、土屋（1994: 91-102）などを参照のこと。

＊4　アブディアスがネグリチュードを政治的意味合いのものとして使い始めたであろう時期を一九六四年以降とする根拠として、ギマランエスはこの年に発表されたフェルナンデスの著作『階級社会への黒人の統合』（Fernandes 1978［1964］）を挙げている。同書で展開されている議論の影響により、黒人運動家たちは「人種民主主義」の見方と決別する方向に進んでいったことを示唆しているが、それ以上のことは説明していない。もっとも、この著作がブラジルにも人種偏見・差別が存在することを学術的にあきらかにした、きわめて初期の重要な作品であることはまちがいない。

＊5　レイシャリズムは文脈や使い手によって意味合いがかなり違ってくる。本章では、人種意識を覚醒させる、あるいは必要以上に煽るといった意味で用いている。

＊6　本節におけるアブディアスの生涯の概要は、おもにつぎの二冊に基づいている。一冊は黒人運動家にして詩人・作家でもあるセモグが本人に聞き取りしながらまとめた伝記（Semog e Nascimento 2006）、もう一冊はブラジル連邦上院が刊行する「上院の名誉たる偉人たち」シリーズの一冊として妻のエリーザ・ナシメントが著したもの（E. Nascimento 2014）である。なお、邦文では鈴木（2011）もアブディアスの軌跡を提示している。

＊7　カーニバルのパレードへの参加に向けて活動する地域文化団体。アブディアスがリオデジャネイロで最初に住んだ地区マンゲイラ（Mangueira）には、同名の老舗エスコーラ・デ・サンバがあった。

＊8　“Cronologia das atividades do TEN”（1988）に基づく。複数作品のそれぞれ一部をオムニバスにした企画公演と、そこでの上演作品は除外している。

＊9　『キロンボ』の編集はアブディアス個人の名義となってはいるが、同誌にはＴＥＮの他メンバーも寄稿しているほか、ＴＥＮの活動をとりあげた記事も多い。ただし発行期間は一九四八年一二月から五〇年七月までの二年たらずで、一〇号までの発行であった。

＊10　ほかにも、ターレス・デ・アゼヴェド（Thales Olympio Góes de Azevedo）、チャールズ・ワグレー（Charles Wagley）、オラシー・ノゲイラ（Oracy Nogueira）、ダルシー・リベイロ（Darcy Ribeiro）といった顔ぶれがあった。学者たちのなかには混血の者もいたが、白人も多かった。
＊11　ＴＥＮにおけるアブディアスの独裁的な運営が、一部主要メンバーの離反を招いたことも理由のひとつと指摘されている。以下も参照のこと。R. de Souza (1988: 128-129); Costa (1988: 141-142).
＊12　主催者であるアフリカ文化協会（Société Africaine de Culture）とユネスコ、後援者であるセネガル政府に宛てられている。
＊13　芸術祭のあと、まずはセネガルの与党（当時）、セネガル進歩同盟（L'Union progressiste sénégalaise）の機関誌『アフリカの統一』（*L'Unité Africaine*）に掲載され、その後さらに『プレザンス・アフリケーヌ』誌（第五八号、一九六六年）にも掲載された。詳しい経緯については、つぎの文献をみよ。Davila (2010: 131-134). ブラジルでは、のちにポルトガル語版がアブディアスの著作（A. do Nascimento 1981）の巻末に収録された。
＊14　ブラジルは、アフリカが脱植民地化の時代を迎えてからもあくまでその植民地を堅持する方針であったポルトガルを支持していた。Davila (2010).
＊15　これら国際会議におけるアブディアスの講演原稿は、いずれも*O Quilombismo* (1980) に収録されている。同書の最終章「キロンビズモ」（A. do Nascimento 1980c）は、明記されてはいないものの、第二回米州黒人文化会議での講演内容であると考えられる。実際、「キロンビズモ」の英語版（A. do Nascimento 1980d）では、末尾に「第二回米州黒人文化会議（一九八〇年三月、パナマ市）への提言」と題された二ページほどの部分が追加されている。A. do Nascimento (2014: 227) も参照されたい。
＊16　結果として取り消されたものの、当初、アブディアスが国際フォーラムで発表する予定であった講演原稿は、増補されナイジェリアで書籍として出版された（A. do Nascimento 1977）。詳しい経緯は同書の序章（pp. 3-21）を参照。
＊17　詳細はGonzalez (1982: 43-66) を参照のこと。
＊18　ＭＮＵの行動憲章（Carta de princípios）を例にとるなら、わずかに「人種主義に対する国際的な闘いと連帯する」と記されている程度である。しかしながら、ソウザやシルヴァは、ＭＮＵの定期刊行物にみられるさまざまなパン・アフリカ

的な認識や主張について分析をしている。F. da Silva Souza (2005: 221-252); M. L. da Silva (2007: 100-117).

＊19　イレ・アイェは、ブロコ・アフロ（Bloco Afro; サルヴァドールにおける、カーニバル・パレードへの参加を活動の中心とし、アフリカ色の濃いパフォーマンスを特徴とする地域文化団体の総称）の先駆的存在である。ただし、人種差別の告発といった政治的メッセージをも発信している。詳しくは、Afolabi (2016) などを参照のこと。

＊20　ギマランエスは「キロンビズモ」の英語版（A. do Nascimento 1980d）の方をもとにしている。こちらには、ポルトガル語版（A. do Nascimento 1980c）の議論を多少ながら補っている箇所が散見される。ただ、どちらが先に刊行されたかは判断がつかない。②と⑥については、その論拠としてギマランエスが引用している箇所に、ポルトガル語版には見当たらない部分も含まれている。

＊21　「キロンビズモ」執筆の時点で直近のものだったと思われる、一九六〇年のブラジル地理統計院の国勢調査によれば、黒人が全人口の八・七%、混血が二九・五%なのに対し、白人は六一・〇%と、むしろ白人が過半数となっている。しかしながら、国勢調査の回答は自己申告によるため、実際よりも明るい色を選択する傾向のあることが指摘されている。アブディアスもこうした点を根拠に、実態としては黒人と混血を合わせたアフリカ系の人びとが多数者集団を構成しているのだと主張している。たとえば、A. do Nascimento (1977: 55-63) を参照のこと。

＊22　もっとも名の知られているキロンボ。ブラジル北東部に一六世紀末までには出現しており、一七世紀には史上でも有数の規模へと拡大し、卓越した指導者ズンビー（Zumbi）らのもと度重なる討伐を退け、一七世紀末までの長期間、自律性を維持した。

＊23　社会主義という語は、「キロンビズモ」のポルトガル語版、英語版とも直接用いてはいないが、その五年後に発表された内容的にはほぼ同一の短縮版（A. do Nascimento 1990［1985］）には「社会主義へとつづくアフリカ系ブラジル人の道程」という副題がつけられている。

＊24　Moura (1993: 32-37) などを参照のこと。

＊25　アブディアスは同時期の別稿でも、「ポルトガル・ブラジル独特の創造物（an exclusive Luso-Brazilian creation）たる、非常に特別なタイプの人種主義」という表現を用い、その不可欠な一部としての科学を批判している（A. do Nascimento (1989［1978］: 2)。ポルトガルも言及されているのは、「人種民主主義」概念の提唱者フレイレが、それをポルトガル領植

民地における植民者・入植者と現地住民との関係にも拡大して、ポルトガル熱帯主義（luso-tropicalismo）を唱えたからであろう。

＊26 （ ）内の冒頭の年表記は、執筆年が明確にされている論稿の場合はそれを、そうでない場合は刊行年を示している。

＊27 アブディアス自身は、その時期にスペイン語版を読んだことは認めつつも、それ以前から『反抗的人間』の概要については知っていて、「反抗的黒人」の骨子は第一回ブラジル黒人会議（一九五〇年）の直後にすでに執筆していたとギマランエスには語ったという。Guimarães (2006: 159) の注6を参照のこと。

＊28 この場合のpovoの意味合いについては、ギマランエスが簡潔に説明をくわえている。それによれば、elite（エリート）に対置され、憲法により保障されているはずの市民的・社会的権利を十分に享受することを妨げられている人びとを指している（Guimarães 2002: 93）。

＊29 いずれも、サブサハラ・アフリカの独立運動から国家建設期にかけての指導者たち。順に、ガーナ、コンゴ（現コンゴ民主共和国）、ギニア・ビサウ、タンザニア、モザンビーク、アンゴラのいわゆる「建国の父」たちの名前。

＊30 パイデウマ（Païdeuma）とは、ドイツの民族学者レオ・フロベニウス（Leo Viktor Frobenius）が提起した概念で、個別文化における本質的なものを指す。石川ほか（1994: 666）を参照。

＊31 絵画を描き始めた経緯について、アブディアスは「英語の壁に阻まれた」ことがきっかけとなり、言語とは「別の形態の表現」として絵画を発見したと語っている（Cavalcanti e Ramos 1978［1976］: 49）が、亡命直前には黒人美術館（Museu de Arte Negra）なる企画展を実現するなど、黒人芸術への関心は渡米前から持っていた。たびたび作品展が開かれるなど、アブディアスの作品は滞在中の米国で評価され、黒人芸術が正当に評価されるところは（当時の）ブラジルとの違いだと述べている（Cavalcanti e Ramos 1978［1976］: 51）。ブラジルに帰国後、一九九〇年代に作品集も出版された（A. do Nascimento 1995）。アブディアスの画家としての活動については、Jaremtchuk (2018) に詳しい。

＊32 第一回世界黒人芸術祭のブラジル代表団については、"1º Festival Mundial de Artes Negras" (1966) を参照のこと。

＊33 会議の最終宣言が採択されたあと、参加者のうちＴＥＮのメンバーなど黒人運動家を除いた「学者」たちが、自分たちだけで秘密裏に作成してあった別の「宣言」もあわせて採択させようと画策したことを指している。結果的には採択に至らなかったが、この「学者」たちの「宣言」は、要点だけいえば、黒人研究がレイシャリズムに陥り、ブラジルの調和を乱す

ことのないよう釘を刺すものであった。詳しくは、A. do Nascimento（1982［1968］: 59-62）および"Sessão de encerramento e a declaração final do I Congresso Negro Brasileiro"（1982［1968］）を参照のこと。

＊34　本章冒頭の引用で用いられている表現。「反抗的黒人」からの抜粋ではあるが、最後の段落だけは一九五四年に自身がリオデジャネイロの一般紙に寄稿した記事を引用した部分に該当している。A. do Nascimento（1982［1968］: 73-74）.

＊35　ＴＥＮの演劇に関する分析については、Bastide（1983［1974］: 149-154）、鈴木（2011: 153-157）などを参照されたい。

＊36　アブディアス自身は民主化を前に連邦下院議員となり、国政の場でブラジル黒人の地位向上、境遇改善に尽力した。

終章
父祖の地をめぐって交錯する思惑

一　一般的な時代状況の変遷による説明とその限界

本書では、ブラジルの黒人を対象に、彼らが自身の地位向上、境遇改善に向けた行動・言論・思想等において、父祖の地アフリカをどのように位置づけてきたのかをあきらかにし、その位置づけ方を規定した要因を探ってきた。分析の対象としたのはつぎの三つの局面、すなわち、一九世紀におけるブラジル黒人のアフリカ「帰還」現象、二〇世紀前半のサンパウロの黒人運動、そして一九六〇年代後半から七〇年代にかけての黒人運動家アブディアス・ド・ナシメントの思想である。それらの局面にみてとれたさまざまなアフリカへのまなざしは、ひとくちに前向き、後ろ向きなどとはいいがたい、ニュアンスに富んだ多様なものであった。

序章において部分的には言及したが、地域によらずブラック・ディアスポラのアフリカに対する姿勢に影響を及ぼしたと考えられる共通の要因を、ここでいくつか仮定してみよう。第一に、ディアスポラの住む国・地域における迫害や排除があろう。これは時代や場所により、奴隷制、植民地支配、人種偏見・差別など形態は異なるが、「ふるさとの地」に対する志向の前提となるものである。第二に、世代の問題があろう。同じディアスポラといっても、アフリカ生まれの第一世代と米州各地で生まれた第二世代以降とでは、アフリカに対する意識は違って当然である。第三に「ふるさとの地」に対する一般的認識の如何があろう。二〇世紀へと入る頃から、人種主義思想の広まりによりアフリカに対する否定的な認識が深まり、逆に一九六〇年代からはアフリカ各地が植民地支配から脱し、独立を果たしたことでそのイメージは好転した。二〇世紀後半に米州の各地でみられはじめたさまざまなルーツ志向は、基本的にそうした背景を持つものとしてとらえられよう。

このように想定される一般的な傾向により、本書でとりあげた対象はどこまで説明でき、できない部分はどの程度あるのであろうか。第一章で対象としたブラジル黒人のアフリカ「帰還」は、その大部分がアフリカ生まれの解放奴隷たちで、文字どおりの帰郷であったかのようにみえる。しかも、多くの場合、大きなくくりでいうならもとの出身地を含む地方に、渡航費用を自分で工面してまで「帰還」したとなれば、なおさらである。ただ、「帰還」後の生きざまから判断するのであれば、帰郷とは感じさせない面が多々あったのもたしかであった。「帰還」民たちは生まれ故郷の町や村までは戻らず、沿岸部にとどまって自分たちだけで固まって暮らし、貿易商や宗教指導者など、二つの地域の狭間に生きることでみいだしたさまざまなチャンスをつかもうとしたばかりか、奴隷の取引さえもいとわなかったのである。それでもなお、リベリアのケースなどまとまった数で実現したアフリカ「帰還」のなかでは、帰郷の要素の介在をもっとも（あるいは、唯一）想定しうる事例であった。そして、「故郷」であったにせよ、交易拠点や宗教の「本場」であったにせよ、「帰還」民が目指したのは現実の具体的なアフリカだった。

第二章から第四章までの三章をあてた二〇世紀前半の黒人運動は、アフリカやブラック・ディアスポラへの言及が黒人新聞にみられるため、同時期のパン・アフリカニズム的ビジョンを有していたかのようにみえる。たしかに、米州の黒人たちにとってルーツを象徴するような国であったエチオピアの皇帝の名を冠した新聞が発行されたり、ディアスポラのアフリカ志向を煽り立てていたガーヴィーをたびたびとりあげていたりすれば、そう受けとってしまうのも無理はない。

だが、この時期の黒人運動家たちは、前の世紀にアフリカに「帰還」した者たちのようにアフリカ生まれではもはやなく、ブラジル生まれのディアスポラだった。しかも、アフリカのイメージの著しい悪化がみられた時期でもあり、本節で仮定した共通のトレンドからすれば、むしろアフリカ志向こそが逸脱だったといえる。デュボイスやガーヴィーが活動していた米国でさえ、黒人運動の主流は同化主義、統合主義的な志向であった。そしてブラジルでも、黒人新聞の紙面を精査すれば、アフリカや他国の黒人への言及は全体からみればごく一部にすぎず、しかもその対象はヨーロッパ的な価値基準において優れた人物や事象に偏重していたことに気づかされる。これを黒人読者に対し、劣等感を払拭しつつ模範を提示する意図として解釈するなら、この時期のブラジル黒人運動は、アフリカ生まれの世代が姿を消し、汚名にまみれた父祖の地に背を向けるという一般的な傾向の枠内で説明が可能なものとなる。

第五章で扱ったアブディアスの黒人解放思想に関していえば、その明確なアフリカ志向は彼の思想の成熟過程がアフリカの名誉回復の時期と重なることから、想定の範囲内といえる。ところが、彼が手近にある豊饒なアフロ・ブラジル文化をさぞや誇らしげに自身の主張の論拠として掲げているだろうという予想は、見事なまでに裏切られる。米国の黒人たちのあいだでルーツ志向がわかりやすいかたちで顕在化していったのに比べると、アブディアスはブラジル黒人と「ふるさとの地」を、まるでアフロ・ブラジル宗教やサンバを意図的に飛び越すようなかたちで結びつけており、違和感を禁じえない。これは何によって説明しうるのだろうか。

二　「アフリカ性」のジレンマ——ブラジル固有の要因

ブラック・ディアスポラのアフリカ志向のありようを規定する一般的な文脈からは説明しえない部分に関して、その逸脱に関与したブラジル固有の要因をみいだすことができるであろうか。ブラジルの黒人が米国や英仏領カリブの黒人とは違い、一九六〇年代までパン・アフリカニズム運動に関わらなかった理由として、言語や情報の壁を挙げる声があったことはすでに言及した。この点に関しては、筆者も本書の議論を通してその否定となるような結論を導き出してきたが、ほかにも異論を提起した論者がいる。彼の見解を足がかりにブラジル固有の要因とその影響について考えてみたい。

フォンテーヌは、ブラジルの黒人がパン・アフリカニズム運動にくわわるに至らなかった本質的な要因として、「孤立」とは別のつぎの六つの点を挙げている（Fontaine 1986: 264-267）。

（一）「人種民主主義」のイデオロギーが黒人に及ぼした影響
（二）エスニック集団に対するブラジル社会の同化圧力の高さ
（三）黒人組織の結成を（白人に対する）人種差別と判断しかねない法律の存在
（四）米国ほど人種ごとの分離がみられない居住パターン
（五）黒人運動の指導者・支持者の候補が主流社会にとりこまれるケースの多さ
（六）異議申し立てに対する寛容度の低い抑圧的な政治体制

（四）と（五）については本書の射程外であるが、[*1] それ以外についてはこれまでの議論と多少なりとも関わりのある点である。（六）は一九六四年から八五年までの軍事政権のことであるが、一九三七年から四五年にかけての「新国家」体制もあわせ、それぞれの時期に黒人運動に大きな影響を与えたことはいうまでもない。アブディアスのように、そうした障害にもかかわらず活動を展開した黒人もいたため、本書では決定的な要因としては議論しなかったが、かりにこうした政治抑圧がなかったのだとしたら、ブラジルの黒人運動の展開や主張ももう少し違っていたはずである。現に、ヴァルガスによる「新国家」の樹立は、二〇世紀前半の黒人運動の息の根をほぼ完全に止めてしまった。

一方、(三)は一九五一年成立の人種差別を禁止したアフォンソ・アリノス法(Lei Afonso Arinos)のことを指している。この法律には直接触れなかったが、(三)の論理は第四章で言及した黒人運動に対する白人主流社会からの圧力、すなわち「ブラジルには人種偏見・差別が存在しないのだから人種に基づく運動には道理がない」という言い分と同種のものである。ということは、フォンテーヌが意図していたのとまったく同じ意味合いではないかもしれないが、(一)、(二)も含め、みな第四章で扱った「人種の天国」という認識、すなわち「人種民主主義」あるいは「ブラジル人は混血からなるものだ」とする考え方に関わるものだといえる。

この「人種民主主義」または混血のブラジル人という見方は、現実にブラジル社会に存在した人種偏見・差別、そして白人支配層が抱いていた白色化という願望をカモフラージュする効力を持っていたことはすでに述べた。そして、フォンテーヌの想定とはやや違ったかたちではあろうが、「人種民主主義」や混血のブラジル人というイデオロギーが二〇世紀前半の黒人運動を統合志向へと傾かせる方向に作用したことは第四章で論証した。

ところで、これらはブラジルのもうひとつの個性とも結びつけられていた。ドレイクがパラドックスとして、パン・アフリカニズム運動におけるブラジル黒人の不在と対照させたブラジルの「アフリカ性」である(序章参照)。第五章で論じたように、アフロ・ブラジル文化の豊饒さは、「人種民主主義」や混血のブラジル人といった主張の正しさを裏づける証左としてしばしば位置づけられた。だからこそ、アフリカ志向が強いにもかかわらず、アブディアスはアフロ・ブラジル文化に対しては言及に慎重になったのであった。では、この「アフリカ性」というブラジル特有の要因は、他の二つの局面に対しても何らかのかたちで作用したのであろうか。

二〇世紀前半のブラジル黒人運動については、アブディアスの思想に対してはたらいたのと同じ影響力をみてとることができる。当時はアフロ・ブラジル文化が学術研究の対象として非常に注目されはじめた時期で、それは一九三四年に第一回アフロ・ブラジル会議の開催という顕著な成果となっても表れた。そこには『大邸宅と奴隷小屋』を出版したばかりのフレイレや、米国からハースコヴィッツも参加していた。しかしながら、黒人新聞はこうした、いってみれば自分たちのルーツを解き明かすような動きにいっさい触れていない。知らなかったのではない。第一回アフロ・ブラジル会議にはブラジル黒人研究の学者たちにまじり、ペロタス黒人戦線（Frente Negra Pelotense; ブラジル黒人戦線の地方支部のひとつ）[*2]からの代表も参加していたのだ。しかし、彼の発表の内容は、黒人新聞がアフロ・ブラジル文化をとりあげようとしなかった理由を物語っている。

偏見・差別が存在するのか否か、さかんに議論がなされてきています。偏見・差別を感じとっているわれらは、ともに闘うのです、おもにアフリカ系ブラジル人の後進性の解消に向けて。

いたるところで人種による選別のショッキングな実践がわれらに向けられています。南部では、特定の公的な場所、劇場、カフェ、理髪店、学校などへの立ち入りの禁止がいまだあるのです。

（Barros 1988 ［1934］: 270）

ブラジル黒人の文化や歴史についての発表ばかりだったことなど委細かまわず、彼は自身の最大の関心を吐露した。それは自分たちの直面する人種偏見・差別の告発と、その一掃に向け戦う決意であった。こうした現状の改善につながらない研究など、黒人運動家たちには喫緊の課題から目をそらせる偽善にすら映っていたかもしれない。もちろん、みずから背広に身を包み、ネクタイを締め、黒人同胞に労働、道徳、教育を大切にするよう説いて白人からも認められるための闘いをしていた彼らにとって、いまさら「野蛮な」文化と結びつけられることも迷惑な話であったにちがいない。ブラジルの「アフリカ性」は、それに対する反発もしくは沈黙というかたちで、黒人運動の統合志向をさらに確固たるものとしたのである。

一九世紀の文脈においては、「帰還」元となったバイーアのとりわけ強い「アフリカ性」は、アフリカへの「帰還」をあとおしするかたちで作用した。「帰還」先であったベニン湾岸地方との民族的・文化的共通性は、「望郷の念」のみならずさまざまな「帰還」の動機の背景もなしていたといえる。ブラジルにアフリカ系宗教が広まりつつあったからこそ、いったん本場への「帰還」を経ることによりブラジルで宗教指導者となる道が開かれたし、ブラジルとアフリカのあいだの交易に従事する者にとってもアフリカ系宗教の儀礼に用いる物品（ヤシ油やパノ・ダ・コスタなど）は重要な商品であった。[*3] 言語がある程度通じるといったことも、「帰還」民がさまざまな経済活動に従事するうえではひとつの大きな利点であったのではないか。

このようにみてくれば、ブラック・ディアスポラのアフリカに対する姿勢のありようを規定する共通の底流に、「人種民主主義」や混血のブラジル人という認識、そして「アフリカ性」というようなブラジル固有の要因を組み合わせることで、ブラジル黒人が異なる局面でみせてきたさまざまなアフリカ志向をある程度までは説明しうることが理解できよう。

三　残された空間と時間の隙間——これからの課題

本書で論じてきた範囲にかぎっても、アフリカは肯定的なものから否定的なものまで、さまざまな意味合いを帯びてブラジルの黒人たちの目には映ってきた。それは、奴隷貿易により失われた「幸せな生活」を取り戻すことのできるはずの「故郷」のこともあったし、迫害を嫌ってよりよい暮らしを求める「新天地」のこともあった。連想からの侮蔑を恐れて距離を置きたい「出自」の場合もあったし、みずからを従属させてきた支配的価値観を代替するオルタナティブを提供し、誇りを回復させてくれる「ルーツ」の場合もあった。ただ、これらを導き出してきた三つの局面はあくまでも個別の断片であって、いずれもアフリカに対するさまざまなまなざしの一部にすぎない。本書であきらかにしてきたもののみをもって、ブラジル黒人運動のアフリカに対する姿勢の変遷として一般化するのは安易にすぎるであろう。

たとえば、一九世紀のアフリカ「帰還」と二〇世紀前半の黒人運動にそれぞれみられたものを、アフリカ志向の連続した変化とはたしてとらえられるだろうか。時期だけをみれば入れ替わりのようになっているが、文脈がまるで異なるのは明白である。だが、違うのはそれだけではない。アブディアスの活動も含め、三つの局面はいずれもブラジルの別々の地方（順にサルヴァドール、サンパウロ、リオデジャネイロ）で展開されたのである。となれば、そもそもブラジルというひとつの国を単位として黒人運動やそのアフリカに対する姿勢を一様に想定すること自体、はたして適切なのかという根本的な疑問にさえ行き着いてしまう。実際、最初の二つの局面には、サルヴァドール、サンパウロという地域性がそれぞれ深く関わっていたことは、すでに論じたとおりである。三つ目の局面に関しては、リオデジャネイロという土地柄がアブディアスの思想形成に関わっているのか疑問かもしれないが、バスティードはこの点に関連して、ごく簡単にではあるが、ほかの二つの地域も含めた地域的要因についての見解を述べている（Bastide 1966［1951］: 100-101）。

ただし、地域性という要因の関与があきらかだとはいっても、それを安易に措定し、局面ごとの相違と結びつけることもまた危険をはらむ。土地柄が違うとはいっても、互いに完全に隔離されていたわけではない。地域間の人や情報の流通は確実に存在した。一九世紀の「帰還」は、たしかにほとんどがバイーアとベニン湾岸のあいだを往復していた船によりおこなわれたが、ブラジルの他地域からバイーア経由でアフリカに渡ったケースもあったことが伝えられている。『水屋敷』の母娘はミナスジェライスの出身で、アフリカ行きの船に乗るためにリオデジャネイロ経由でバイーアにやってきたという設定になっている。また、本書では考察の対象とはしなかったが、バイーアやリオデジャネイロからアンゴラ地方へと「帰還」したケースも少数ながらあったこともあきらかにされてきている。[*4] 二〇世紀初頭、有名なジャーナリストであったジョアン・ド・リオ（joão do Rio）[*5] は著書『リオの宗教』のなかで、「裕福なアフリカ生まれの元奴隷のなかにはブラジルで生まれた子弟を宗教の勉強のためアフリカに送る者もいる」とも述べている（João do Rio 2006［1904］: 20）。「帰還」民の多くはバイーアからベニン湾岸に渡った人びとだったかもしれないが、このパターンから外れた「帰還」もあったなら、本書での考察とは異なる側面もあった可能性がある。

空間的距離が絶対的ではなかったことを示すエピソードはほかにもある。サンパウロの黒人紙『起床ラッパ』編集部には途中からバイーア在住のウルシーノ・ドス・サントスやジョアン・ソテール・ダ・シルヴァがくわわったし、国外のブラック・ディアスポラの情報提供と英語からの翻訳を担当したヴァスコンセロスもバイーア在住だった。[*6] また、ブラジル黒人戦線はバイーアのほか（Bacelar 1996）、本章でも言及したとおりブラジル南部のペロタス（Pelotas）にも支部を持っており、[*7] 後者に関しては北東部レシーフェで開催された第一回アフロ・ブラジル会議に代表を送っていた。二〇世紀前半の黒人運動に影響を与えた「人種の天国」という神話も、なにもサンパウロのみに限定されていたわけではあるまい。これらのことをふまえるなら、地域性という要因に関しては、慎重かつ丁寧な検討が求められよう。

一方、本書の研究には時間的な空隙もある。そのひとつが一九四〇年代から五〇年代にかけてである。ヴァルガスの「新国家」に終止符が打たれたあと、サンパウロでは一九二〇年代から三〇年代に活動した黒人運動家たちの一部が黒人新聞を発行するといった動きもみられた。この時期、アブディアスらのはたらきにより、サンパウロとリオデジャネイロ、それぞれの黒人運動家たちのあいだに連携の動きも出はじめていたし、「人種民主主義」の影響力もまた本格的なものとなった。それだけに、二〇世紀前半の黒人運動からアブディアスの思想へと至る変容の過程について、より緻密に分析できる余地が残されている。

断片的な局面をとりあげざるをえなかった理由には、資料の問題もあった。研究着手の時点で資料入手の目途がたちそうだった局面は、本書でとりあげた三つくらいのものであった。ただ、新たな資料の発掘や研究成果の発表は、この研究を手がけているあいだにも驚くようなペースで進展してきた。空間的なものにしろ、時間的なものにしろ、本書でカバーすることのできなかった隙間のうち、埋めていける部分も少しずつ増えてきているように思える。

四　ブラック・ディアスポラ研究への含意

本書の分析は断片的な局面のみを対象にしてはいるが、より普遍的な次元の議論に資するような成果もいくつか得られたと思う。まず、互いに相反するようなアフリカへの姿勢がみられてきたことを実証的に示せたことには大きな意義があろう。本書があきらかにしたことは、ブラジル黒人運動のアフリカに対する姿勢の変遷のすべてではないかもしれないが、その全容を解明していくうえでの「たたき台」の役割は果たしうるものだと考える。もうひとつ、アフリカに対する姿勢のありようを規定してきた諸要因については、そのうちの主要ないくつかは提示できたのではないだろうか。とりわけ、「人種民主主義」や「アフリカ性」の濃密さといったブラジル特有の要因は、米州の英語圏地域の事例の相対化につながる重要な手がかりとなるはずである。

ブラジルのように黒人人口が多く、アフリカ系文化も目にみえて華やかな国が、なぜ国際的な黒人解放運動の舞台に積極的に関わってこなかったのか――。序章でも紹介した、このすぐれて直観的な問いに対する答えの少なくとも一端は、いまやあきらかであろう。本書でとりあげたブラジル黒人運動の三つの局面に関するかぎり、ブラジルの「アフリカ性」はそのアフリカ志向に対し、かならずしもプラスには作用してこなかった。「アフリカ性」がアフリカ志向をあとおししたのは、ひとつ目の「帰還」の局面くらいで、残る二つの局面ではむしろ足かせとなった。ブラジルの主流社会への同化を願っていた二〇世紀前半の黒人運動家たちにとって、同胞の黒人たちによりアフロ・ブラジル文化の実践というかたちで表明されていた「アフリカ性」は、自分たちの足をひっぱるものでしかなかった。かりに「アフリカ性」を前面に押しだしていたとしても、「あらぬ人種意識」を煽っているとして一蹴されただけだったろう。また、アブディアスが徐々にアフリカ志向を強めていった一九六〇年代、七〇年代においては、逆に「人種民主主義」の証しとして主流社会の側に利用されることを許してしまうことになった。

ブラック・ディアスポラに関して、「いまいる場所」における父祖の地アフリカの「刻印」の鮮明さは、印象とは裏腹にかならずしもルーツ志向の強さに結びつくとはかぎらないことを、本書の分析はあきらかにした。ディアスポラにとって「ふるさとの地」は、どんな局面においても肯定的な意味合いを持つとはかぎらず、みずから背を向けるときもある。そのようなとき、そうした「刻印」が深ければ深いほど余計に重荷となることさえある。また、ルーツに対し熱いまなざしを向けるときでも、身近にある「ふるさとの地」の「形見」は、アブディアスの葛藤が物語るように、その追い風とはかならずしもならない。

こうしたディアスポラと故地との関係性は、ブラック・ディアスポラのケースに限らず、他のディアスポラの事例を考えるうえでも少なからぬ示唆となるのではないか。

＊1　この二点については、たとえばテルズ（2011［2004］）が論じている。
＊2　ペロタスはウルグアイとの国境にほど近い、ブラジル最南部リオグランデドスル州の都市。
＊3　Castillo（2016b: 38）、L. Turner（1942: 60）のほか、より詳しくはPereira（2015）を参照のこと。
＊4　この点については、M.L.e Souza（2008: 116-140）を参照のこと。
＊5　本名を João Paulo Emílio Cristóvão dos Santos Coelho Barreto というジャーナリスト、文芸家。João do Rio は数ある彼の筆名のうち、もっとも有名なもの。
＊6　本書第二章、第三章参照。
＊7　ペロタスやポルトアレグレ（Porto Alegre；現在の州都）など現在のリオグランデドスル州の各地でも、一九世紀末から二〇世紀前半にかけてさまざまな黒人新聞が発行されていた。矢澤（2016）を参照のこと。本書では扱えなかったものの、これらも重要な示唆の得られるであろう研究対象であることはまちがいない。

あとがき

　本書の上梓は、期せずして時代の変わり目と重なることとなった。令和という新たな時代を前に、三〇年あまり続いた平成の世は、いままさに幕を下ろそうとしている。思い返せば平成という時代は、私にとっては本書へと至る研究の足どりそのものであった。

　昭和から平成への改元からまもなく、学部の三年目を目前に控えた私はキャンパスのとある教室にいた。いわゆるバブルまっただなかの時代、あと二年の学生生活が終われば就職とあたりまえのように考えていた私は、志望していた業界と関係する内容のゼミを受験して落ち、アフリカ地域研究のゼミの二次募集の面接を受けにきていたのだった。そのときはまだ、ゼミくらい入っていないと恥ずかしいという程度の気持ちだったように思うが、幸いにも合格し、アフリカについて学びはじめるとすっかりその魅力にとりつかれてしまった。そうなってみてようやく、自分がいまいる学科をなぜ受験したのかを思い出す始末であった。もともと私は、アフリカかラテンアメリカの地域研究を学びたかったのだと。二次募集にアフリカ研究のゼミが残っていたのは本当に幸運であった。

　就職から一転、地域研究を志し大学院への進学を決意した私は、自分のオリジナリティを視座よりも対象の方に求めたいと思った。あまり研究のされていない地域を対象にしてみるのもおもしろいかもしれない。そう考えたりもしていた矢先、平成元年に刊行されていた一冊の書物と出会った。アフリカとラテンアメリカのあいだの歴史的関係を描き出そうというその学術書の挑戦に、私は高揚感を抑えることができなかった。ヨーロッパとアフリカでもなく、米国とラテンアメリカでもない、いわゆる南の地域同士の関係でも研究の対象になりうるのかと、まさに目から鱗が落ちる思いであった。手垢のついていない地域を探すばかりでなく、複数の地域を股にかけるというかたちでも「新しさ」は打ち出せる。そう気づいたことにくわえ、もとから興味を持っていた二つの地域を両方とも学べるとあって、すぐに腹は決まった。同時に、その焦点とすべきはブラジルであろうとも直観的に感じていた。本書の研究の原点はここにある。

進むべき道が決まったはいいが、ブラジルの研究の方はゼロからのスタートに等しかった。大学院の授業のあと、夜は上智大学の公開講座に通いはじめ、ポルトガル語の習得に励むかたわら、ブラジルの黒人についての断片的な情報を手探りでかき集めはじめた。自分のやりたいことをできる程度の材料はありそうだという感触は得つつも、本格的に研究を進めるには現地に一定期間滞在することが不可欠と感じた。そこで平成七年、サンパウロ大学に籍を置きながら一年間あまりじっくり研究にとりくもうと、ブラジルに渡った。

留学前は現物をみることのできなかったブラジル黒人に関する定番の研究書の数々を手に入れ、いよいよ深いレベルの研究ができるぞという期待は、しかしながらすぐさま打ち砕かれた。書店でも、図書館でも、それら定番の書物にはほとんどお目にかかれなかったのである。絶版、欠本のまさに嵐であった。ブラジル社会は大きく変わってきてはいたものの、「人種民主主義」の余波はいまだぬぐいさりがたく、黒人関係の研究の発表自体もまだまだ少ない時代でもあった。かくして私の留学生活の序盤は、サンパウロ市内の古本屋めぐりと店のオヤジたちとの値段交渉にかなりの時間を費やすはめとなったのである。

本書を執筆するうえで用いた文献には、その頃苦労して入手したものも多い。ものによっては、古書店のたわんだ書棚に発見したときの興奮までありありと思い出され、懐かしいかぎりである。とりわけ、一九九〇年代末以降はブラジル黒人研究の飛躍的な進展と出版状況の大幅な改善を目のあたりにしてきただけに、いまとなっては隔世の感を禁じえない。定番の学術書もいまや立派な装丁の増補改訂版が書店に並び、入手もたやすくなっているが、当時必死に探しまわって手に入れた粗末な製本の初版本の方が、思い入れはどうしても強い。

本書のおおよその構想は留学から帰国した頃にはすでにできていた。五年くらいあればなんとかかたちにできるだろうとたかをくくっていたが、気づいてみればその四倍あまりの歳月が経過してしまっていた。そのあいだ、研究者・大学教員としてさまざまな状況の変化はあったし、無駄であったとはけっして思わないものの、ずいぶんとまわり道もした。私生活において環境の変化もあった。だが、それらはすべて言い訳でしかない。ただ、私の怠慢ゆえゴールが霞んでしまいそうになりながら、どうにか一応の完成にまでたどりつくことができたのは、ひとえに周囲の多くの方からいただいたご指導や支え、励ましのおかげと、それになんとしても報いたいという一心ゆえであったと思う。

本書は平成二九年度に慶應義塾大学大学院法学研究科に提出した博士学位請求論文をもとにしている。同論文を主査として審査してくださった井上一明先生（慶應義塾大学名誉教授、審査時は慶應義塾大学法学部教授）に、まずは感謝申し上げなければならない。井上先生こそ、他のゼミに落ちた私を二次募集で拾ってくださり、地域研究の魅力に出会うきっかけを与えてくださった恩人である。先生がチャンスをくださらなければ私は研究者の道へと進むこともなかったであろう。審査を含め、さまざまな機会にいただいた直接のご助言、コメントもさることながら、学問でもそれ以外においても先生の姿勢から学ばせていただいたこと、影響を受けたことは多かった。けっしてできのよい教え子ではなかったが、そんな私を見捨てることなくこんにちに至るまで気にかけてくださり、ありがたく思っている。

副査として同論文の審査に学外よりくわわってくださった鈴木茂先生（名古屋外国語大学世界共生学部教授、審査時は東京外国語大学大学院総合国際学研究院教授）には、審査報告とは別途にも、詳細にわたるご指摘、コメントをいただき、本書をまとめる際にはおおいに参考にさせていただいた。記して感謝申し上げたい。日本においては数少ないブラジル黒人研究の専門家であり、第一人者である先生からは、正式な指導関係にあったわけでなかったにもかかわらず、ことあるごとに直接、間接に多くの貴重なことを学ばせていただいた。それゆえ、実質的な意味での恩師のひとりと勝手に仰いでいる次第である。とはいえ、鈴木先生よりこれまでいただいたご指摘、ご助言、コメントのひとつひとつに対し、私自身が十分に対応できてきたとは到底いいがたい。よって、本書の内容についてのあらゆる責任は筆者である私に帰されるものであることはいうまでもない。副査としてもうおひとり、学内より出岡直也先生（慶應義塾大学法学部教授）にも審査にあたっていただいた。ご専門のラテンアメリカに関わるとはいえ、メインストリームからはだいぶ外れた主題の論文をお読みいただき恐縮であった。御礼申し上げたい。

大学院在学中は日本育英会（現日本学生支援機構）より奨学金の貸与を受けた。また、ブラジルへの留学にあたってはロータリー財団奨学生として留学費用の補助を受けた。それぞれ感謝申し上げたい。ブラジルでは、受け入れ先のロータリー地区のカウンセラーをつとめてくれた故タダシ・フジハラ（Tadachi Fuzihara）氏、そしてマリア（Maria Fuzihara）夫人には公私にわたりお世話になった。留学が終わり、カウンセラーでなくなったあとも、私がサンパウロを訪れるたびに自宅に泊めてくださり、本当にありがたかった。ブラジルでの調査・研究を安心しておこなってこられたのはお二人のおかげといっても過言ではない。本書を生前に届けられなかったことがなんとも悔やまれるが、惜しくも一〇年前に亡くなったタダシさんのご冥福とともに、マリアさんのますますのご健康をお祈りしたい。

新旧の職場の同僚諸氏にも、ときに刺激を受け、ときに支えられた。大学教員として最初に奉職し、まる一〇年間お世話になった敬愛大学国際学部では、右も左もわからぬ若造の私を先生方は温かくみまもってくださった。現職の上智大学外国語学部においても、同僚の先生方には助けていただいてばかりの日々である。あらためて感謝したい。また、平成二九年度にいただいた一年間のサバティカル（研究休暇）がなければ、本書が世に出ることはなかったかもしれない。たいへんにありがたかった。大学院生時代、ポルトガル語を学ぶため週に三日、夜な夜な足を運んだ四谷のキャンパスで、いま、あの頃にはまだ生まれてさえいなかった若者たちとともにブラジルやアフリカについて議論していることを思うと、ひときわ感慨深いものがある。

本書の一部は、日本学術振興会平成二七〜二九年度科学研究費補助金・基盤研究（C）「変動期アフリカ系社会におけるメディアリテラシーと公共圏の展望」（課題番号15K03055、研究代表者　田中正隆）による研究の成果である。また、本書の出版は慶應義塾学術出版基金による平成二九年度後期の出版助成を受けた。記して感謝申し上げる。慶應義塾大学出版会の乗みどりさんには本書の編集においてたいへんお世話になった。自信の持てない私を「ほめて」あとおししてくださり、それでも筆がなかなか進まないときには辛抱強く待ってくださった。そのおかげで、出版にあたり最低限手直ししたいと思っていたところはどうにかカバーできたように思う。感謝のひとことである。

このあとがきを締めくくるにあたり、大学院生時代には指導教授として、そして敬愛大学では学長として、長きにわたりご指導いただいた恩師、小田英郎先生（慶應義塾大学名誉教授、大学院でご指導くださった当時は慶應義塾大学法学部教授）に、こころからの感謝を捧げたい。先生と出会っていなければ、本書はもちろん、いまの自分もなかった。小田先生こそ、本書の問題設定のきっかけとなった学術書『アフリカ・ラテンアメリカ関係の史的展開』の編者のおひとりである。大学院でとりくんでみたい研究テーマを半信半疑でうちあけたとき、ネガティブなことはいっさいおっしゃらず、すぐに賛成してくださり、背中をおしてくださった。ご指導を仰ぐようになってからは、不器用なあまり中途半端なアウトプットしかできないこともあったが、そのようなときには厳しいお言葉をいただいたことも、いまにして思えばたいへんありがたかった。先生のように度量の大きく、筋の通った研究者・大学教員になれたらと思うが、不肖の弟子である私にはあまりに高い目標である。ただ少しでも近づけるよう、今後も精進あるのみである。

右の共編著の「まえがき」には、「二地域間の関係史を学際的に研究しようとする、新しい学問分野の開拓をめざした。［……］取り上げた問題は、両地域関係の史的展開の中の、ごく限られた部分にすぎないが、今後の研究の端緒となれば幸いである」とある。本書は、先生の切り開こうとされた新しい学問の一部として認めていただけるようなものに、はたしてなれているだろうか。もしもなれているのだとすれば望外のよろこびである。小田先生の門下で院生としてともに学び、刺激し合った先輩・後輩の諸氏、そして小田先生が慶應義塾大学を定年退職されたあと指導教授を引き継いでくださり、畑違いの文献をともに読んでくださった富田広士先生（慶應義塾大学名誉教授、当時は慶應義塾大学法学部教授）にも感謝申し上げたい。

最後に、家族にも感謝の意を表することをお許しいただきたい。先の保証もない研究の道へと進むことに賛成してくれ、援助を惜しまなかった父、いつも締めきりまぎわまで「悪あがき」している往生際の悪い夫を、きっと内心はらはらしながらもみまもってくれる妻、そして、かけがえのない笑顔とそれぞれの頑張りをそばでみることがなにより私のエネルギーになっている息子と娘。いつも本当にありがとう。

平成最後の日に、生まれ育った蕨の自宅にて

矢澤　達宏

初出一覧

本書は二〇一七年七月に筆者が慶應義塾大学大学院法学研究科に提出した博士学位請求論文『ブラジル黒人運動にとってのアフリカ――ブラック・ディアスポラが父祖の地に向けるまなざしの諸相』に大幅な加筆修正をおこなったものである。同論文により、二〇一八年一月、博士（法学）の学位を授与された。

もともとの初出は以下に示すとおりだが、学位請求論文としてまとめる時点においても章によっては大幅な加筆修正をおこなった。

序章：書き下ろし
　ただし、以下二篇のそれぞれ一部を加筆修正のうえ組み込んでいる。
「黒人たちが織りなすもう一つのアトランティック・ヒストリー」（上智大学アメリカ・カナダ研究所ほか編『グローバル・ヒストリーズ――「ナショナル」を越えて』上智大学出版、二〇一八年二月）、二七三―二九九ページ。
「ブラジルの多人種社会――『人種民主主義』の国はいま――」（上智大学外国語学部ポルトガル語学科編『ポルトガル語圏世界への50のとびら』上智大学出版、二〇一五年）、三九八―四〇八ページ。

第一章：「ブラジル黒人のアフリカ帰還――アフリカン・ディアスポラのアフリカ指向性を中心に――」（『法学政治学論究』第三五号、一九九七年一二月）、一六五―一八九ページ。

第二章：「黎明期ブラジル黒人運動に関する予備的考察――その展開と内的動態を中心に」（『敬愛大学国際研究』第一六号、二〇〇五年一二月）、一―三八ページ。

第三章：「20世紀前半のブラジル黒人新聞のなかのアフリカとアフリカ系人――アフリカ志向の観点から評価するブラジル黒

人運動――」(『アフリカ研究』第五六号、二〇〇〇年三月)、一―一九ページ。

第四章:「20世紀前半のブラジル黒人運動の言説にみる人種とネイション――サンパウロ州の黒人新聞の分析から」(『ラテンアメリカ研究年報』第三七号、二〇一七年七月)、五三―八一ページ。

第五章:書き下ろし

終章:書き下ろし

付録:「ブラジル黒人新聞に関する研究動向と紙面資料の所蔵・公開状況」(『Encontros Lusófonos』一八号、二〇一六年一二月)、四一―五四ページ。

Márcio Barbosa, São Paulo: Quilombhoje, 1998, p.21.

II − 9　同上, p.23.

II − 10　同上, p.43.

II − 11　José Correia Leite, *...E disse o velho militante José Correia Leite: depoimento e artigos*, organização e textos Cuti, São Paulo: Secretaria Municipal de Cultura, 1992, p.75.

II − 12　同上, p.98.

II − 13　Wikimedia Commons.

III − 1　Wikimedia Commons.

III − 2　José Correia Leite, *...E disse o velho militante José Correia Leite*, p.86.

III − 3　*O Clarim da Alvorada*, 2a fase, nº 38, 20 de dezembro de 1931, p.4.

III − 4　*O Clarim d'Alvorada*, 2a fase, nº 23, 25 de janeiro de 1930, p.4.

III − 5　José Correia Leite, *...E disse o velho militante José Correia Leite*, p.48.

IV − 1　Wikimedia Commons.

IV − 2　同上。

IV − 3　*Progresso*, nº 16, 29 de setembro de 1929, p.5.

IV − 4　*Alvorada*, nº 31-32, maio de 1948, p.1.

IV − 5　*A Voz da Raça*, nº 1, 18 de março de 1933, p.1.

V − 1　Wikimedia Commons.

V − 2　同上。

V − 3　同上。

V − 4　Elisa Larkin Nascimento, *Abdias Nascimento (Grandes vultos que honraram o Senado)*, Brasília: Senado Federal, Coordenação de Edições Técnicas, 2014, p.232.

図版出典一覧

カバー表1（表）

（アブディアス・ド・ナシメント） Wikimedia Commons.

（『黒人種の声』創刊号） *A Voz da Raça*, nº 1, 18 de março de 1933, p.1.

カバー表4（裏）

Arquivo Arthur Ramos, Acervo da Fundação Biblioteca Nacional - Brasil.

序－1 Ilê Aiyê（Projeto de Extensão Pedagógica）, *Caderno de Educação do Ilê Aiyê Vol. IX: África Ventre Fertil do Mundo*, Salvador: Carlos Bugia – Publicidade & Serviços Gráficos, 2001.

序－2 Jesus Carlos do site "Memorial da Democracia".（http://memorialdademocracia.com.br/card/ato-reorganiza-o-movimento-negro#card-186）

I－1 Wikimedia Commons.

I－2 Pierre Verger © Fundação Pierre Verger.

I－3 Schomburg Center for Research in Black Culture, Photographs and Prints Division, The New York Public Library.

I－4 筆者撮影

I－5 Wikimedia Commons.

I－6 Lorenzo Dow Turner Papers, Anacostia Community Museum, Smithonian Institution.

I－7 Lorenzo Dow Turner Papers, Anacostia Community Museum, Smithonian Institution.

II－1 Pró-Memória Negra de Campinas".（http://promemorianegradecampinas.blogspot.com/2008/09/liga-humanitria-dos-homens-de-cor.html）

II－2 *O Clarim d'Alvorada*, nº 19, 21 de março de 1926, p.3.

II－3 *O Menelik*, nº 1, 17 de outubro de 1915, p.1.

II－4 *O Clarim da Alvorada*, nº 12, 25 de janeiro de 1925, p.1.

II－6 Miriam Nicolau Ferrara, *A imprensa negra paulista (1915-1963)*, São Paulo: FFLCH/USP, 1986［1981］, p.73.

II－7 Arquivo Arthur Ramos, Acervo da Fundação Biblioteca Nacional - Brasil.

II－8 Aristides Barbosa et al., *Frente Negra Brasileira: Depoimentos*, entrevistas e textos por

（アメリカ植民協会）

"Address of the Colonists to the Free People of Colour in the U. S.", *The African Repository, and Colonial Journal,* Vol. III, No. 10, December 1827, pp. 300-307.

American Colonization Society. 1969 [1867]. *The Fiftieth Anual Report of the African Colonization Society with the Proceedings of the Annual Meeting and of the Board of Directors, January 15 and 16, 1867* (New York: Negro Universities Press).

（マイクロフィルム）

Jornais da raça negra (microfilme feito por João Baptista Borges Pereira e Miriam Ferreira), 2 rolos, 1988.

Jornais de comunidades negras (microfilme feito por Michael Mitchell), 1972.

〈ウェブサイト〉

Arquivo Público do Estado de São Paulo, <http://www.arquivoestado.sp.gov.br/> (Acesso em: 15 de novembro de 2016).

Encyclopedia Britannica, https://www.britannica.com/ (Accessed March 8, 2019).

Hemeroteca Digital (Biblioteca Nacional), <http://bndigital.bn.gov.br/hemeroteca-digital/> (Acesso em: 15 de novembro de 2016).

Portal da Imprensa Negra Paulista da Universidade de São Paulo, <http://biton.uspnet.usp.br/imprensanegra/> (Acesso em: 15 de novembro de 2016).

Voyages: The Trans-Atlantic Slave Trade Database, < http://www.slavevoyages.org/> (Accessed February 24, 2019).

〈CD（コンパクトディスク）〉

De Neve e Genivaldo Evangelista. 1996. "População magoada" em Ilê Aiyê, *III Canto Negro.*

———. 1930a. "A voz do bronze", nº 20, 31 de janeiro, p.1.
———. 1930b. "Preconceito que não se justifica", nº 20, 31 de janeiro, p.4.
———. 1930c. "A força da palavra", nº 21, 15 de fevereiro, pp.1-2.
———. 1931a. "Vae ser collocada no Largo do Arouche a Herma de Luiz Gama: O esforço dispendidos pelos pretos de S. Paulo e a cooperação das altas autoridades em prol dessa grande realização", nº 33, fevereiro, p.1.
———. 1931b. "Campanha de rehabilitação", nº 41, 4 de outubro, p.2.
———. 1931c. "Aurora de um grande feito: Ás 9 horas, lança-se, hoje no Largo do Arouche, a primeira pedra da herma á Luiz Gama", nº 42, 15 de novembro, p.1.
A Voz da Raça. 1933a. "Comunicados da F. N. B.", nº 7, 29 de abril, p.3.
———. 1933b. "O memoravel pleito de 3 de maio", nº 8, 6 de maio, p.1.
———. 1933c. "O concurso da raça negra na grandeza do Brasil: um Mucio Scévola Henrique Dias", nº 9, 13 de maio, p.2.
———. 1934. "Contra fatos não ha argumentos", nº 36, 28 de abril, p.2.
———. 1937. "Alistamento eleitoral", nº 67, julho, p.4.

(ブラジル国勢調査報告書)

Directoria Geral de Estatística, 1898. *Sexo, raça e estado civil, nacionalidade, filiação culto e analphabetismo da população recenseada em 31 de dezembro de 1890* (Rio de Janeiro: Officina da Estatística).
———. 1908. *Relatório apresentado ao Dr. Miguel Calmon du Pin e Almeida, Ministro da Industria, Viação e Obras Publicas, pelo Dr. José Luiz S. De Bulhões Carvalho* (Rio de Janeiro: Typographia da Estatística).
———. 1928. *Recenseamento do Brasil Realizado em 1 de Setembro de 1920, Volume IV (2ª parte), Tomo II, População do Brazil por Estados e municipios, segundo o sexo, a idade e a nacionalidade* (Rio de Janeiro: Typographia da Estatística).
Instituto Brasileiro de Geografia e Estatística. 1950a. *Recenseamento Geral do Brasil (1º de setembro de 1940), Série Nacional Volume II, Censo Demográfico: População e Habitação, quadros de totais para o conjunto da União e de distribuição pelas regiões fisiográficas e unidades federais* (Rio de Janeiro: Serviço Gráfico do Instituto Brasileiro de Geografia e Estatística).
———. 1950b. *Recenseamento Geral do Brasil (1º de setembro de 1940), Série Regional Parte XVII-São Paulo, Tomo I, Censo Demográfico: População e Habitação, quadros de totais para o conjunto da União e de distribuição pelas regiões fisiográficas e unidades federais* (Rio de Janeiro: Serviço Gráfico do Instituto Brasileiro de Geografia e Estatística).
———. 2011. *Censo Demográfico 2010: Características da população e dos domicílios, Resultados do universo* (Rio de Janeiro: Instituto Brasileiro de Geografia e Estatística).

———. 1930b. “Restaurant Giocondo”, 2ª fase, nº 23, 25 de janeiro, p.2.
———. 1930c. “Centro Civico Palmares”, 2ª fase, nº 23, 25 de janeiro, p.2.
———. 1930d. “The Chicago Defender: Viagem do Sr. Ro-bert S. Abott á frança”, 2ª fase, nº 23, 25 de janeiro, p.4.
———. 1930e. “Um lynchamento em em Texas: Do ‘The Chicago Defender’”, 2ª fase, nº 25, 13 de abril, p.4.
———. 1930f. “13 de maio: 1888-1930”, 2ª fase, nº 26, 13 de maio, p.1.
———. 1930g. “Não ha raças inferiores e superiores”, 2ª fase, nº 26, 13 de maio, p.3.
O Clarim da Alvorada. 1930h. “O novo Imperador da Ethiopia vai ser coroado em 2 de Novembro”, 2ª fase, nº 30, 28 de setembro, p.4.
———. 1931a. “Justiniano Costa”, 2ª fase, nº 38, 20 de dezembro, p.1.
———. 1931b. “Editorial da Frente Negra Brasileira”, 2ª fase, nº 38, 20 de dezembro, p.3.
———. 1932a. “Um soldado desconhecido!...”, 2ª fase, nº 39, 31 de janeiro, p.1.
———. 1932b. “Nunca nos sentimos tão grande: O assalto, na calada de noite, desta redacção, por um bando sordido de assaraliados, bebados e desordeiros!...”, 2ª fase, nº 40, 27 de março, p.1.
———. 1932c. “Deus está comnosco!...”, 2ª fase, nº 40, 27 de março, p.1.
———. 1932d. “O Progresso”, 2ª fase, nº 41, 13 de maio, p.2.
O Menelik. 1915. “O Menelik”, nº 1, 17 de outubro, p.1.
Progresso. 1928a. “Gesto nobre”, nº 3, 19 de agosto, p.1.
———. 1928b. “Preconceito da raça”, nº 4, 7 de setembro, p.3.
———. 1928c. “Preconceito tolo e absurdo”, nº 5, 12 de outubro, p.1.
———. 1929a. “Na Africa: as linguas que ahi se falam”, nº 8, 13 de janeiro, p.3.
———. 1929b. “Tafari, o imperador negro da Abyssinia”, nº 8, 13 de janeiro, p.5.
———. 1929c. “Pedra que rola da montanha...”, nº 10, 24 de março, p.2.
———. 1929d. “Album: Antonio Carlos”, nº 10, 24 de março, p.3.
———. 1929e. “Bushman”, nº 11, 28 de abril, p.2.
———. 1929f. “A imigração negra norte americana rejeitada nas terras livres de Cabral...”, nº 14, 28 de julho, p.1..
———. 1929g. “Armas de um povo: iguaes os dardos de Cupido”, nº 15, 31 de agosto, p.2.
———. 1929h. “O negro concorreu para despertar no coração dos brasileiros o sentimento da Patria”, nº 16, 26 de setembro, p.4.
———. 1929i. “Lynchamento: é uma aberração da civilização americana”, nº 16, 26 de setembro, p.6.
———. 1929j. “Luiz Gama, o mestiço que fez a abolição vae ter uma herma”, nº 17, 31 de outubro, p.1.
———. 1929k. “A poesia do continente negro”, nº 17, 31 de outubro, p.5.
———. 1929l. “‘Palmares’: Uma grande obra que se desenha”, nº 18, 24 de novembro, p.2.

Sousa, Frederico Baptista de. 1929. "O negro deve ser politico?", *O Clarim d'Alvorada*, 2ª fase, nº 21, 27 de outubro, p.3.
Sousa, Luis de. 1930. "O momento", *O Clarim d'Alvorada*, 2ª fase, nº 26, 13 de maio. p.2.
Souza, Luiz de. 1929. "O momento", *O Clarim d'Alvorada*, 2ª fase, nº 16, 13 de maio, p.6.
U.C. 1924. "Fusão das raças II", *Getulino*, nº 32, 2 de março, pp.1-2.
Vasconcellos, Adriano. 1924. "Correio de Portugal", *Getulino*, nº 28, 3 de fevereiro, p.2.

(黒人新聞・無署名記事)

Auriverde. 1928. "Questão de raça", nº 5, 29 de abril, p.3.
Getulino. 1923a. "?!", nº 7, 9 de setembro, p.1.
———. 1923b. "O trafico de escravos no Mar Vermelho em pleno Seculo XX", nº 20, 9 de dezembro, p.1.
———. 1924a. "Negros retintos: No parlamento francês", nº 43, 8 de junho, p.1.
———. 1924b. "Negre spirituals", nº 51, 7 de setembro, p.3.
———. 1924c. "Um congresso monstro de negros", nº 58, 26 de outubro, p.2.
O Alfinete. 1918. "Carta aberta", nº 4, 12 de outubro, p.2.
O Baluarte. 1903. "Nosso programa", nº 1, 15 de novembro, p.1.
O Clarim d'Alvorada. 1927. "Um monumento", nº 34, 18 de junho, p.2.
———. 1928. "Romaria civica", 2ª fase, nº 3, 1 de abril, p.1.
———. 1929a. "A nossa victoria de 27 de setembro", 2ª fase, nº 12, 6 de janeiro, pp.1-2.
———. 1929b. "Apos a grande romaria da saudade, São Paulo assistiu a magestosa passeata civica da raça negra em homenagem a imprensa e aos lidadores da penna", 2ª fase, nº 17, 9 de junho, p.4.
———. 1929c. (sem título), 2ª fase, nº 17, 9 de junho, p.4.
———. 1929d. "A cor e a Guarda Civil", 2ª fase, nº 18, 14 de julho, p.1.
———. 1929e. "Ignacio de Amorim e o C. C. Palmares", 2ª fase, nº 18, 14 de julho, p.2.
———. 1929f. "Governar S. Paulo é governar uma nação: E, o actual governo demonstra essa realidade", 2ª fase, nº 19, 18 de agosto, p.1.
———. 1929g. "Vicente Ferreira o tribuno negro, apoia a candidatura Prestes e Vital Soares", 2ª fase, nº 19, 18 de agosto, p.3.
———. 1929h. "O Centro Civico Palmares", 2ª fase, nº 19, 18 de agosto, p.3.
———. 1929i. "C. C. Palmares", 2ª fase, nº 20, 28 de setembro, p.1.
———. 1929j. "Ha males que veem para bem: O preconceito da côr", 2ª fase, nº 21, 27 de outubro, p.1.
———. 1929k. "The Chicago Defender: World's-Greatest-Weekly", 2ª fase, nº 22, 24 de novembro, p.1.
———. 1930a. "Os adversarios de si mesmo e o nosso congresso", 2ª fase, nº 23, 25 de janeiro, p.1.

fase, nº 6, 01 de julho, p.2.
Mesquita, J. Luiz de. 1924. "O Klu-Klux Klan", *Getulino*, nº 62, 23 de novembro, p.1.
Moraes, Evaristo de. 1923. "O papel do escravo na civilização brasileira", *Getulino*, nº 3, 12 de agosto, p.1.
———. 1924. "Os negros nos Estados Unidos e no Brasil", *Getulino*, nº 25, 13 de janeiro, p.1.
Moraes, Gervasio de. 1925a. "Mendigo", *O Clarim d'Alvorada*, nº 17, 27 de dezembro, p.1.
———. 1925b. "Dominicaes", *O Clarim d'Alvorada*, nº 17, 27 de dezembro, pp.1-2.
Nazareth, José de. 1924. "A raça brasileira", *Getulino*, nº 64, 20 de dezembro, p.4.
O'Brien, John. 1924. "Heroes do murro: Siki, o novo idolo dos parisenses", *Getulino*, nº 29, 10 de fevereiro, p.1.
Oliveira. 1918a. "Para os nossos leitores", *O Alfinete*, nº 3, 22 de setembro, p.1.
———. 1918b. "A verdade", *O Alfinete*, nº 4, 12 de outubro, p.1.
Raul. 1929. "Ha negros no Brasil, sim", *O Clarim d'Alvorada*, 2ª fase, nº 12, 6 de janeiro, p.2.
Rodrigues, Nina. 1924 [1904]. "As bellas-artes entre os colonos pretos do Brasil", *Getulino*, nº 64, 20 de dezembro, pp.10-11.
Rodrigues, Pedro. 1933. "A Frente Negra Brasileira", *A Voz da Raça*, nº 11, 3 de julho, p.1.
Santos, A. J. Veiga dos. 1927a. "Á gente negra", *O Clarim d'Alvorada*, nº 28, 15 de janeiro, p.4.
———. 1927b. "A acção dos negros Brasileiros", *O Clarim d'Alvorada*, nº 28, 15 de janeiro, p.5
Santos, Arlindo Veiga dos. 1933a. "A Frente Negra Brasileira e um artigo do Snr. Austregesilo de Athayde", *A Voz da Raça*, nº 2, 25 de março, p.1.
———. 1933b. "Aos Frentenegrinos, aos Negros em geral e aos demais Patrícios, especialmente Trabalhadores e Produtores", *A Voz da Raça*, nº 7, 29 de abril, p.1.
———. 1933c. "A afirmação de raça", *A Voz da Raça*, nº 12, 10 de junho, p.1.
———. 1934. "Que o negro brasileiro não se iluda!...", *A Voz da Raça*, nº 42, 15 de dezembro, p.1.
Santos, I. Veiga dos. 1928. "A uma joven negra: que aspira pela liberdade d'uma raça", *O Clarim d'Alvorada*, 2ª fase, nº 7, 12 de agosto, p.2.
Santos, Isaltino Veiga dos. 1933. "Liberdade utopica", *A Voz da Raça*, nº 9, 13 de maio, p.1.
Santos, Manoel Antonio dos. 1927. "Impulsos do coração", *O Clarim d'Alvorada*, nº 34, 18 de junho, p.3.
———. 1931. "Eu e o Sr. Ignacio de Amorim", *O Clarim da Alvorada*, 2ª fase, nº 38, 20 de dezembro, p.1.
Santos, Veiga dos. 1929. "Congresso da Mocidade Negra Brasileira: Mensagem aos negros brasileiros", *O Clarim d'Alvorada*, 2ª fase, nº 17, 9 de junho, p.1.
Silva, Olimpio Moreira da. 1933. "O que foi a raça negra", *A Voz da Raça*, nº 20, 2 de setembro, p.1.
Soares, Arlindo Alves. 1934. "Protestando", *A Voz da Raça*, nº 33, 17 de fevereiro, p.5.
Soter, Sebastião José. 1934. "Comentando", *A Voz da Raça*, nº 33, 17 de fevereiro, p.2.

D'Alencastro. 1918a. "Grave erro!", *O Bandeirante*, nº 3, setembro, pp.2-3.

———. 1918b. "Em ferro frio", *O Bandeirante*, nº 4, abril, p.2.

Ferreira, Vicente. 1929a. "Angelo Agustini: O juvenal do lapis", *O Clarim d'Alvorada*, 2ª fase, nº 17, 9 de junho, p.3.

———. 1929b. "S. Paulo vencerá", *O Clarim d'Alvorada*, 2ª fase, nº 21, 27 de outubro, p.2.

———. 1931. "Luis Gama, legenda de luz na evolução do porvir", *O Clarim da Alvorada*, 2ª fase, nº 38, 20 de dezembro, pp.1-2.

Florencio, Benedicto. 1921. "Carta sem cor", *O Alfinete*, nº 77, pp.2-3.

———. 1923. "Cartas d'um negro", *Getulino*, nº 9, 23 de setembro, pp.1-2.

Gray, Arthur S. 1930. "O povo preto deve dictar seu proprio termo de salvação", *O Clarim d'Alvorada*, nº 25, 13 de abril, p.4.

Guedes, Lino. 1924. "A nossa Virginia", *Getulino*, nº 56, 12 de outubro, p.1.

Guerra, Claudio. 1924. "Cartas negras", *Getulino*, nº 64, 20 de dezembro, p.13.

L. 1928. "Na terra do preconceito", *O Clarim d'Alvorada*, 2ª fase, nº 2, 4 de março, p.3.

Laly. 1926. "Klaxonadas...", *O Clarim d'Alvorada*, nº 19, 21 de março, p.1.

Leite. 1924. "Valor da raça", *O Clarim*, nº 4, 6 de abril, p.1.

———. 1926a. "Porque queremos a confederação: A lucta moderna é do preto contra o proprio preto", *O Clarim d'Alvorada*, n. 20, 25 de abril, p.2.

———. 1926b. "Quem somos...", *O Clarim d'Alvorada*, nº 27, 11 de novembro, p.3.

———. 1927a. "Um acto de civicismo...", *O Clarim d'Alvorada*, nº 31, 17 de abril, p.1.

———. 1927b. "Um caso perdido", *O Clarim d'Alvorada*, nº 36, 17 de outubro, p.2.

———. 1928a. "Verdadeiras verdades", *O Clarim d'Alvorada*, 2ª fase, nº 1, 5 de fevereiro, p.2.

———. 1928b. "A resposta do Prof. Vicente Ferreira", *O Clarim d'Alvorada*, 2ª fase, nº 2, 4 de março, p.2.

———. 1928c. "Preparemos homens para amanhã", *O Clarim d'Alvorada*, 2ª fase, nº 3, 1 de abril, p. 2.

———. 1928d. "O negro para o negro", *O Clarim d'Alvorada*, 2ª fase, nº 6, 1 de julho, p.1.

———. 1928e. "Mais um grito de dor da raça desgraçada: Um orphanato que não acceita orphãos negros", *O Clarim d'Alvorada*, 2ª fase, nº 9, 21 de outubro, p.2.

———. 1928f. "Mais um grito de dôr da raça desgraçada", *O Clarim d'Alvorada*, 2ª fase, nº 9, 21 de outubro, p.4.

———. 1929a. "À mocidade negra", *O Clarim d'Alvorada*, 2ª fase, nº 14, 3 de março, p.1.

———. 1929b. "À mocidade negra", *O Clarim d'Alvorada*, 2ª fase, nº 16, 13 de maio, p.6.

———. 1930. "O grande problema nacional", *O Clarim da Alvorada*, 2ª fase, nº 31, 7 de dezembro, p.1.

Lima, Silverio de. 1934. "Irmão de origem IV", *A Voz da Raça*, nº 41, 11 de agosto, p.4.

Mattar, A. H. 1928. "O unico povo livre do occidente africano", *O Clarim d'Alvorada*, 2ª

（著者名なし）
"1º Festival Mundial de Artes Negras", *Afro-Ásia*, nºs 2-3, 1966, pp.177-179.
"Cronologia das atividades do TEN", *Dionysos*, nº 28, 1988, pp.231-250.
"Sessão de encerramento e a declaração final do I Congresso Negro Brasileiro", em Abdias do Nascimento (org.), *O negro revoltado*, 2ª ed., Rio de Janeiro: Nova Fronteira, 1982［1968］, pp.387-403.

〈一次資料〉

（黒人新聞・署名記事）
Affarez, João Lucio. 1929. "Aos directores do C. C. Palmares", *O Clarim d'Alvorada*, 2ª fase, nº 13, 3 de fevereiro, p.3.
Aguiar, Jayme de. 1929. "Faremos o Congresso...", *O Clarim d'Alvorada*, 2ª fase, nº 21, 27 de outubro, p.2.
Amorim, Ignacio. 1929. "Centro Civico Palmares", *O Clarim d'Alvorada*, 2ª fase, nº 21, 27 de outubro, p.4.
Bastos, Luiz. 1940. "Para onde vae a afrologia?", *O Clarim da Alvorada*, 3ª fáse, nº 1, 28 de dezembro, pp.3-4.
Batho, Abantu. 1930. "Educação", *O Clarim d'Alvorada*, 2ª fase, nº 26, 13 de maio, p.2.
Booker. 1926. "Negro!...", *O Clarim d'Alvorada*, nº 19, 21 de março, p.4.
———. 1927. "O Continente Negro", *O Clarim d'Alvorada*, nº 28, 15 de janeiro, p.4.
Cambará, Joaquim. 1918. "Deputado de cor", *O Bandeirante*, nº 2, agosto, p.2.
Campos, Humberto de. 1933. "O destino da raça negra no Brasil", *A Voz da Raça*, nº 27, 9 de dezembro, p.1.
Cardoso, Geraldo Piraja. 1931. "Si eu pudesse fallar", *O Clarim da Alvorada*, 2ª fase, nº 34, 26 de julho, p.4.
Carneiro, Gastão. 1928. "O direito dos pretos", *Progresso*, nº 6, 15 de novembro, p.3.
Celso, Affonso. 1923. "O incidente do missionário", *Getulino*, nº 7, 9 de setembro, p.1.
Cunha, Henrique. 1931a. "Little Esther, a menor perola Afro-Americana", *O Clarim da Alvorada*, 2ª fase, nº 34, 26 de julho, p.3.
———. 1931b. "Frente Negra do Brasil: A Ressurreição Negra", *O Clarim da Alvorada*, 2ª fase, nº 36, 28 de setembro, p.2.
Cunha, Horacio da. 1927. "Os homens pretos e a evolução social...", *O Clarim d'Alvorada*, nº 30, 20 de fevereiro, p.2.
———. 1928a. "Os pretos da America do Norte e os pretos da America do Sul", *O Clarim d'Alvorada*, 2ª fase, nº 1, 5 de fevereiro, p.1.
———. 1928b. "A Guarda Civil e os pretos", *Progresso*, nº 3, 19 de agosto, p.2.
———. 1929. "O Congresso da Mocidade Negra: Aos pretos sensatos", *O Clarim d'Alvorada*, 2ª fase, nº 20, 28 de setembro, p.4.

Semog, Éle e Abdias Nascimento. 2006. *Abdias Nascimento: o griot e as muralhas* (Rio de Janeiro: Pallas).

Shepperson, George. 1993 [1982]. "African Diaspora: Concept and Contexto", in Joseph E. Harris (ed.), *Global Dimensions of the African Diaspora,* 2nd Edition (Washington D.C.: Howard University Press), pp.41-49.

Silva, José Bonifacio d'Andrada e. 1823. *Representação à Assemblea Geral Constituinte e Legislativa do Imperio do Brasil sobre a escravatura* (Paris: Typographia do Firmin Didot).

Silva, Marcelo Leolino da. 2007. "A história no discurso do Movimento Negro Unificado: os usos políticos da história como estratégia de combate ao racismo", dissertação de mestrado, Universidade Estadual de Campinas.

Skidmore, Thomas. 1993 [1974]. *Black into White: Race and Nationality in Brazilian Thought* (Durham: Duke University Press).

Skinner, Elliot P. 1993 [1982]. "The Dialectic Between Diasporas and Homelands", in Joseph E. Harris (ed.), *Global Dimensions of the African Diaspora,* 2nd Edition (Washington D.C.: Howard University Press), pp.11-40.

Souza, Florentina da Silva. 2005. *Afro-descendência em Cadernos Negros e Jornal do MNU* (Belo Horizonte: Autêntica).

Souza, Mônica Lima e. 2008. "Entre margens: O retorno à África de libertos no Brasil 1830-1870", Tese de Doutorado, Universidade Federal Fluminense.

Souza, Ruth de. 1988. "Pioneirismo e luta", *Dionysos,* n° 28, pp.121-129.

Turner, J. Michael. 1975. "Les Brésiliens: The Impact of Former Brazilian Slaves upon Dahomey", Ph.D. Dissertation, Boston University.

——— 1981. "Africans, Afro-Brazilians and Europeans: 19th Century Politics on the Benin Gulf", *África: Revista do Centro de Estudos Africanos,* n° 4, pp.3-31.

Turner, Lorenzo D. 1942. "Some Contacts of Brazilian Ex-Slaves with Nigeria, West Africa", *The Journal of Negro History,* Vol. 27, No. 1, pp.55-67.

Verger, Pierre. 1987 [1968]. *Fluxo e refluxo do tráfico de escravos entre o golfo de Benin e a Bahia de Todos os Santos: dos séculos XVII a XIX,* trad. por Tasso Gadzanis (São Paulo: Editora Corrupio).

Viana Filho, Luis. 1988 [1946]. *O negro na Bahia: um ensaio clássico sobre a escravidão* (Rio de Janeiro: Nova Fronteira).

Walters, Ronald W. 1993. *Pan Africanism in the African Diaspora: An Analysis of Modern Afrocentric Political Movements* (Detroit: Wayne State University Press).

Webster, J. B. and A. A. Boahen with Michael Tidy. 1980. *The Revolutionary Years: West Africa since 1800,* New Edition (Essex: Longman).

Zamparoni, Valdemir. 2011. "Imagens da África no Brasil", in André Botelho e Lilia Moritz Schwarcz (orgs.), *Agenda brasileira: temas de uma sociedade em mudança* (São Paulo: Companhia das Letras), pp.18-29.

———. 2014. *Abdias Nascimento (Grandes vultos que honraram o Senado)* (Brasília: Senado Federal, Coordenação de Edições Técnicas).
Ojo, Olatunji. "Afro-Brazilians in Lagos: Atlantic Commerce, Kinship and Trans-Nationalism", Kwesi Kwaa Prah (ed.), *Back to Africa Volume 1: Afro-Brazilian Returnees and their Communities,* Cape Town: The Center for Advanced Studies of African Society, pp.232-260.
Olinto, Antonio. 1975 [1968]. *A casa da água* (São Paulo: Círculo do Livro).
———. 1980. *Brasileiros na África,* 2ª edição (São Paulo, Edições GRD).
Oliveira, Maria Inês Côrtes de. 1996. "Viver e morrer no meio dos seus: nações e comunidades africanas na Bahia do século XIX", *Revista USP,* nº 28, pp.175-193.
Pereira, Amilcar Araujo e Thayara Silva de Lima. 2014. "A questão racial e o movimento negro brasileiro no início do século XX", em João Gabriel da Silva Ascenso e Fernando Luiz Vale Castro (orgs.), *Raça: trajetórias de um conceito: histórias do discurso racial na América Latina* (Rio de Janeiro: Ponteio), pp.147-167.
Pereira, Rodrigo. 2015. "Nas margens do atlântico: o comércio de produtos entre a África ocidental e o Brasil e sua relação com o candomblé", *História econômica & história de empresas,* vol. 18, nº 2, pp.323-354.
Pinto, Ana Flavia Magalhães. 2010. *Imprensa negra no Brasil do seculo XIX* (Sao Paulo: Selo Negro).
Pinto, Regina Pahim. 2013 [1993]. *Movimento negro em São Paulo: Luta e identidade* (Ponta Grossa: Editora UEPG; São Paulo: Fundação Carlos Chagas).
Ramos, Artur. 1971. *O negro na civilização brasileira* (Rio de Janeiro: Casa do Estudante do Brasil).
Reis, João José. 1986. *Rebelião escrava no Brasil: a história do levante dos malês (1835)* (São Paulo: Editora Brasiliense).
———. 2003 [1986]. *Rebelião escrava no Brasil: A história do Levante dos Malês em 1835,* edição revista e ampliada (São Paulo: Companhia das Letras).
———. 2009. "The Bahian Background of the African Returnees", in Kwesi Kwaa Prah (ed.), *Back to Africa Volume 1: Afro-Brazilian Returnees and their Communities,* Cape Town: The Center for Advanced Studies of African Society, pp.33-58.
Rodrigues, José Honório. 1964 [1961]. *Brasil e África: outro horizonte,* 2ª ed., 1º vol. (Rio de Janeiro: Civilização Brasileira).
Rodrigues, Nina. 1988 [1933]. *Os africanos no Brasil,* 7ª ed. (Brasília: Editora Universidade de Brasília).
Romero, Sylvio. 1888. *Historia da litteratura brazileira,* tomo I (1500-1830) (Rio de Janeiro: B. L. Garnier Livreiro Editor).
Schaumloeffel, Marco Aurelio. 2008. *Tabom: a comunidade afro-brasileiro do Gana,* 2ª ed. revista e ampliada (Bridgetown: Schaumloeffel Editor/Lulu.com).

Mourão, Fernando Augusto Albuquerque. 1994. "O século XIX como fator de decifração das relações do Brasil-África", *STVDIA*, nº 52, pp.181-194.

Nabuco, Joaquim. 2000 [1883]. *O abolicionismo* (São Paulo: Publifolha).

———. 1976 [1900]. *Minha formação*, 9ª ed. (Rio de Janeiro: José Olympio).

Nascimento, Abdias do. 1961. "Prólogo para brancos" em Abdias do Nascimento, *Dramas para negros e prólogo para brancos: antologia de teatro negro-brasileiro* (Rio de Janeiro: Teatro Experimental do Negro), pp.7-27.

———. 1966 [1949]. "Espírito e fisionomia do Teatro Experimental do Negro", em Teatro Experimental do Negro, *Testemunhos* (Rio de Janeiro: Edições GRD), pp.78-81.

———. 1968. "Testemunho", em *Cadernos brasileiros*, nº 47, maio/junho, pp.3-7.

———. 1977. *"Racial Democracy" in Brazil: Myth or Reality?*, 2nd Ed. revised and augmented, transl. by Elisa Larkin Nascimnent (Ibadan: Sketch Publishing).

———. 1980a [1974]. "Revolução cultural e o futuro do pan-africanismo", em Abdias do Nascimento, *O quilombismo: Documentos de uma militância pan-africanista* (Petrópolis: Vozes), pp.39-79.

———. 1980b [1979]. "Considerações não-sistematizadas sobre arte, religião e cultura afro-brasileiras", em Abdias do Nascimento, *O quilombismo: Documentos de uma militância pan-africanista* (Petrópolis: Vozes), pp.81-153.

———. 1980c. "Quilombismo: um conceito científico emergente do processo histórico-cultural das massas afro-brasileiras", em Abdias do Nascimento, *O quilombismo: Documentos de uma militância pan-africanista* (Petrópolis: Vozes), pp.245-281.

———. 1980d. "Quilombismo: An Afro-Brazilian Political Alternative", *Journal of Black Studies*, Vol. 11, No. 2, December, pp.141-178.

———. 1981 [1966]. "Carta aberta ao Primeiro Festival Mundial das Artes Negras", em *Sitidado em Lagos: autodefesa de um negro acossado pelo racismo* (Rio de Janeiro: Nova Fronteira), pp.93-106.

———. 1982 [1968]. "Apresentação à 1º edição: O negro revoltado", em Abdias do Nascimento (org.), *O negro revoltado*, 2ª ed. (Rio de Janeiro: Nova Fronteira), pp.57-108.

———. 1989 [1978]. "Introduction", in Abdias do Nascimento, *Brazil, Mixture or Massacre?: Essays in the Genocide of a Black People*, 2nd ed., trans. by Elisa Larkin Nascimento (Dover, Massachusetts: The Majority Press), pp.1-17.

———. 1990 [1985]. "Quilombismo: The African-Brazilian Road to Socialism", in Molefi Kete Asante and Kariamu Welsh Asante (eds.), *African Culture: The Rhythms of Unity* (Trenton, N.J.: Africa World Press), pp.173-191.

———. 1995. *Orixás: os deuses vivos da África / Orishas: the Living Gods of Africa in Brazil* (Rio de Janeiro: IPEAFRO/Afrodiaspora).

Nascimento, Elisa Larkin. 1981. *Pan-africanismo na América do Sul: emergência de uma rebelião negra* (Petrópolis: Vozes).

4, 4th Qtr., pp.337-354.
Jaremtchuk, Dária. 2018. “Abdias do Nascimento nos Estados Unidos: um “pintor de arte negra””, *Estudos Avançados*, vol. 32, nº 93, pp.263-282.
Knight, F. W. with contributions by Y. Talib and P. D. Curtin. 1989. “The African Diaspora”, in *General History of Africa VI: Africa in the Nineteenth Century until the 1880s* (Paris: UNESCO), pp.749-772.
Koster, Henry. 1816. *Travels in Brazil* (London: Longman, Hurst, Rees, Orme, and Brown).
Laotan, A. B. 1943. *The Torch Bearers or Old Brazilian Colony in Lagos* (Lagos: Ife-Olu Printing Works).
Leite, José Correia. 1992 [1963]. *O alvorecer de uma ideologia, em Leite, ...E disse o velho militante José Correia Leite: depoimento e artigos*, organização e textos Cuti, (São Paulo: Secretaria Municipal de Cultura), pp.275-297.
———. 1992. *...E disse o velho militante José Correia Leite: depoimento e artigos*, organização e textos Cuti (São Paulo: Secretaria Municipal de Cultura).
Maciel, Clever da Silva. 1987. *Discriminações raciais: negros em Campinas (1888-1921)* (Campinas: Editora da Unicamp).
Malatian, Teresa. 2015. *O Cavaleiro Negro: Arlindo Veiga dos Santos e a Frente Negra Brasileira* (São Paulo: Alameda).
Malinoff, Jane. 1982. “Poetry for the People: Lino Guedes and Black Folk Style in Early Twentieth Century Afro-Brazilian Verse”, *Research in African Literatures*, Vol. 13, No. 3, Autumn, pp.366-382.
Matory, J. Lorand. 2005. *Black Atlantic Religion: Tradition, Transnationalism, and Matriarchy in the Afro-Brazilian Candomblé* (Princeton and Oxford: Princeton University Press).
Mauês, Maria Angélica Motta. 1988. “Entre o branquiamento e a negritude: O TEN e o debate da questão racial”, *Dionysos*, nº 28, pp.89-101.
Mello, Marina. 2014. *Não somos africanos...somos brasileiros...: raça, nação e identidade nos jornais do povo negro e imigrantes* (São Paulo: Annablume).
Mitchell, Michael James. 1977. “Racial consciousness and the political attitudes and behavior of blacks in São Paulo, Brazil”, Ph.D. dissertation, Indiana University.
Moore, Carlos. 2002. “Prefácio: Abdias do Nascimento e o surgimento de um pan-africanismo contemporâneo global”, em Abdias do Nascimento, *O Brasil na mira do pan-africanismo: segunda edição das obras O genocídio do negro brasileiro e Sitiado em Lagos* (Salvador: EDUFBA/CEAO), pp.17-32.
Moura, Clóvis. 1980. “Organizações Negras” em Paul Singer e Vinícius Caldeira Brant (orgs.), *São Paulo: O povo em movimento* (Petrópolis: Vozes), pp.143-175.
———. 1992. *História do negro brasileiro*, 2ª ed. (São Paulo: Editora Ática).
———. 1993. *Quilombos: resistência ao escravismo*, 3ª ed. (São Paulo: Ática).
———. 1994. *Dialética radical do Brasil negro* (São Paulo: Editora Anita).

Great Speeches by African Americans: Frederick Douglass, Sojourner Truth, Dr. Martin Luther King, Jr., Barack Obama, and Others (Mineola, New York: Dover Publications), pp.85-86.

Dzidzienyo, Aanni. 1985. "The African Connection and Afro-Brazilian Condition", in Pierre-Michel Fontaine (eds.), *Race, Class, and Power in Brazil* (Los Angeles: Center for Afro-American Studies, University of California), pp.135-153.

Essien, Kwame. 2016. *Brazilian-African Diaspora in Ghana: The Tabom, Slavery, Dissonance of Memory, Identity, and Locating Home* (East Lansing: Missigan State University Press).

Fernandes, Florestan. 1978[1964]. *A integração do negro na sociedade de classes*, 3ª ed., vol.2(São Paulo: Ática).

Ferrara, Miriam Nicolau. 1986 [1981]. *A imprensa negra paulista (1915-1963)* (São Paulo: FFLCH/USP).

Fontaine, Pierre-Michel, 1986. "Pan Africanism and Afro-Latin Americans", in Ofuatey-Kodjoe, W. (ed.), *Pan-Africanism: New Directions in Strategy* (Lanham: University Press of America), pp.253-281.

Garvey, Marcus. 1925. *The Philosophy and Opinions of Marcus Garvey, or, Africa for the Africans* (Universal Pub. House).

Gonzales, Lélia. 1982. "O movimento negro na última década", Lélia Gonzales e Carlos Hasenbalg, *Lugar de negro* (Rio de Janeiro: Marco Zero), pp.9-66.

Guerreiro Ramos, Alberto. 1995 [1954]. *Cartilha brasileira do aprendiz de sociólogo reeditado em* Alberto Guerreiro Ramos, *Introdução crítica à sociologia brasileira* (Rio de Janeiro: Editora UFRJ), pp.101-211.

Guimarães, Antonio Sérgio Alfredo. 2002. *Classes, raças e democracia* (São Paulo: Fundação de Apoio à Universidade de São Paulo; Editora 34).

———. 2004. "Intelectuais negros e formas de integração nacional", *Estudos Avançados*, vol. 18, nº 50, pp.271-284.

———. 2006. "Resistência e revolta nos anos 1960: Abdias do Nascimento", *Revista USP*, nº 68, dezembro/fevereiro, pp.156-167.

Guran, Milton. 2000. *Agudás: os "brasileiros" do Benim* (Rio de Janeiro: Nova Fronteira).

Harris, Joseph E. (ed.). 1993a [1982]. *Global Dimensions of the African Diaspora*, 2nd Edition (Washington D.C.: Howard University Press).

———. 1993b [1982]. "Return Movements to West and East Africa: A Comparative Approach", in Joseph E. Harris (ed.), *Global Dimensions of the African Diaspora*, 2nd Edition (Washington D.C.: Howard University Press), pp.51-64.

Heringer, Rosana. 2002. "Ação afirmativa, estratégias pós-Durban", *Observatório da Cidadania: Relatório 2002*, nº 6, pp.55-61.

Herskovits, Melville J. 1941. *The Myth of the Negro Past* (New York & London: Harper & Brothers).

———. 1946. "Problem, Method and Theory in Afroamerican Studies", *Phylon*, Vol. 7, No.

Ano XV, nº 4154, 9 de fevereiro de 1889, p.1.

Cavalcanti, Pedro Celso Uchôa e Jovelino Ramos (orgs.). 1978 [1976]. *Memórias do exílio: Brasil 1964-19?? 1. De muitos caminhos* (São Paulo: Livramento).

Costa, Haroldo. 1988. "As origens do Brasiliana", *Dionysos*, nº 28, pp.139-143.

Costa Pinto, L. A. 1998 [1953]. *O negro no Rio de Janeiro: relações de raças numa sociedade em mudança*, 2ª ed. (Rio de Janeiro: Editora UFRJ).

Cunha, Manuela Carneiro da, 1985a. "Introdução", em Mariano Carneiro da Cunha, *Da senzala ao sobrado: arquitetura brasileira na Nigéria e na República Popular do Benim* (São Paulo, Nobel/Edusp), pp.1-65.

———. 1985b. *Negros, estrangeiros: os escravos libertos e sua volta à África* (São Paulo: Editora Brasiliense).

Cunha, Mariano Carneiro da, 1985. *Da senzala ao sobrado: arquitetura brasileira na Nigéria e na República Popular do Benin* (São Paulo: Nobel/Edusp).

Curtin, Philip D. 1969. *The Atlantic Slave Trade: A Census* (Madison: University of Wisconsin Press).

Dávila, Jerry. 2010. *Hotel Trópico: Brazil and the Challenge of African Decolonization, 1950-1980* (Durham and London: Duke University Press).

Diop, Cheikh Anta. 1974. *The African Origin of Civilization: Myth or Reality*, translated by Mercer Cook (Chicago: Lawrence Hill).

Domingues, Petrônio. 2004. *Uma história não contada: negro, racismo, e branqueamento em São Paulo no pós-abolição* (São Paulo: Editora Senac São Paulo).

———. 2005. "Movimento da negritude: uma breve reconstrução histórica", *Mediações: Revista de Ciências Sociais*, vol. 10, nº 1, jan.-jun., pp.25-40.

———. 2006. "Os "messias" negro? Arlindo Veiga dos Santos (1920-1978): "viva a nova monarquia brasileira; Viva Dom Pedro III!"", *Varia Historia*, vol. 22, nº 36, julho/dezembro, pp.517-536.

———. 2010. "Lino Guedes: defensor de ex-escravo à "elite de cor"", *Afro-Ásia*, nº 41 (2010), pp.133-166.

———. 2011. "A cor na ribalta", *Ciência e Cultura*, vol. 63, nº 1, janeiro, pp.52-55.

———. 2017. "O "Moisés dos pretos": Marcus Garvey no Brasil", *Novos Estudos CEBRAP*, vol. 36, nº 3, pp.129-150.

Domingues, Petrônio e Flávio Gomes. 2013. "Printing Ideas: Intellectuals and Racial Mobilization in Post-War Brazil (1945-1955)", *Journal of Latin American Communication Research*, Vol. 3, No.2, pp.116-134.

Drake, St. Clair. 1993 [1982]. "Diaspora Studies and Pan-Africanism", in Joseph E. Harris (ed.), *Global Dimensions of the African Diaspora*, 2nd Edition (Washington D.C.: Howard University Press), pp.451-514.

Du Bois, W. E. B.. 2006 [1900]. "To the Nations of the World", in James Daley (ed.),

Estudos Afro-Asiáticos, nº 30, dezembro, pp.151-162.

Bacelar, Jeferson. 1996. "A Frente Negra Brasileira na Bahia", *Afro-Ásia*, nº 17, pp.73-85.

Barbosa, Aristides et al. 1998. *Frente Negra Brasileira: Depoimentos*, entrevistas e textos por Márcio Barbosa (São Paulo: Quilombhoje).

Barbosa, Muryatan Santana. 2013. "O TEN e a negritude francófona no Brasil: Recepção e inovações", *Revista Brasileira de Ciências Sociais*, vol. 28, nº 81, fevereiro, pp.171-184.

Barros, Miguel. 1988 [1935]. "Discurso do representante da Frente Negra Pelotense", em *Estudos Afro-Brasileiros: Trabalhos apresentados ao 1º Congresso Afro-Brasileiro reunido no Recife em 1934* (Recife: Fundação Joaquim Nabuco / Editora Massangana), pp.269-271.

Bastide, Roger. 1966 [1951]. "A propósito do Teatro Experimental do Negro", em Teatro Experimental do Negro, *Testemunhos* (Rio de Janeiro: Edições GRD), pp.98-103.

———. 1983 [1951]. "A Imprensa Negra do Estado de São Paulo", em Roger Bastide, *Estudos Afro-Brasileiros* (São Paulo: Perspectiva), pp.129-156.

———. 1983 [1974]. "Sociologia do teatro negro brasileiro", em Maria Isaura Pereira de Queiroz (org.), *Roger Bastide: sociologia* (São Paulo: Ática), pp.138-155.

Bastide, Roger e Florestan Fernades. 2008 [1955]. *Brancos e negros em São Paulo: ensaio sociológico sobre aspectos da formação, manifestações atuais e efeitos do preconceito de cor na sociedade paulistana*, 4ª ed. revista (São Paulo: Global Editora).

Bethell, Leslie. 1970. *The Abolition of the Brazilian Slave Trade: Britain, Brazil and the Slave Trade Question 1807-1869* (Cambridge: Cambridge University Press).

Brito, Luciana da Cruz. 2008. "Sob o rigor da lei: os africanos e a legislação brasileira no século XIX", *Sankofa – Revista de História da África e de Estudos da Diásora Africana*, nº 2, pp.38-57.

———. 2016. *Temores da África: segurança, legislação e população africana na Bahia oitocentista* (Salvador: Edufba).

Butler, Kim D. 1998. *Freedoms Given, Freedoms Won: Afro-Brazilians in Post-Abolition São Paulo and Salvador* (New Brunswick: Rutgers University Press).

Castillo, Lisa Earl. 2011. "Between Memory, Myth and History: Transatlantic Voyagers of the Casa Branca Temple", in Ana Lúcia Araujo (org.), *Paths of the Atlantic Slave Trade: Interactions, Identities, and Images* (Amherst, New York: Cambria Press), pp.203-238.

———. 2013. "Os Agudás de Lagos: Brasil, Cuba e memórias atlânticas", *Afro-Ásia*, nº 48, pp.407-417.

———. 2016a. "Bamboxê Obitikô and the Nineteenth-Century: Expansion of Orisha Worship in Brazil", *Tempo*, vol. 22, nº 39, pp.126-153.

———. 2016b. "Mapping the nineteenth-century Brazilian returnee movement: Demographics, life stories and the question of slavery", *Atlantic Studies*, Vol. 13, No. 1, pp. 25-52.

Castro, Livio de. 1889. "«Questões e problemas»: odio entre raças", *A Provincia de São Paulo*,

平田雅博. 2004.『内なる帝国・内なる他者――在英黒人の歴史』晃洋書房.
フォーゲル, R. W., S. L. エンガマン. 1981［1974].『苦難のとき――アメリカ・ニグロ奴隷制の経済学』田口芳弘・榊原胖夫・渋谷昭彦訳, 創文社.
フォンテット, フランソワ・ド. 1989［1988].『人種差別』高演義訳, 白水社.
古谷嘉章. 2001.『異種混淆の近代と人類学――ラテンアメリカのコンタクト・ゾーンから』人文書院.
フレイレ, ジルベルト. 2005［1933].『大邸宅と奴隷小屋――ブラジルにおける家父長制家族の形成（上・下)』鈴木茂訳, 日本経済新聞社.
矢澤達宏 1993.「アフリカ入植運動とリベリア」(小田英郎編著『アフリカ　その政治と文化』慶應通信), 379-415 ページ.
―――. 1995.「エドワード・ウィルモット・ブライデン――早咲きの『パン・アフリカニスト』」(『法学政治学論究』第 24 号), 325-350 ページ.
―――. 2016.「ブラジル黒人新聞に関する研究動向と紙面資料の所蔵・公開状況」(『Encontros Lusófonos』18 号, 12 月), 41-54 ページ.
矢内原勝・小田英郎編. 1989.『アフリカ・ラテンアメリカ関係の史的展開』平凡社.
山田睦男編. 1986.『概説ブラジル史』有斐閣.
ラルストン, R. D., アルブケルケ・モウラン, 1988［1985].「アフリカと新世界」(A・アドゥ・ボアヘン編, 日本語版責任編集宮本正興『ユネスコ・アフリカの歴史第 7 巻　植民地支配下のアフリカ　1880 年から 1935 年まで（下)』同朋舎), 1103-1154 ページ.
レッサー, ジェフ. 1992.「アフリカ系アメリカ人はアフリカ人なのか, アメリカ人なのか――1920 年代のブラジルの移民政策」鈴木茂訳（『歴史評論』501 号, 1 月), 54-70 ページ.

〈欧文文献〉

Afolabi, Niyi. 2016. *Ilê Aiyê in Brazil and the Reinvention of Africa* (New York: Palgrave Macmillan).
Alberto, Paulina L. 2011. *Terms of Inclusion: Black Intellectuals in Twentieth-Century Brazil*(Chapel Hill: The University of North Carolina Press).
Amos, Alcione M. 2017. "The Amaros and Agudás: The Afro-Brazilian Returnee Community in Nigeria in the Nineteenth Century", in Niyi Afolabi and Toyin Falola (eds.), *The Yoruba in Brazil, Brazilians in Yorubaland: Cultural Encounter, Resilience, and Hybridity in the Atlantic World* (Durham: Carolina Academic Press).
Andrews, George Reid. 1991. *Blacks and Whites in São Paulo, Brazil, 1888-1988* (Madison: The University of Wisconsin Press), pp.65-110.
―――. 1996. "Brazilian Racial Democracy 1900-90: An American Counterpoint", *Journal of Contemporary History*, Vol. 31, No. 3, July, pp.483-507.
Azevedo, Celia Maria Marinho de. 1987. *Onda negra, medo branco: O negro no imaginário das elites - século XIX* (Rio de Janeiro: Paz e Terra).
―――. 1996. "O abolicionismo transatlântico e a memória do paraíso racial brasileiro",

参照・引用資料一覧

〈邦文文献〉

石川栄吉ほか編. 1994.『［縮刷版］文化人類学事典』弘文堂.

伊谷純一郎ほか監修. 1999.『アフリカを知る事典』平凡社.

大森一輝. 2014.『アフリカ系アメリカ人という困難――奴隷解放後の黒人知識人と「人種」』彩流社.

岡倉登志編著. 2002.『ハンドブック　現代アフリカ』明石書店.

小田英郎. 1975［1971］.『増補　現代アフリカの政治とイデオロギー』慶應通信.

―――. 1989.「カリブ海の初期パン・アフリカニストたち――シルヴェスター゠ウィリアムズとマーカス・ガーヴィー」（矢内原勝・小田英郎編『アフリカ・ラテンアメリカ関係の史的展開』平凡社），155-182 ページ.

ガーヴィー, マーカス. 2008［1922］.「ユニヴァーサル・ニグロ向上協会の原則」（荒このみ編訳『アメリカの黒人演説集――キング・マルコム X・モリスン他』岩波書店），241-257 ページ.

カミュ, アルベエル. 1956［1951］.『反抗的人間』佐藤朔・白井浩司訳, 新潮社.

ギルロイ, ポール. 2006［1993］.『ブラック・アトランティック――近代性と二重意識』上野俊哉・毛利嘉孝・鈴木慎一郎訳, 月曜社.

コーエン, ロビン. 2012［2008］.『新版　グローバル・ディアスポラ』駒井洋訳, 明石書店.

ジェンキンズ, D. 1977［1975］.『ブラック・シオニズム――アフリカ帰還の夢と現実』那須国男訳, ティビーエス・ブリタニカ.

鈴木茂. 2011.「『人種デモクラシー』への反逆――アブディアス・ド・ナシメントと黒人実験劇場（TEN）」（真島一郎編『二〇世紀〈アフリカ〉の個体形成――南北アメリカ・カリブ・アフリカからの問い』平凡社），139-162 ページ.

戴エイカ. 2009.「アフリカン・ディアスポラ研究の展開」（野口道彦・戴エイカ・島和博『批判的ディアスポラ論とマイノリティ』明石書店），91-136 ページ.

旦敬介. 2013.「環大西洋コミュニティ――ブラジル帰還人の世界」（『神奈川大学評論』第 76 号, 11 月），86-96 ページ.

土屋哲. 1994.『現代アフリカ文学案内』新潮社.

テルズ, エドワード・E. 2011［2004］.『ブラジルの人種的不平等――多人種国家における偏見と差別の構造』伊藤秋仁・富野幹雄訳, 明石書店.

ニエレレ, ジュリアス. 1973［1962］.「家族的社会主義の実現」（西川潤編『アフリカの独立（ドキュメント現代史 12）』平凡社），272-285 ページ.

林晃史. 1971.「タンザニアの『社会主義』化――ウジャマー演説からアルーシャ宣言へ」（『アジア経済』第 12 巻第 3 号, 3 月），40-57 ページ.

Evolução: 6.
Cultura: 1, 3, 4・5.
O Clarim: 1, 2, 3, 4.
Tribuna Negra: 1.
O Estimulo: 15, 16, 18.
以上計 23 紙、333 号

※何の修飾もなされていない数字の号は *Hemeroteca Digital* に収録されている。それ以外のもののうち、太字はサンパウロ大学ポータルサイト、四角囲みはサンパウロ州立公文書館ウェブサイトでそれぞれ閲覧できる。マイクロフィルムでしか見られないものについては、下線付きはミッチェルのもの、上線付きはフェラーラのものにそれぞれ収められている。

（2016 年 10 月現在）

＊1　20 世紀前半であっても、1945 年以降に発行された黒人新聞は、ヴァルガス独裁体制期までのものとは背景となる時代状況や主張・性格がかならずしも同一でないと筆者は考えている。よって、ここで扱うのは 1940 年までの黒人新聞に限定する。

はやや見劣りするものの、2015年にサンパウロ大学が設けたサンパウロ州の黒人新聞に関するポータルサイト（*Portal da Imprensa Negra Paulista*）も利用価値はけっして低くない。やはりフェラーラのマイクロフィルムをソースとしていながらも、『進歩』やその他一部は国立図書館の *Hemeroteca Digital* の方では見当たらないものである。サンパウロ州立公文書館のウェブサイトでは他に先駆けて2011年にデジタル版の紙面の公開が始まったが、現在は閲覧できるタイトル、号はごくわずかにすぎない。しかしながら、そのなかには他ではみることのできない号も含まれている。acervo の jornais e revistas よりアクセス可能である。

サンパウロ州の黒人新聞のうち、2016年10月までに筆者が紙面を確認できた各紙の号の一覧を以下に付す。ここ数年の発掘・公開の進展を考えるなら、さらに新たな紙面が日の目をみる可能性も十二分にあると考えられる。

20世紀前半のサンパウロ州以外も含めた、より詳しいブラジル黒人新聞資料の所蔵・公開状況については、矢澤（2016）を参照されたい。

〈サンパウロの黒人新聞（1903〜40年）のうち、入手可能なタイトルと号の一覧〉

O Baluarte: 1, 3.

O Menelik（*O Menelick*）: 1, 3, 13, 14.

A Rua: 3.

O Xauter: 2.

O Alfinete: 2, 3, 4, 5, 8, 74~77.

O Bandeirante: 2, 5, 4.

A Liberdade: 1, 2, 5~10, 12~16, 18.

A Sentinella: 1.

O Kosmos: 3~12, 20~30.

Getulino: ［第1期］2~64; ［第2期］1.

O Clarim da Alvorada（*O Clarim / O Clarim d'Alvorada*）: ［第1期］1~8, 12~28, 30, 31, 33~36; ［第2期］1~3, 4, 5~7, 8, 9, 10, 11, 12, 13, 14, 15, 16~23, 25, 26, 28, 29, 30, 31~33, 34, 35, 36, 37, 38, 39, 40, 41, 42; ［第3期］1.

Elite: 2~4.

Auriverde: 2~6.

O Patrocinio: 25, 26, 31, 42, 45, 46, 51, 54, 55.

Progresso: **1~11**, **13~21**, **23**, **26**, **27**, **29**, 30~33, 34, 35~41, 42, 45, 48, 51, 52.

Chibata: 1932年2月, 1932年3月.

A Voz da Raça: 1~22, 24~36, 38~42, 44~47, 49~70.

Brasil Novo: 1~3, 16.

付録　20世紀前半のサンパウロにおける黒人新聞紙面資料

20世紀前半[*1]にサンパウロ州で発行された黒人新聞資料の公開状況について、簡単に整理しておきたい。この時期の黒人新聞紙面のうち、個人所蔵のものを除き、現在複写が入手できるものは、基本的には2人の研究者が1970〜80年代頃にそれぞれ個別に作成したマイクロフィルムに収録されたものである。そのうちのひとつは、米国人研究者マイケル・ミッチェル（Michael James Mitchell）がインディアナ大学に提出した博士論文（Mitchell 1977）のもととなる研究を手がけた際、その過程で作成したものである（*Jornais de comunidades negras* 1972）。もうひとつは、サンパウロ大学の大学院生だったミリアン・フェラーラ（Miriam Nicolau Ferrara）が修士論文（のちにFerrara 1986［1981］として刊行）執筆の過程で収集した紙面を収めたものである（*Jornais da raça negra* 1988）。両者は重複はあるものの、どちらか一方にしか収録されていない紙面も少なくない。この2点のマイクロフィルムは、以後、長いあいだ貴重な一次資料としてのちに続く諸研究を支えてきた。これらのマイクロフィルムはブラジル国立図書館（Biblioteca Nacional）およびサンパウロ大学のブラジル研究所（Instituto de Estudos Brasileiros）に所蔵されている。フェラーラが作成したものについては、サンパウロ市立マリオ・デ・アンドラーデ図書館（Biblioteca Municipal Mário de Andrade）にも所蔵がある。

だが、ここ5年ほどのあいだにブラジル黒人新聞研究をとりまく状況は急激に変わった。一次資料である紙面の電子化とインターネット上での公開が急速に進んだのである。そのなかには本書ではとりあげていないが、リオグランデドスル州で発行されたものや少数の19世紀の黒人新聞のみならず、サンパウロ州のものでも前述のマイクロフィルムには収められていなかった紙面も一部含まれている。

カバーしている紙数（タイトル数）、号数で抜きん出ているのは、国立図書館ウェブサイト内に2012年に開設された*Hemeroteca Digital*（デジタル版定期刊行物収蔵館）である。ここで閲覧できる紙面はおおむねフェラーラのマイクロフィルムに収録されているものと重なっているが、そうでないものも少なくない。たとえばピント（A. F. M. Pinto 2010）がとりあげた19世紀の黒人新聞の多くや、ブラジル最南部のペロタス（Pelotas）で発行された『夜明け』（*A Alvorada*）もまとまった号数が閲覧可能である。公開されている資料の点数で

さ行

た行

な行

索　引

矢澤 達宏（やざわ たつひろ）

1967年生まれ。上智大学外国語学部ポルトガル語学科教授。

慶應義塾大学大学院法学研究科政治学専攻後期博士課程単位取得退学。

博士（法学、慶應義塾大学）。

主要著作：『国際学入門』（共編著、創文社、2004）、『世界の中のアフリカ―国家建設の歩みと国際社会』（共編著、上智大学出版、2013）、『利益誘導政治―国際比較とメカニズム』（共著、芦書房、2004）、『二〇世紀〈アフリカ〉の個体形成―南北アメリカ・カリブ・アフリカからの問い』（共著、平凡社、2011）、『ポルトガル語圏世界への50のとびら』（共著、上智大学出版、2015）、ほか。

ブラジル黒人運動とアフリカ
――ブラック・ディアスポラが父祖の地に向けてきたまなざし

2019年6月28日　初版第1刷発行

著　者――――矢澤達宏
発行者――――依田俊之
発行所――――慶應義塾大学出版会株式会社
〒108-8346　東京都港区三田 2-19-30
TEL〔編集部〕03-3451-0931
〔営業部〕03-3451-3584〈ご注文〉
〔　〃　〕03-3451-6926
FAX〔営業部〕03-3451-3122
振替　00190-8-155497
http://www.keio-up.co.jp/
装　丁――――耳塚有里
印刷・製本――株式会社加藤文明社
カバー印刷――株式会社太平印刷社

Printed in Japan　ISBN 978-4-7664-2596-3